Die Süddeutsche Zeitung WM-Bibliothek

Die Fußball-Weltmeisterschaften

1970

Mexiko

Inhalt

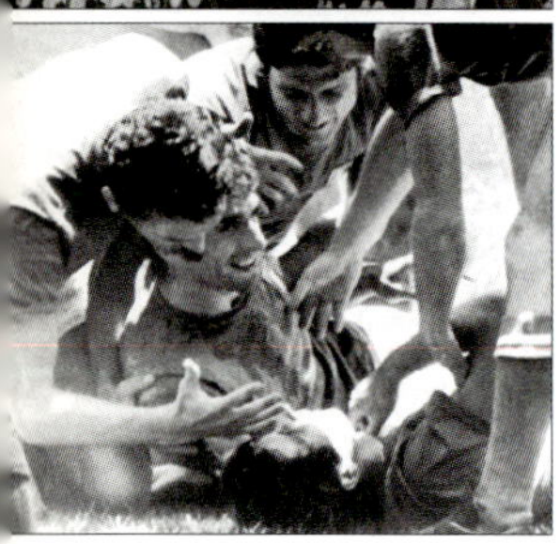

Inhalt

BRYLCREEM
OVACIONES
HASTE

Götterverehrung

Im Süden von Mexiko-City erhebt sich das monumentale Aztekenstadion – ein Tribut des modernen Mexiko an seine alte Hochkultur und deren Götter und ein Tempel für die Götter der Neuzeit. 1968 sind die olympischen Sportler hier zu Gast gewesen, 1970 betreten nun die besten Fußballer der Welt die Bühne. Pelé, Beckenbauer, Müller und Kollegen spielen ein Turnier voller Drama und Leidenschaft. Viele halten es für die beste WM, die je gespielt wurde.

KAUFhOF

Bomber

Gerd Müller ist der Held der kleinen Tore. Selten ist er seinem kriegerischen Spitznamen „Bomber" so gerecht geworden wie hier, im Anflug zu seinem Siegtreffer zum 3:2 im Viertelfinale gegen England. Peter Bonetti, Englands Torwart, scheint sich zu fürchten vor diesem Geschoss. Mit zehn Treffern wird Müller Torschützenkönig dieser WM; dieser eine Treffer öffnet seinem Team den Weg zum Halbfinale gegen Italien – zum Jahrhundert-Spiel.

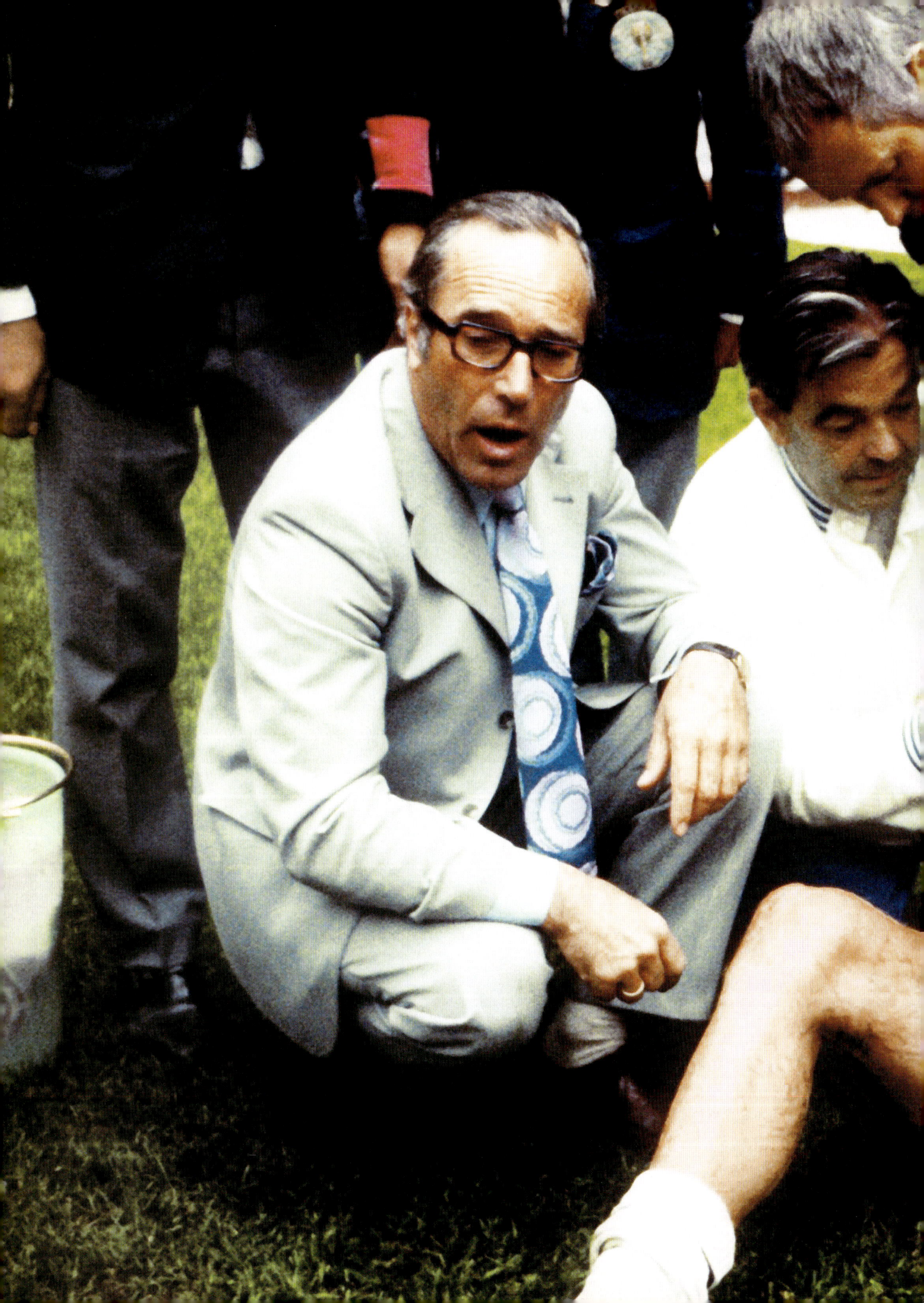

Schmerzensmann

Franz Beckenbauer hat überragend gespielt in diesem Halbfinale – bis er nach dem Foul eines Italieners auf seine rechte Schulter kracht. Die Betreuer fixieren das verletzte Gelenk mit einem Klebeband, mit der rechten Hand auf dem Herz spielt Beckenbauer die restlichen 50 Minuten des epochalen Spiels, das seine Mannschaft 3:4 nach Verlängerung verliert. Ein Mythos: das Spiel des Jahrhunderts.

RON Castillo

Brasil!

3:1, der Ball liegt im Netz, die Italiener sind geschlagen. Es jubeln (v.l.) Torschütze Jairzinho, Spielgestalter Tostão und Pelé. Die drei sind die Besten der Besten in diesem Turnier. Die Mannschaft Brasiliens, die das Finale letztlich 4:1 gewinnt, wird von manchen Experten noch heute als bester Weltmeister aller Zeiten gerühmt. Zu diesen Experten gehört auch – Pelé.

Ich war wie ein Priester

Nie ist Fußball schöner gewesen als bei der WM 1970. Und wir waren die beste Mannschaft aller Zeiten. Von Pelé (O Rei, Der König)

Es sind ja nun schon viele Fußball-Weltmeisterschaften gefeiert worden, und natürlich erfüllt es wie jeden Brasilianer auch mich mit ganz besonderem Stolz, dass unsere Nationalmannschaft, die Seleção, als mittlerweile fünffacher Titelgewinner die Liste der großen Fußball-Nationen anführt. Für mich persönlich aber war unter all den Weltmeisterschaften, die ich miterleben durfte, die von 1970 in Mexiko die speziellste.

Zugegeben: 1958, als wir erstmals den Weltmeistertitel gewannen, war das wie ein Traum für mich. Ich war ja erst 17 Jahre alt, und vielleicht war dieser Erfolg in Schweden wirklich mein schönster, denn damals gab es in keiner anderen Mannschaft der Welt schwarze Spieler. Pelé, so hieß es damals, hat die Tür geöffnet für die Schwarzen, deshalb sagt mir mein Herz: Das war deine größte Leistung.

Aber in Mexiko zwölf Jahre später haben wir sportlich für etwas wirklich Einmaliges gesorgt.

Der besondere Geist dieser Weltmeisterschaft lag für mich darin, meinem Heimatland die Coupe Jules Rimet durch einen dritten Triumph für immer und alle Zeiten zu sichern. Hinzu kommen weitere wichtige Faktoren. Mich selbst hat dieser Titelgewinn zum bis heute einzigen Athleten auf der ganzen Welt gemacht, der dreimal Fußballweltmeister werden durfte. Außerdem wird die brasilianische Auswahl seit jenem Sieg als die beste der Welt erachtet. Und schließlich gilt die Weltmeisterschaft 1970 allgemein als das beste Turnier in fußballtechnischer Hinsicht.

Ich teile diese Auffassung: Tatsächlich waren damals alle teilnehmenden Mannschaften so gut auf die WM

Es ist eine WM des Spaßfußballs. Die Deutschen praktizieren ihn sogar am Hotelpool, mit dem Bundestrainer Helmut Schön gerade Bekanntschaft macht (oben). Das Finale gegen Brasilien bleibt ihnen verwehrt und damit das Kräftemessen mit Pelé (links), der in Jairzinhos Armen jubelt. Am Ende steht der respektable dritte Platz.

Es wäre gegen die Deutschen ein schwieriges Spiel um den Titel geworden.

vorbereitet wie nie zuvor. Nicht nur unsere Seleção hatte großartige Spieler versammelt, auch andere Teams traten in Mexiko beeindruckend auf – es genügt wohl, wenn ich auf die deutsche Auswahl mit den Torjägern Gerd Müller und Uwe Seeler verweise sowie auf meinen Freund Franz Beckenbauer, mit dem ich sechs Jahre später sogar noch einmal gemeinsam bei Cosmos New York spielen durfte. Und wäre diese deutsche Nationalmannschaft nicht in dem kraftraubenden Halbfinale gegen Italien gescheitert – ich kann mir vorstellen, es wäre für uns gegen die Deutschen ein schwieriger Kampf um den Titel geworden.

Für mich war die Weltmeisterschaft 1970 von Anfang an eine Riesenherausforderung. Ich hatte im Jahr zuvor mein tausendstes Tor geschossen, wir hatten mit dem FC Santos bereits alle Titel bis hin zum Weltpokal gewonnen, ich selbst war bereits zweifacher Weltmeister – natürlich schaute die ganze Fußballwelt auf mich. Und wer weiß, vielleicht lag es auch daran, dass ich schon lange vor Beginn des Fernsehzeitalters so viel rund um den Erdball unterwegs gewesen bin mit den Mannschaften von Brasilien und dem FC Santos.

Wenn ich zurückdenke, war ich damals wie ein Priester, der von Stadt zu Stadt zog und das Wort Jesu verkündete. Ich habe in Afrika, Asien und sonstwo gespielt – die Großväter erlebten Pelé, und heute können die Jungen auf Video überprüfen, was ihnen die Alten erzählten.

Pelé ist zum Helden des Volkes geworden (Bild oben). Er hat sein Versprechen gehalten: Mit dem dritten Titelgewinn geht der Pokal, den Kapitän Carlos Alberto stemmt, endgültig in brasilianischen Besitz über.

Freunde, seit sie zusammen bei Cosmos New York spielten: Pelé, als einziger Spieler dreimal Weltmeister, und Franz Beckenbauer, 1974 als Spieler und 1990 als Trainer Weltmeister.

Jedenfalls, ich wollte und ich durfte auf keinen Fall scheitern, zumal ich ja in der Heimat schon angekündigt hatte, dass dies meine letzte WM sein werde. Und natürlich lastete auf mir, als dem erfahrensten Spieler, die ganze Verantwortung dafür, dass Brasilien siegen würde. Um so wichtiger war es, dass ich ein absolutes Vertrauen in unsere Mannschaft setzen konnte. Wir kannten uns, wir waren eingespielt. Als wir nach Mexiko fuhren, waren wir immerhin seit einem Jahr ohne große Veränderungen zusammen, und wir hatten uns für diese WM ohne eine einzige Niederlage qualifiziert. Wir waren reif für den Titel, und ich glaube, jeder von uns hat das gespürt. Ein besonderes Lob darf ich unserem Trainer Mario Zagallo aussprechen, der uns zum Titel geführt hat.

Was aus den Turniertagen für mich besonders in Erinnerung geblieben ist? Auf jeden Fall mein Kopfballtor zum 1:0 im Endspiel gegen Italien – was für ein wunderbares Finale auch für meine eigene WM-Karriere, hätte man es sich schöner ausmalen können? Abseits der WM-Stadien von Mexiko denke ich am liebsten an das spirituelle Gefühl zurück, das sich immer dann einstellte, wenn ich mit meinen brasilianischen Mannschaftsgefährten zum Gebet zusammenkam, das taten wir vor jedem Spiel.

Ich will, wenn ich diese Weltmeisterschaft noch einmal vorbeiziehen lasse, aber auch darauf hinweisen, dass unser Sieg noch eine andere große Bedeutung hatte. Er war besonders wichtig für die Menschen in Brasilien, weil Brasilien damals durch eine kritische politische Phase ging. Es herrschte die Militärdiktatur. Wir sollten das nicht vergessen, auch wenn die Situation heute viel besser ist, weil wir in einem demokratischen Staatswesen leben.

Es gibt also viele Gründe dafür, vor allem aber spricht der Fußballer in mir, wenn ich sage: Ja, ich glaube ohne jeden Zweifel, dass die Mannschaft von 1970 die beste aller Zeiten gewesen ist.

**Der Sieg war wichtig für Brasilien.
Unser Land ging durch
eine kritische Phase.**

Der Mann fürs Grobe: Berti Vogts (r.) räumt beim Qualifikationsspiel in Wien gegen Österreich auf. Endstand: 2:0.

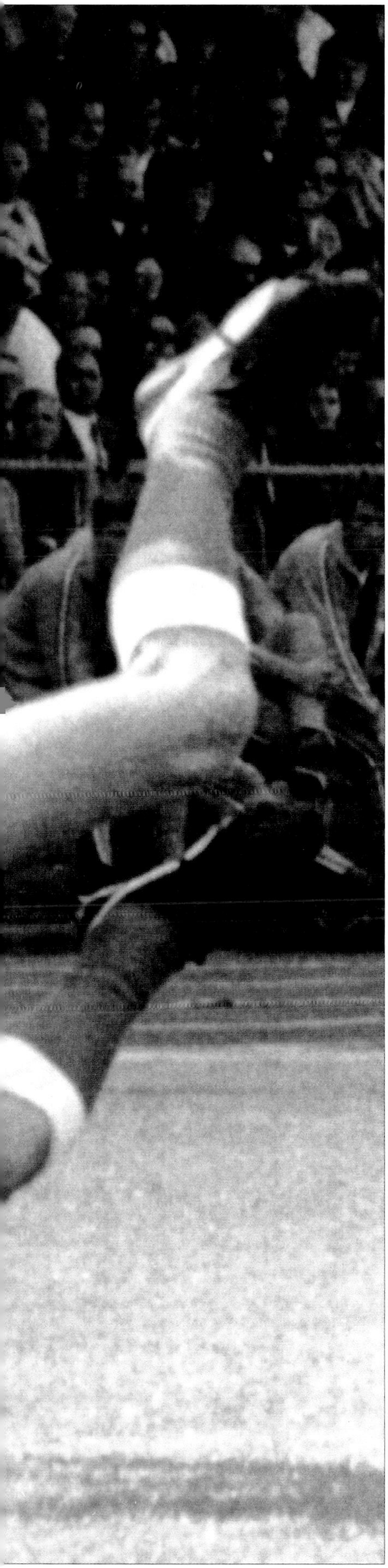

Er oder ich!

Müller oder Seeler? Erst Libudas größter Auftritt macht die Debatte möglich.

Im August 1996 hat Reinhard Libuda seine letzte Ruhe auf dem Gelsenkirchener Ostfriedhof gefunden. Er starb an Kehlkopf-Krebs, vereinsamt und verarmt. Seine Verwicklung in den Bundesligaskandal von 1971, als Schalke 04 mit Libuda als Kapitän ein Spiel an Arminia Bielefeld verkaufte, hatte den scheuen Mann aus der Bahn geworfen. Nach seiner Sperre – ursprünglich lebenslang, später wurde er begnadigt – fand er nie mehr zu alter Form. Dabei war er einer der ganz Großen des deutschen Fußballs.

Libuda bescherte Borussia Dortmund 1966 mit seinem Treffer zum 2:1 gegen den FC Liverpool den Europacup der Pokalsieger, gewann 1972 mit Schalke 04 den DFB-Pokal, bestritt 264 Bundesligaspiele und schoss dabei 28 Tore, steht heute noch im Range eines besten deutschen Rechtsaußen aller Zeiten. Man nannte ihn „Stan“, in Anlehnung an den Engländer Stan Matthews, dessen ebenso einfachen wie legendären Trick – links antäuschen, rechts vorbeigehen – er fast besser beherrschte als dessen Schöpfer. „An Gott kommt keiner vorbei“, stand auf einem religiösen Plakat in Gelsenkirchen geschrieben, ein Fan ergänzte: „außer Libuda“. Das Spiel seines Lebens machte er an einem tristen Oktober-Abend 1969 in Hamburg, als er mit grandiosen Dribblings und dem entscheidenden Tor dem deutschen Team die WM-Qualifikation für das Turnier 1970 rettete.

Nach dem Finale in Wembley 1966 und der unglücklichen 2:4-Niederlage gegen England hatte sich Bundestrainer Helmut Schön nicht lange mit dem Lamentieren über das umstrittene Dritte Tor aufgehalten, sondern machte sich daran, die Elf bis 1970 zusammenzuhalten. Aber er erlitt immer wieder Rückschläge. Verteidiger Karl Heinz Schnellinger und Regisseur Helmut Haller standen nur selten zur Verfügung, weil

Flankenkönig als Schütze: Reinhard Libuda erzielt das entscheidende Tor in der Qualifikation gegen Schottland.

Gute Nachbarn (oben): Österreichs Kapitän Flögel (rechts) und der deutsche Spielführer Uwe Seeler tauschen Wimpel.
Unten: Der österreichische Stürmer Hans Pirkner (2.v.l.) erzielt die frühe 1:0-Führung. Er setzt sich gegen die deutsche Abwehr mit Franz Beckenbauer (l.), Torhüter Horst Wolter (3.v.l.), Horst-Dieter Höttges (unten) und Willi Schulz (r.) durch. Das Freundschaftsspiel endet 1:1, nachdem die Deutschen Österreich zuvor in der WM-Qualifikation zweimal besiegt haben.

ihnen ihre italienischen Klubs keine Freigabe erteilten, und der in die Jahre gekommene Stürmer Uwe Seeler plante schon, seine Laufbahn in der Nationalmannschaft zu beenden.

Also suchte Schön nach neuem Personal und gab auch jenen eine Chance, die schon im Weltmeisterschaftskader gestanden hatten, ohne zum Zuge gekommen zu sein. So durften sich Torwart Sepp Maier und Außenstürmer Hannes Löhr versuchen. Und ein junger Mann, von dem sein Vereinstrainer Tschik Cajkovski beim FC Bayern gesagt hatte: „Diese Figur – unmöglisch!“ Gerd Müller habe zwar einen unheimlichen Bumms, könne aber nicht Fußball spielen, meinten die Kritiker.

Das Jahr 1966 endete noch mit Siegen gegen die Türkei und Norwegen, aber im folgenden Jahr musste Schön den ersten schweren Rückschlag hinnehmen: Durch ein 0:0 am letzten Spieltag beim punkt- und torlosen Außenseiter Albanien verpasste seine Mannschaft die Qualifikation für die Europameisterschaft 1968. Gerd Müller fehlte in Tirana, und es deutete sich schon an, dass er zum kaum ersetzbaren Torjäger avancieren sollte. Beim 6:0 im Hinspiel hatte er dreimal getroffen, beim 3:1 über Jugoslawien den wichtigen zweiten Treffer erzielt.

Als Deutschland nach der Enttäuschung von Tirana im Jahr darauf nur 0:0 gegen die Schweiz und 1:1 gegen Wales spielte, gewannen endgültig die Kritiker die Oberhand. Sie verstummten wieder, als der Mannschaft Siege gegen zwei Weltmeister gelangen, gegen die Deutschland noch nie zuvor gewonnen hatte: die Revanche für Wembley beim 1:0 gegen England und ein 2:1-Erfolg gegen Brasilien.

Zum Auftakt der WM-Qualifikation wurden allerdings die Erinnerungen an das Trauma von Albanien wieder wach. Auch in Zypern gelang den Deutschen 90 Minuten lang kein Tor, ein 0:0 bei dem krassen Außenseiter der Gruppe hätte schon im ersten Spiel die Chancen schwinden lassen. Aber in der zweiten Minute der Nachspielzeit rettete Gerd Müller seine Mannschaft mit dem Tor des Tages. Bei der zweiten Partie gegen Österreich in Nürnberg forderten die Zuschauer angesichts der erneut lähmenden Torlosigkeit lautstark „Uwe, Uwe!“ Seeler, bis zwei Minuten vor Schluss wieder Müller traf – ausgerechnet der Stürmer, dem die Rufe des Publikums am meisten weh getan hatten. Schließlich hätte Seelers Einwechslung seine Auswechslung bedeutet, weil Schön zu diesem Zeitpunkt noch der Überzeugung war, dass die beiden Angreifer nicht zusammenpassten.

Das Rückspiel in Wien gewann Deutschland 2:0, wieder traf Müller. Im Heimspiel gegen Zypern gelang ein 12:0, das in dieser Höhe genauso überraschend war wie der nur knappe Erfolg auf der Mittelmeerinsel. Ohne den tückischen Hartplatz, auf dem sie ihre Heimspiele absolvierten, hatten die zypriotischen Hobbyfußballer keine Chance mehr. Nach diesen Pflichtsiegen und einem 1:1-Unentschieden in Schottland musste das Rückspiel gegen die Schotten in Hamburg die Entscheidung über den Gruppensieg bringen.

Vor dieser Partie lag Norddeutschland tagelang unter einem dichten

Nebelschleier, aber an jenem Abend des 22. Oktober 1969 hatte sich der Dunst aus dem Volksparkstadion verzogen. In einem spannenden Kampfspiel überraschten die taktisch glänzenden Schotten die deutsche Mannschaft mit dem 0:1. Torwart Maier konnte einen Schuss von Edwin Gray nicht festhalten, James Johnstone traf im Nachschuss.

Das erlösende Tor

Schottland bestimmte das Spiel, erst als dem Schalker Abwehrspieler Klaus Fichtel kurz vor der Pause der Ausgleich gelungen war, fanden die Deutschen ihren Rhythmus. Nach einer Stunde besorgte Müller mit einem Linksschuss aus der Drehung die Führung, doch die Schotten kamen nur zwei Minuten später zum Ausgleich. Und elf Minuten vor dem Ende erlöste Reinhard Libuda sein Team und die bangenden Anhänger. Nach einem Steilpass von Helmut Haller lief er über das halbe Feld und hatte noch genügend Kraft für einen konzentrierten Abschluss. Libudas Gegenspieler Thomas Gemmel war so entnervt, dass er den Deutschen wütend in die Beine trat. Er wurde vom Platz gestellt.

Libuda rückte schnell wieder in den Hintergrund angesichts der Personaldiskussionen vor dem Turnier. Man machte sich Sorgen um die Besetzung der Rolle des Regisseurs im Mittelfeld. Günter Netzer fuhr wegen einer Adduktorenverletzung gar nicht erst mit nach Mexiko. Helmut Haller präsentierte sich in schlechter Kondition, wurde von den Zeitungen und den Anhängern aber vehement gefordert. Luxuriös erschienen vergleichsweise die Debatten um den Sturm.

„Müller macht Mexiko möglich", dichteten die Zeitungen. Aber einen Stammplatz hatte der Münchner keineswegs sicher – trotz 38 Treffern in der vorangegangenen Bundesligasaison. Würde Schön den alten Kämpen Seeler oder den jungen Torjäger Müller als Mittelstürmer favorisieren? Kurz vor der WM traf Uwe Seeler, 33, beim 2:1 im Testspiel gegen Irland und beim 1:0 über Jugoslawien bei der Generalprobe, während Müller, 24, enttäuschte. Dennoch wurde Müller in einer Boulevardzeitung mit der ultimativen Forderung zitiert: „Er oder ich!"

Seeler oder Müller oder beide? „Die Entscheidung muss ich erst in Mexiko treffen", sagte Schön. „In der Nationalmannschaft wird eben anders gespielt als beim FC Bayern, wo die Mitspieler Lücken für ihren Torjäger aufreißen." Müllers Befürworter hielten entgegen, dass Seeler zwei Jahre nicht für die Nationalelf gespielt hatte und stattdessen zweimal im Schwarzwald zur Kur gewesen war, wegen seiner lädierten Wirbelsäule.

Nach der Ankunft in Mexiko zeichnete sich im Trainingslager eine Lösung ab – Schön würde wohl auf beide Angreifer setzen, auf Müller und Seeler, und dafür auf einen rechten Flügelstürmer verzichten – auf den braven, ruhigen Libuda. Der musste sich erst wieder seinen Platz erkämpfen. Er sollte eher zu den Verlierern dieser WM zählen.

Fußball-Humor in den Sechzigern: Franz Beckenbauer (l.) und Gerd Müller in Schotten-Röcken vor dem Qualifikationsspiel gegen Schottland.

Die DDR holt auf

Der italienische Fußball sann auf Revanche für die Schmach des 0:1 gegen Nordkorea bei der WM 1966, die das Aus in der Vorrunde bedeutet hatte. Unter dem neuen Trainer Ferruccio Valcareggi gewannen die Italiener 1968 die Europameisterschaft im eigenen Land; das Finale gegen Jugoslawien entschieden sie im Wiederholungsspiel 2:0 für sich. Doch echte Genugtuung konnte es erst beim WM-Turnier in Mexiko geben.

Die Auswahl der DDR sollte in Qualifikationsgruppe 3 nur ein kleines Hindernis auf dem Rachefeldzug sein. Die Ostdeutschen hätten allerdings das erste Duell in Ost-Berlin fast gewonnen. Luigi Riva rettete nach zweimaliger Führung der DDR durch Eberhard Vogel und Hans-Jürgen Kreische ein 2:2. Die Entscheidung über den Gruppensieg brachte erst das letzte Spiel in Neapel. Die Italiener gewannen 3:0.

Der DDR-Fußball schien 1970 dennoch den Abstand zur Weltspitze verringert zu haben. Seine Junioren-Auswahl gewann zum zweiten Mal nacheinander das Uefa-Turnier für U-18-Mannschaften. Man brachte eine Strukturreform auf den Weg, die jugendlichen Fußballern bessere Förderung sicherte. Unter dem neuen Trainer Georg Buschner sollte mit Rang drei bei den Olympischen Spielen 1972 in München schon ein erster großer Erfolg gelingen.

Aber schon in Mexiko verbuchte die DDR-Delegation einige Siege. Verbandspräsident Helmut Riedel wurde in das Fifa-Exekutivkomitee gewählt. Und Schiedsrichter Rudi Glöckner durfte das Finale zwischen Brasilien und Italien leiten.

Generalprobe geglückt

Der Generationswechsel geht voran. Vier Jahre vor der Heim-WM dreht sich das Spiel schon um die Bayern-Achse.

Borussia Mönchengladbach hatte vor dieser WM erstmals die Deutsche Meisterschaft gewonnen. Spielmacher Günter Netzer und Torjäger Jupp Heynckes, zwei der tragenden Kräfte, fehlten in Mexiko wegen Verletzungen, vom Meister glänzte in Mexiko nur Verteidiger Berti Vogts. Die sich abzeichnende nationale Dominanz der jungen Mannschaften von Mönchengladbach und Bayern München fand deshalb im WM-Kader nur unzureichend Niederschlag. Vieles drehte sich bei dieser WM aber schon um die Bayern-Achse mit Sepp Maier, Franz Beckenbauer und Gerd Müller, die in den folgenden Jahren Fußball-Geschichte schreiben sollte, auch im Nationalteam – mit dem Gewinn der Europameisterschaft 1972 und dem WM-Sieg 1974. Die Generalprobe für die Heim-WM glückte jedenfalls. Bundestrainer Helmut Schön hatte noch 14 Spieler im Aufgebot, die 1966 in England dabei gewesen waren. Nicht jeder der alten Fahrensleute konnte sich so gut behaupten wie der 33-jährige Uwe Seeler. Helmut Haller, Held von 1966, erlebte einen unrühmlichen Abschied aus dem Nationalteam. Die junge Bundesliga-Generation drängte nach vorne.

Helmut Schön

* 15.9.1915
† 23.2.1996
Trainer

Obwohl kompetent und durchaus schlagfertig, schien „der Lange“ nach Meinung der Kritiker nicht bestimmt zu sein für die Rolle des Bundestrainers. Zu dünnhäutig sei er, überempfindlich. Er behauptete zwar, die Tagespresse nicht zu lesen, aber das war gelogen. Er registrierte jede Kritik. Dennoch wurde er erfolgreichster Bundestrainer. Schön fand den Draht zur Generation selbstbewusster Profis, die aus der 1963 gegründeten Bundesliga kam.
Die Nationalmannschaft wurde unter Schön 1966 WM-Zweiter, 1970 WM-Dritter, 1972 Europameister, 1974 Weltmeister, 1976 EM-Zweiter – dann kam leider Córdoba 1978.

Sepp Maier

* 28.2.1944
FC Bayern München

Als jüngster Torwart im Aufgebot Stammspieler. Obwohl er später selbst zugab: „Ein Torwart ist wie ein Whisky, je älter, desto besser.“
5 Spiele/0 Tore

Horst Wolter

* 8.6.1942
Eintracht Braunschweig

Durfte im Spiel um Platz drei mitmachen – sein 13. und letztes Länderspiel. Vier Jahre später von der Post auf einer WM-Sondermarke verewigt.
1 Spiel/0 Tore

Manfred Manglitz

* 8.3.1940
1. FC Köln

Nur als Zuschauer in Mexiko – er ließ den Rest des Teams spüren, dass ihm die Rolle nicht behagte. Verwickelt in den Bundesligaskandal 1971.
0 Spiele

Franz Beckenbauer

* 11.9.1945
FC Bayern München

Im Nationalteam noch im Mittelfeld, während er beim FC Bayern sich schon anschickte, den Libero zu interpretieren. Große WM – bis zum Sturz im Spiel gegen Italien.
5 Spiele/1 Tor

Berti Vogts

* 30.12.1946
Borussia M'gladbach

Der Bundes-Berti. Kämpfte und grätschte, nicht witzig, aber effektiv. Kein Wunder, dass er keinen Zweikampf scheute: „Der Deutsche hat nie Angst.“
6 Spiele/0 Tore

Klaus Fichtel

* 19.11.1944
FC Schalke 04

Solide WM, glänzte vor allem im ersten Spiel gegen Marokko. Ließ sich ein Jahr später für eine Bundesliga-Niederlage bezahlen. Ein Scherz für Botaniker war sein Spitzname: „Tanne“.
5 Spiele/0 Tore

Horst-Dieter Höttges

* 10.9.1943
Werder Bremen

Der „Eisenfuß" spielte 14 Jahre in Bremen. 1974 war er noch einmal bei der WM dabei, aber nur noch mit einem Kurzeinsatz beim 0:1 gegen die DDR.
4 Spiele/0 Tore

Bernd Patzke

* 14.3.1943
Hertha BSC

1966 ohne Einsatz, durfte diesmal dreimal mitwirken. War in den Bundesliga-Skandal verwickelt und überbrückte die Sperre bei Hellenic Kapstadt.
3 Spiele/0 Tore

Willi Schulz

* 4.10.1938
Hamburger SV

Der „World-Cup-Willi" von 1966. Verrückt, aber wahr: Schulz fehlte im Spiel um Platz drei – weil er seine Fußballschuhe vergessen hatte.
3 Spiele/0 Tore

Klaus-Dieter Sieloff

* 27.2.1942
Borussia M'gladbach

Trauriges Schicksal: Schon bei der WM 1966 in England war Sieloff dabei und musste zuschauen, auch diesmal kam er auf keinen Einsatz.
0 Spiele

Wolfgang Weber

* 26.6.1944
1. FC Köln

Einer der besten Abwehrspieler des Turniers 1966 und 2:2-Schütze in letzter Minute im Finale. Diesmal nur eine Viertelstunde gegen Bulgarien, volle Spielzeit gegen Uruguay.
2 Spiele/0 Tore

Karl-H. Schnellinger

* 31.3.1939
AC Mailand

Der strohblonde Italien-Profi kam im ersten Spiel überraschend nicht zum Einsatz. Rückte dann ins Team, wurde Stammspieler und traf gegen Italien zum 1:1 – *das* Tor seiner Karriere.
5 Spiele/1 Tor

Peter Dietrich

* 6.3.1944
Borussia M'gladbach

Insgesamt nur ein Einsatz in der Nationalmannschaft – eine Halbzeit im Test vor der WM gegen England. Dafür zweimal Deutscher Meister mit Mönchengladbach.
0 Spiele

Helmut Haller

* 21.7.1939
Juventus Turin

Der Augsburger Italiener, Star der WM 1966, verabschiedete sich unwürdig von der Länderspiel-Bühne – mit einer beschämenden Halbzeit gegen Marokko. Nicht fit genug.
1 Spiel/0 Tore

Wolfgang Overath

* 29.9.1943
1. FC Köln

Großartiger WM-Spieler. Bestritt alle Partien bei den Turnieren 1966, 1970, 1974. In Mexiko auf der Höhe seines Könnens, gekrönt vom Siegtor im Spiel um Platz 3.
6 Spiele/1 Tor

Uwe Seeler

* 5.11.1936
Hamburger SV

„Uwe, Uwe!" Unmittelbar nach der WM 1954 ins Nationalteam berufen, auch 1970 noch ein Leistungsträger. Höhepunkt: sein Hinterkopf-Tor gegen England.
6 Spiele/3 Tore

Max Lorenz

* 19.8.1939
Eintracht Braunschweig

Durfte im Spiel um Platz drei Verteidiger Schulz ersetzen, der seine Fußballstiefel vergessen hatte. Kam so wenigstens zu einem WM-Einsatz.
1 Spiel/0 Tore

Jürgen Grabowski

* 7.7.1944
Eintr. Frankfurt

Der Flügelstürmer spielte von 1965 bis 1980 für die Eintracht. Glänzte in Mexiko als Einwechselspieler. Titel damals: bester Einwechselspieler der Welt.
5 Spiele/0 Tore

Hannes Löhr

* 5.7.1942
1. FC Köln

Flügelflitzer und mit seinen Flanken Vorbereiter von Müller-Toren. Von 1983 bis 1985 wurde Löhr Trainer des 1. FC Köln, später arbeitete er als Jugendcoach beim DFB.
6 Spiele/0 Tore

Gerd Müller

* 3.11.1945
FC Bayern München

„Kleines, dickes Müller" mit fetter Ausbeute: 10 Tore bei dieser WM, 68 Tore in 62 Länderspielen, 365 Tore in 427 Bundesligaeinsätzen. Die Zahlen sprechen für sich.
6 Spiele/10 Tore

Siegfried Held

* 7.8.1942
Borussia Dortmund

Nicht mehr so stark wie 1966 – es fehlte ja auch Partner Emmerich. Bitter: sein dicker Patzer in der Verlängerung des Halbfinales gegen Italien, der zu einem Gegentor führte.
3 Spiele/0 Tore

Reinhard Libuda

* 10.10.1943
† 25.8.1996
FC Schalke 04

Hatte das Team zur WM geschossen, kam aber nicht zum Zug wie erhofft. Überragend noch sein Spiel gegen Bulgarien, verlor dann aber seinen Stammplatz.
5 Spiele/1 Tor

Angst vor Hitze und Höhe

Viele Favoriten fehlen. Erstmals Auswechslungen.

Bevor die WM-Teilnehmer nach Mexiko aufbrachen, war vor allem den Europäern mulmig zumute. Würden sie die dünne Höhenluft vertragen? (Die Spielorte lagen auf 1600 bis 2600 Metern über dem Meeresspiegel.) Kann man in der Hitze des mexikanischen Sommers Hochleistungssport betreiben? Noch dazu, wenn die Spiele mittags um 12 Uhr beginnen, damit die europäischen Fernsehzuschauer das Ereignis zum Feierabend genießen können. Und dann die „Rache Montezumas" – eine außerordentlich unangenehme Magen-Darm-Verstimmung, die regelmäßig Besucher in Mexiko nach wenigen Tagen ereilt.

Tatsächlich schlug „Montezuma" hier und da zu (siehe Englands Torhüter Gordon Banks), Höhe und Hitze veranlassten einige Spieler, etwas langsamer zu laufen. Doch letztlich gilt die Veranstaltung 1970 als schönste und spektakulärste Weltmeisterschaft aller Zeiten. Gejammert haben vor allem diejenigen, die sich nicht qualifizierten. Und da war einige Prominenz dabei.

Mexiko in Daten

Hauptstadt: Mexiko-City
Fläche: 1958201 km²
Höchster Punkt: Citlaltépetl (Pico de Orizaba) 5747 m
Einwohner: 106,2 Mio (Stand 2005, zum Vergleich 1950: 27,7 Mio), davon 75 % Mestizen, der Rest indigene Völker (u. a. Maya, Azteken) und Europäischstämmige (meist Spanier)
Religion: 90 % Katholiken, 7 % Protestanten, 3 % traditionelle Religionen
Währung: Mexikanischer Peso
Unabhängigkeit: 1810 erklärt, 1821 anerkannt
Politisches System: seit 1917 eine präsidiale Bundesrepublik mit 31 Bundesstaaten plus der Hauptstadt Mexiko-City.

Zwar blieb die Zahl der gemeldeten Länder für die Qualifikation im Vergleich zu 1966 gleich, doch damals hatten dann die Nationen Afrikas und Asiens das Turnier boykottiert, weil ihnen die Fifa zusammen mit Ozeanien nur einen WM-Platz zugestanden hatte. Der Weltverband gab für die WM 1970 Afrika und Asien/Ozeanien jeweils einen Platz, weshalb fast alle Nationen antraten. So fuhr mit Marokko zum zweiten Mal nach 1934 (Ägypten) eine afrikanische Mannschaft zu einer WM. Hingegen disqualifizierte die Fifa Nordkorea, 1966 noch im Viertelfinale, weil das Land sich weigerte, gegen Israel anzutreten. Die Israelis besiegten dann die ozeanische Konkurrenz und schafften es zum bisher einzigen Mal zu einer WM.

Neben Nordkorea scheiterten weitere Favoriten. Portugal, 1966 WM-Dritter, blieb auf der Strecke, ebenso der Olympiasieger von 1968, Ungarn. Auch Frankreich, Spanien und die hoch gelobten Argentinier blieben zu Hause.

Im Turnier gab es zwei spektakuläre Neuerungen. Nach den Diskussionen in England vier Jahre zuvor hatten die Schiedsrichter nun Gelbe und Rote Karten dabei, um Verwarnungen und Platzverweise sichtbar für Spieler und Zuschauer anzuzeigen. Rot allerdings wurde in Mexiko nicht gegeben. Das lag einerseits an der weniger brutalen Spielweise, andererseits hielten sich auch die Schiedsrichter zurück – schlimme Fouls und sogar Tätlichkeiten gab es durchaus. Die zweite WM-Premiere hatte sich bereits in den nationalen Ligen durchgesetzt: Jede Mannschaft durfte zwei Spieler auswechseln, ungeachtet von Verletzungen.

Finale

Brasilien – Italien 4 : 1

Spiel um Platz 3

Deutschland – Uruguay 1 : 0

Halbfinale

Brasilien – Uruguay	Deutschland – Italien
3 : 1	3 : 4 n.V.

Viertelfinale

Uruguay – Sowjetunion	Italien – Mexiko	Brasilien – Peru	Deutschland – England
1 : 0 n.V.	4 : 1	4 : 2	3 : 2 n.V.

Vorrunde

Gruppe 1

1. **Sowjetunion**
2. **Mexiko**
3. Belgien
4. El Salvador

Mexiko – Sowjetunion	0:0
Belgien – El Salvador	3:0
Sowjetunion – Belgien	4:1
Mexiko – El Salvador	4:0
Sowjetunion – El Salvador	2:0
Mexiko – Belgien	1:0

Gruppe 2

1. **Italien**
2. **Uruguay**
3. Schweden
4. Israel

Uruguay – Israel	2:0
Italien – Schweden	1:0
Uruguay – Italien	0:0
Schweden – Israel	1:1
Schweden – Uruguay	1:0
Italien – Israel	0:0

Gruppe 3

1. **Brasilien**
2. **England**
3. Rumänien
4. CSSR

England – Rumänien	1:0
Brasilien – CSSR	4:1
Rumänien – CSSR	2:1
Brasilien – England	1:0
Brasilien – Rumänien	3:2
England – CSSR	1:0

Gruppe 4

1. **Deutschland**
2. **Peru**
3. Bulgarien
4. Marokko

Peru – Bulgarien	3:2
Deutschland – Marokko	2:1
Peru – Marokko	3:0
Deutschland – Bulgarien	5:2
Deutschland – Peru	3:1
Bulgarien – Marokko	1:1

Erleichterung kurz vor Schluss: Gerd Müller (r.) erzielt mit dem Kopf das Siegtor für Deutschland. Der marokkanische Torhüter Allal Ben Kassou (M.) und sein Verteidiger haben das Nachsehen.

Gruppe 4 Deutschland – Marokko

Vage Hoffnungen im Schwefelbad

Helmut Hallers Karriere in der Nationalelf geht unwürdig zu Ende.

Man hatte mit den üblichen Sprüchen gerechnet: vom nächsten Gegner, der immer der schwerste sei, und von den so genannten schwächeren Mannschaften, die man nicht auf die leichte Schulter nehmen dürfe. Aber nichts dergleichen war zu hören. Vor dem ersten Spiel gegen Marokko stellten die Deutschen ihr Selbstvertrauen zur Schau. „Die putzen wir weg. Ich habe noch nie ein so gutes Gefühl gehabt", verkündete der Kölner Mittelfeldspieler Wolfgang Overath. Verteidiger Berti Vogts versprach: „Wir gewinnen klar und deutlich." Und selbst Trainer Helmut Schön meinte: „Wenn die Mannschaft verliert, die wir jetzt aufbieten, dann weiß ich auch nicht mehr."

Von Wegputzen konnte hinterher keine Rede sein; nur haarscharf schrammte die deutsche Mannschaft beim 2:1 an einer Blamage gegen den Außenseiter vorbei. Die von Schön auserkorene Wunschelf brach schon in dem Moment zusammen, als ersichtlich wurde, dass Helmut Haller seine Aufgabe im Mittelfeld nicht bewältigen konnte. Das war nach einer Viertelstunde der Fall. Keuchend und schwitzend stolperte der übergewichtige Augsburger von Juventus Turin dem Ende seiner Karriere in der Nationalmannschaft entgegen.

Die deutschen Fans und Medien, allen voran die *Bild*-Zeitung, hatten das Idol der WM 1966 vehement gefordert. Schön hatte keine andere Wahl, als Haller eine Chance zu geben – sonst hätte der Trainer kaum in Ruhe arbeiten können. Also musste sich Haller eine Halbzeit lang blamieren – seine Auswechslung wirkte wie eine Erlösung. Es war sein 33. und letztes Länderspiel.

Zu diesem Zeitpunkt stand es bereits 0:1. Auch Hallers Mitspieler wirkten unkonzentriert und ideenlos. Zudem fehlte ein Außenstürmer am rechten Flügel. Vogts versuchte stürmend, diese Lücke zu schließen, fehlte dann jedoch in der Abwehr. So auch beim 0:1. Ghazouani konnte in Ruhe flanken, denn Vogts kam zu spät, Torwart Sepp Maier verpasste beim Herauslaufen den Ball, Horst Dieter Höttges legte ihn beim Rettungsversuch für Houmane Jarir auf, der ins leere Tor traf (21.). Diesem Treffer musste die Mannschaft nun in der ungewohnt dünnen Luft hinterherlaufen – es war genau das passiert, was Schön mit einer eher

Besorgte Gesichter (v.l.): Masseur Deuser, die Trainer Schön und Derwall, Löhr und Patzke nach dem 0:1.

vorsichtigen Ausrichtung unbedingt verhindern wollte.

„Schön setzt auf die alten Kämpen", hatte die *Süddeutsche Zeitung* angekündigt. Die Nibelungentreue, mit der der Trainer zu den Helden der WM 1966 hielt, erwies sich als Fehler. Overaths Pässe kamen nicht an, Höttges machte nach seinem Missgeschick einen hilflosen Eindruck, Siegfried Held schien keine Kraft zu haben. Weil auf den Außenbahnen nichts passierte, konnten die Marokkaner Torjäger Gerd Müller zu dritt decken. In der 28. Minute traf der Münchner immerhin die Querlatte – das war die einzige Chance der Deutschen in der ersten Halbzeit. Der Unmut stand Schön auf dem Weg zur Kabine ins Gesicht geschrieben.

Dagegen durfte sich sein Gegenüber Blagoje Vidinic, jugoslawischer Trainer der Marokkaner, schon jetzt feiern lassen. Geschickt hatte er vor dem Spiel das Image des chancenlosen Außenseiters gepflegt. „Unser leichtestes Spiel wird gegen Deutschland sein", hatte er gesagt. Und lächelnd angefügt: „Wir werden natürlich verlieren oder rechnet irgendjemand mit einer Überraschung?" Seine Mannschaft habe zwar in Afrika einen Stellenwert wie Brasilien in Südamerika, aber seinen Spielern fehle doch viel an Erfahrung.

Deutschland – Marokko 2:1 (0:1)

León, 3. Juni 1970

Deutschland: Maier, Vogts, Höttges (74. Löhr), Schulz, Fichtel, Beckenbauer, Haller (46. Grabowski), Seeler, Müller, Overath, Held

Marokko: Kassou, Lamrani, Benkhrif, Slimani, Khanoussi, El-Filali, Maaroufi, Bamous (71. Faras), Ghandi, Jarir, Ghazouani (55. El-Khiati)

Tore: 0:1 Jarir (21.), 1:1 Seeler (56.), 2:1 Müller (80.)

Zuschauer: 12 942
Schiedsrichter: van Ravens (Niederlande)

Immerhin hatte sich seine Mannschaft in einer langen Afrika-Qualifikation gegen den Rest des Kontinents durchgesetzt, wenngleich einmal erst im Entscheidungsspiel (gegen Senegal) und einmal durch Losentscheid (gegen Tunesien). Als erstes afrikanisches Land seit Ägypten 1934 spielten die Marokkaner bei einer WM – nun führten sie sensationell zur Pause gegen den hohen Favoriten aus Deutschland.

Der kam ohne Haller, dafür endlich mit einem Flügelstürmer aus der Kabine zurück. Jürgen Grabowski von Eintracht Frankfurt führte sich mit Dribblings und Schüssen auch gut ein. Uwe Seeler rückte für Haller ins Mittelfeld. Aber die Marokkaner bauten sich vor ihrem Strafraum auf, waren die besseren Kopfballspieler und schnappten ihren Gegnern die Bälle weg, ohne dass sie sich viel einfallen lassen mussten.

Als das Ausgleichstor dann doch nach einer knappen Stunde fiel, wirkte es wie eine Erlösung. Eine flache Hereingabe von Held lenkte Müller mit der Fußspitze weiter, Seeler traf mit einem Flachschuss ins entfernte Toreck. Es war zu spüren, welche Last von den Deutschen abfiel. Sie spielten nun schwungvoller und kamen zu einer Reihe von Torchancen. Schön brachte seinen zweiten Flügelstürmer, den Kölner Hannes Löhr. Und Löhr trug entscheidend zum zweiten Treffer bei: Sein Kopfball tanzte auf der Querlatte und rutschte ins Feld zurück, Müller hatte die Situation geahnt und war zur Stelle, um den Siegtreffer zu erzielen.

Zehn Minuten vor Schluss machte sich Erleichterung bei den deutschen Anhängern unter den nur etwa 13 000 Zuschauern in León breit; die Marokkaner hatten nicht die Kraft, sich in der Schlussphase noch einmal aufzubäumen. Die Diskussion, ob der Ball sich vor dem 1:1 im Aus befunden hatte, als er auf der Torlatte tanzte, war schnell vergessen.

Schön wirkte ebenfalls erleichtert und zugleich noch immer wütend. „Komm' ich heut' nicht, komm ich morgen – so haben wir angefangen, und das war falsch", klagte er. „Es ist kompliziert gespielt worden mit dem unterschwelligen Gefühl der Überlegenheit. Nach jedem zweiten Pass

Berti Vogts (l.) umkurvt Marokkos Verteidiger Mohammed El-Filali.

spätestens ging der Ball verloren." Für das Spiel gegen Bulgarien machte er eine klare Vorgabe: „Wir dürfen nicht wie die Brasilianer spielen. Das war heute ein Gemisch aus Pässchen und Zauberkunststückchen, das bringt uns nichts ein. Wir müssen unser deutsches Spiel machen."

Eine Stunde später schwammen seine Spieler im Schwefelwasserbecken von Comanjilla. Auch Franz Beckenbauer, der sich im Mittelfeld sichtlich unwohl gefühlt hatte. Erst in der letzten Viertelstunde als Libero hatte er sich gesteigert. Schön hatte ihm die Rolle zugeteilt, Marokkos Regisseur Driss Bamous zu bewachen. Da hatte Beckenbauer Probleme, auch wenn er gute Argumente hatte, warum ihm der Marokkaner häufig entwischte. „Da bin ich nicht schuld. Haben Sie nicht gesehen, dass der Zehner immer alleine daherkam. Den habe ich auch noch nehmen müssen." Der Zehner war El-Filali, und für dessen Bewachung war Haller eingeteilt. Darauf angesprochen winkte Beckenbauer ab. „Das sind ja Suggestivfragen, das müssen sie den schon selbst fragen." Doch Haller fehlte beim abendlichen Bad – so entging er unangenehmen Gesprächen.

Schön unter Druck

Verteidiger Klaus Fichtel, einer der Besseren, übte Kritik an der Taktik. „Gegen solche Gegner kann man nur mit zwei Flügelstürmern spielen, das hätten wir von Anfang an tun sollen", sagte der gewöhnlich zurückhaltende Schalker. Aber im Schwefelbecken war auch schon wieder Zeit für Anekdoten. „In den letzten 20 Minuten habe ich ganz schön geschnauft. Beim 2:1 wollte ich schon gar nicht mehr nach vorne mitlaufen", erzählte Torschütze Müller, „aber dann habe ich gesehen, dass von hinten der Löhr kommt. Dann bin ich doch mit vor gegangen." Auch Siggi Held konnte über sein Missgeschick nach der Pause schon wieder lachen. Marokkos Torwart Allal Ben Kassou war beim Anpfiff noch gar nicht auf dem Feld, als Held den Ball führte: „Das habe ich gar nicht gesehen. Ich habe mich ganz darauf konzentriert, zwei Mann zu umspielen."

Die gute Laune im Becken täuschte nicht darüber hinweg, dass es diese Elf nie mehr geben würde. „Helmut Schön, kein Mensch von schnellen Entschlüssen und keiner, der sich eine Entscheidung leicht macht, muss rasch handeln, schnell umdenken", forderte die *SZ*. Die Formation mit Seeler im Mittelfeld und zwei Flügelstürmern erschien ausbaufähig. „Ich muss darüber mehr als einmal schlafen", sagte der Bundestrainer.

Neben Haller ließ Schön im nächsten Spiel auch Stürmer Held und Abwehrspieler Willi Schulz draußen. Dafür sollte Karl-Heinz Schnellinger vom AC Mailand verteidigen, der 1962 und 1966 alle WM-Spiele bestritten hatte. Ob die Umstellungen Erfolg haben würden? Uwe Seeler brachte das zwingendste Argument vor: „Es wird schon noch alles besser, weil es nicht schlechter werden kann."

In der Zange: Der deutsche Angreifer Siggi Held (Mitte) wird gleich von zwei Marokkanern attackiert. Kurz nach der Pause übersah deshalb der Dortmunder sogar, dass Marokkos Torwart noch gar nicht zwischen den Pfosten stand.

Tiger besucht die Belgier

Eine Woche vor dem WM-Start brach im Hotel der belgischen Nationalmannschaft Panik aus. Sie hatten von einem mexikanischen Fan einen Tiger als Maskottchen geschenkt bekommen, den die Mexikaner von einem erst zwölfjährigen Jungen bewachen ließen. Doch der ließ die Raubkatze namens Raja entwischen. Sie riss auf dem Gelände ein paar Fußbälle in Stücke, schlug einen neugierigen Kameramann in die Flucht und schlich durch die Hotelgänge. Die Belgier schlossen sich in den Zimmern ein und warteten auf Hilfe. Dabei hätte nicht viel passieren können. Raja war erst fünf Monate alt und wurde schnell wieder eingefangen. Die Mexikaner ließen das Maskottchen nun von einem etwas älteren Wächter beobachten.

Eigenheime im Azteken-Stadion

Das Azteken-Stadion bot wohl als erste Fußball-Arena der Welt Logen an. Luxus und Service darin waren derart ungewohnt, dass Berichterstatter von „Eigentumswohnungen" sprachen. 775 Vertreter der mexikanischen Oberschicht mieteten sich nach Fertigstellung des Stadions 1966 eines dieser Eigenheime – Kosten etwa 50 000 Mark, Mietdauer 99 Jahre. Dafür verfügten die Eigentümer über je zehn Sitzplätze, eine Bar, eine kleine Küche sowie eine Toilette. Ein Reporter der *dpa* nannte das Stadion auch deshalb „Fußballkolosseum der Kuriositäten". Für die Spiele der WM 1970 im Azteken-Stadion mussten die Logeninhaber keinen Eintritt bezahlen, schon zu Beginn des Turniers war der Weiterverkaufswert eines Logensessels auf 15 000 Mark gestiegen.

Sieg der Psychologie

Der schüchterne Flügelstürmer Libuda führt seine Elf zum 5:2.

Das Netz wölbt sich zum 3:1: Gerd Müller verwandelt den Elfmeter, unhaltbar für Bulgariens Torwart Simeon Simeonov.

Auf der Tribüne saß Helmut Haller. Als deutscher Nationalspieler war der Mittelfeldmann von Juventus Turin angereist, nun betätigte er sich als italienischer Rundfunkkommentator. Weitere Einsätze auf dem Feld waren nach seiner blamablen Leistung beim 2:1 gegen Marokko ausgeschlossen, also konnte sich Haller guten Gewissens anderen Aufgaben widmen. Das Angebot, für eine Zeitung in seiner Heimatstadt Augsburg über das zweite Spiel der deutschen Elf zu berichten, hatte er allerdings abgelehnt. Es wäre auch unangenehm gewesen, darüber zu schreiben, dass die Mannschaft ohne ihn viel besser spielte.

Beim 5:2-Erfolg über Bulgarien glänzte vor allem der rechte Flügelstürmer Reinhard Libuda von Schalke 04, der neu in die Mannschaft gekommen war. Dass er sein Team zum Erfolg führen würde, zeigte sich von Anfang an. Als sich alle Akteure bei 35 Grad im Schatten eine Weile geschont hatten, war es Libuda, der den Nichtangriffspakt aufhob. Er startete schnell, holte einen Eckball heraus und setzte das erste Signal.

Zwar ging Bulgarien schon nach zwölf Minuten durch einen 25-Meter-Freistoß von Nikodimov in Führung, aber die deutsche Mannschaft verkraftete den Rückschlag diesmal ohne Probleme. Denn Libuda hatte sieben Minuten später seinen ersten großen Auftritt. Am Spielfeldrand erlief er eine Vorlage und umkurvte seinen Bewacher. Fast von der Torauslinie wagte er einen Schuss, und Torwart Simeonov konnte den flach und mit Effet geschossenen Ball nicht festhalten. „Ein echtes Libuda-Tor", schrieb die *SZ*, „dieser Libuda war ein Teufelskerl."

Wenig später spielte er seinen Gegenspieler Nikodimov erneut aus, flankte präzise auf Gerd Müller, und der Münchner traf zur Führung. Zur Pause hallten die „Libuda, Libuda"-Sprechchöre der 3000 deutschen Anhänger unter den 12 000 Zuschauern durchs Stadion, und in der 52. Minute hatte der 27 Jahre alte Dribbelkünstler seinen dritten Auftritt. Er spielte zwei Gegner aus und wurde im Strafraum von Nikodimov gefoult; Müller verwandelte den Elfmeter zum 3:1. Nach dem vierten Treffer durch Uwe Seeler bereitete Libuda schließlich auch Müllers drittes Tor mit einer Flanke vor.

„Müller führte Deutschlands Wiederauferstehung herbei", titelte eine mexikanische Zeitung in León auf Deutsch, aber der Gerühmte gab das Lob weiter. Auf die Frage, wer der Vater des Erfolges sei, deutete Müller beim obligatorischen Bad nach dem Spiel auf Reinhard Libuda. „Wir haben pfundige Flügelstürmer, ohne die geht's halt nicht", lobte Müller. Libuda stand verlegen am Beckenrand. Es war nicht die Sache des kleinen Westfalen, viele Worte zu machen. „Ich wurde von meinem Gegenspieler schlecht gedeckt", meinte er nur.

Selig nach dem Sieg (v.l.): Reinhard Libuda, Uwe Seeler, Horst-Dieter Höttges, Gerd Müller und Jürgen Grabowski auf dem Weg zum Schwefelbecken.

Deutschland – Bulgarien 5:2 (2:1)

León, 7. Juni 1970

Deutschland: Maier, Vogts, Höttges, Schnellinger, Fichtel, Beckenbauer (72. Weber), Libuda, Seeler, Müller, Overath, Löhr (59. Grabowski)

Bulgarien: Simeonov, Gaidarski, Jetchev, Nikodimov, Gaganelov (58. Shalamanov), Bonev, Penev, Kolev, Marachliev, Asparuchov, Dermendjiev (46. Mitkov)

Tore: 0:1 Nikodimov (12.), 1:1 Libuda (19.), 2:1, 3:1 Müller (27., 52. Elfmeter), 4:1 Seeler (69.), 5:1 Müller (88.), 5:2 Kolev (89.)

Zuschauer: 12 710
Schiedsrichter: Ortiz de Mendibil (Spanien)

„Wie ich mich fühle? Ich habe einen mächtigen Hunger und bin müde."

Schalkes Trainer Rudi Gutendorf verriet: „Libuda ist ein psychologischer Fall. Er braucht wie kaum ein anderer Spieler die verständnisvolle, einfühlsame Führung. Man muss ihm seine Komplexe nehmen – daher habe ich ihn in Schalke zum Kapitän gemacht." Wenn Libuda zu einer konstanten Leistung finden solle, müsse er Verantwortung übernehmen dürfen. Er sei ohnehin verwundert gewesen, dass sein Spieler nicht von Beginn der WM an einen Stammplatz in der Nationalmannschaft gehabt habe. „Ich glaube, dass mir die Spielweise liegt, die hier verlangt wird", meinte Libuda in einem Anflug von Selbstbewusstsein.

Helmut Schön formulierte sein Lob für den Flügelstürmer so: „Ich hatte geplant, Libuda schon zur Halbzeit herauszunehmen, aber er hat zu gut gespielt." Der rechte Verteidiger Berti Vogts verlebte einen ruhigen Nachmittag, weil sein Vordermann Libuda die Bälle in der eigenen Hälfte eroberte und nach vorne schleppte.

Die neue Taktik mit zwei Außenstürmern und Seeler im Mittelfeld funktionierte. Auch Libudas Mitspieler überzeugten – Hannes Löhr und später Jürgen Grabowski als linke Außenstürmer ebenso wie Franz Beckenbauer, der erneut im Mittelfeld spielen musste, aber diesmal seinen Widerpart Bonev nicht aus den Augen verlor. Höttges schaltete seinen technisch starken Gegenspieler Dermendjiev aus. Und Klaus Fichtel imponierte erneut durch sein schmuckloses, aber effektives Spiel in der Abwehr. Der als „Wunderstürmer" gerühmte bulgarische Angreifer Georgi Asparuchov kam nur zu einigen harmlosen Fernschüssen.

Bundestrainer Helmut Schön, der sich wegen Drohbriefen aufgebrachter Anhänger nach dem schmucklosen Auftaktsieg Sorgen um seine Frau gemacht hatte, war erleichtert. „Es galt, den Ball laufen zu lassen, die Kräfte zu schonen und Tempo zu machen, wenn es nötig war. All das ist uns gelungen", lobte er.

Wieder zweiter Sieger: Perus bedauernswerter Verteidiger Orlando de la Torre verliert das Luftduell gegen Deutschlands Nummer 13 – den dreifachen Torschützen Gerd Müller.

Hipp Hipp Hurra in Mexiko

Gerd Müller gelingt beim 3:1 gegen Peru der zweite Hattrick der WM-Historie - seine Schallplatte verspricht ein Hit zu werden.

Auf den „World-Cup-Willi" von 1966, Verteidiger Willi Schulz, wollte Bundestrainer Helmut Schön auch gegen Peru nicht bauen – man schob für die Öffentlichkeit eine Wadenbeinverletzung vor. „Die Mannschaft vom Bulgarien-Spiel kann auch gegen Peru antreten", sagte Schön. Mit einem klaren Auftrag: „Wir wollen Gruppensieger werden, um in León zu bleiben." Weil seine Mannschaft nach Punkten und Toren gleichauf mit den Peruanern lag, musste sie dazu das letzte Gruppenspiel gewinnen; bei einem Unentschieden hätte das Los entschieden. Von dieser Konstellation erhoffte sich der Bundestrainer einen weiteren Schub. „So ist es besser als wenn man weiß, dass es ein 0:0 auch tut", sagte Schön.

Müller zum Ersten: Der Stürmer erzielt nach einer Flanke von Libuda das 1:0 für Deutschland, vorbei am peruanischen Torhüter Luis Rubiños.

Mit Spannung warteten die Beobachter vor allem auf den nächsten Auftritt von Reinhard Libuda. Schließlich eilte dem gegen Bulgarien glänzenden Flügelstürmer der Ruf voraus, dass er an gute Leistungen im nächsten Spiel nie anknüpfen könne. Als ob er seinen Kritikern das Gegenteil beweisen wollte, gab Libuda mit einer gelungenen Flanke nach 20 Minuten das Signal zum Sieg. Perus Verteidiger Orlando de la Torre ließ sich durch den Effet der Hereingabe täuschen, und Gerd Müller konnte sich den Ball mit der Brust vorlegen, Torwart Luis Rubiños von der Linie locken und das 1:0 erzielen.

Es war der Auftakt zur großen Show des kleinen Gerd Müller. Nur sechs Minuten später flankte Hannes Löhr halbhoch vors Tor, Müller hielt den Fuß hin, 2:0. Sieben Minuten vor der Pause versetzte Seeler zwei Gegenspieler und flankte, Müller stieg hoch, 3:0. Drei Flanken, drei Tore, dreimal Müller. Der Stürmer vom FC Bayern München war der zweite Spieler, dem bei einer Weltmeisterschaft ein Hattrick gelang – drei Tore in Folge in einer Halbzeit. Das war zuvor nur Landsmann Edmund Conen 1934 beim 5:2 gegen Belgien geglückt.

Müller hatte das Spiel entschieden. Der Anschlusstreffer kurz vor der Pause durch einen abgefälschten Freistoß von Teófilo Cubillas reichte den Peruanern nicht, um wieder ins Spiel zu finden. Die deutsche Abwehr überstand die Angriffe in der zweiten Hälfte mit Geschick und etwas Glück. „Ich hatte auf unsere starke zweite Halbzeit gehofft", gab Perus Trainer Didí zu, „aber die Deutschen haben das Spiel verzögert. Diese Taktik ist nicht jedermanns Sache, über ihren sportlichen Wert kann man streiten. Aber hier in der Höhe hat sie zum Erfolg geführt." Perus Kapitän Héctor Chumpitáz gab zu: „Gegen die Taktik der Deutschen – ruhig

Müller zum Zweiten: Nach einer Flanke von Hannes Löhr erzielt Deutschlands Torjäger Gerd Müller das 2:0. Der peruanische Torwart Luis Rubiños kann dem Ball wieder nur hinterhersehen.

und überlegt das Spiel verzögernd, dann plötzlich schnell vorstoßend – kamen wir nicht an.“ Und auch Franz Beckenbauer wertete den Erfolg als ein Resultat der Taktik: „Mit unserem Spielsystem haben wir den Gegner so beherrscht, dass der Sieg nie in Gefahr war.“

Das war eine durchaus respektable Leistung gegen die aufstrebenden Peruaner. In der Qualifikation zur WM hatten sie sensationell Argentinien hinter sich gelassen, hatten in Ramón Mifflin einen starken Spielmacher und mit Cubillas einen neuen, jungen Stürmerstar, der nach diesem Spiel mit vier Toren hinter Müller auf Platz zwei in der Torschützenliste stand. In ihrem ersten WM-Auftritt seit 40 Jahren erreichten sie trotz der Niederlage gegen Deutschland das Viertelfinale und forderten die Brasilianer heraus.

Bundestrainer Schön wirkte nach dem Erfolg gegen die Peruaner rundum zufrieden. „Unser erstes Ziel haben wir mit einer überzeugenden Leistung erreicht“, sagte er. „Gegenüber dem Bulgarien-Spiel haben wir uns sogar noch einmal gesteigert.“ Zur Erklärung, warum er den Bremer Verteidiger Horst-Dieter Höttges zur Halbzeit gegen Reservist Bernd Patzke von Hertha BSC Berlin getauscht habe, gab Schön an, Höttges habe Magenschmerzen gehabt. Das erwies sich als gut erfunden. „Mir fehlt nichts, der Bernd sollte halt auch einmal drankommen“, erklärte Höttges, und diese Version passte mit einer anderen Aussage von Helmut Schön zusammen: „Wir haben so gute Reservisten, dass wir es fast wagen können, reihum zu gehen, das Leistungsgefälle ist sehr gering. Das war bisher noch nie der Fall.“

Gerd Müller hingegen blieb unerreicht. „Bis jetzt ist es hier leichter gewesen mit dem Toreschießen als in der Bundesliga“, staunte Müller, der insgesamt nun schon siebenmal getroffen hatte. Er profitierte davon, dass Schön nach dem schwachen Auftakt gegen Marokko auf eine neue Taktik mit zwei Flügelstürmern umgestellt hatte, die ihm Flanken lieferten. „Ich musste schon gegen Bulgarien Dankeschön sagen für die vielen guten Vorlagen. Jetzt muss ich es wieder“, sagte Müller. „Alle spielen so uneigennützig, dass irgendwann immer einer freisteht.“ Meistens war das Müller, der Torjäger, der den FC Bayern in die Bundesliga, zur Deutschen Meisterschaft und zum Europacupsieg geschossen hatte.

Den Posten, auf dem Müller gefeiert wurde, hatte zuvor Uwe Seeler besetzt. Seeler fand sich nun im Mittelfeld, weil Schön meinte, dass ein Sturm mit Seeler und Müller nicht funktionierte. Also rannte der Hamburger keuchend mit seinen Gegenspielern in den eigenen Strafraum, machte kehrt und trabte wieder nach vorn. Dabei war er mit 33 Jahren der Senior der Mannschaft. „Man muss da schon beißen können“, sagte er, „aber wenn es so läuft, bringt auch diese Position Spaß.“

Seeler erwartete nun „ein vorweggenommenes Endspiel“. Im Viertelfinale gegen England hatte die deutsche Elf nun Gelegenheit zur Revanche für die Finalniederlage in Wembley vier

Alle Ergebnisse Gruppe 4

Deutschland – Marokko 2:1 (0:1)
0:1 Jarir (21.), 1:1 Seeler (56.), 2:1 Müller (80.). Zuschauer (in León): 12 942
Schiedsrichter: van Ravens (Niederlande)

Peru – Bulgarien 3:2 (0:1)
0:1 Dermendjiev (13.), 0:2 Bonev (49.), 1:2 Gallardo (50.), 2:2 Chumpitáz (55.), 3:2 Cubillas (73.)
Zuschauer (in León): 13 765
Schiedsrichter: Sbardella (Italien)

Deutschland – Bulgarien 5:2 (2:1)
0:1 Nikodimov (12.), 1:1 Libuda (19.), 2:1, 3:1 Müller (27., 52. Elfmeter), 4:1 Seeler (69.), 5:1 Müller (88.), 5:2 Kolev (89.)
Zuschauer (in León): 12 710
Schiedsrichter: Ortiz de Mendibil (Spanien)

Peru – Marokko 3:0 (0:0)
1:0 Cubillas (65.), 2:0 Challe (68.), 3:0 Cubillas (75.). Zuschauer (in León): 13 537
Schiedsrichter: Bachramow (Sowjetunion)

Deutschland – Peru 3:1 (3:1)
1:0, 2:0, 3:0 Müller (20., 26., 38.), 3:1 Cubillas (43.). Zuschauer (in León): 17 875
Schiedsrichter: Aguilar Elizalde (Mexiko)

Bulgarien – Marokko 1:1 (0:0)
1:0 Jetchev (40.), 1:1 Ghanzouani (61.)
Zuschauer (in León): 12 299
Schiedsrichter: Saldanha Ribeiro (Portugal)

Deutschland	3	3	0	0	10:4	6:0
Peru	3	2	0	1	7:5	4:2
Bulgarien	3	0	1	2	5:9	1:5
Marokko	3	0	1	2	2:6	1:5

Deutschland – Peru 3:1 (3:1)

León, 10. Juni 1970

Deutschland: Maier, Vogts, Höttges (46. Patzke), Schnellinger, Fichtel, Beckenbauer, Libuda (74. Grabowski), Seeler, Müller, Overath, Löhr

Peru: Rubiños, P. González, de la Torre, Chumpitáz, Fuentes, Mifflin, Challe (71. Cruzado), Sotil, León (55. Ramírez), Cubillas, Gallardo

Tore: 1:0, 2:0, 3:0 Müller (20., 26., 38.), 3:1 Cubillas (43.)

Zuschauer: 17 875
Schiedsrichter: Aguilar Elizalde (Mexiko)

Jahre zuvor, bei der England durch das umstrittene Dritte Tor gewonnen hatte. „Wir können befreit aufspielen, so wie die Marokkaner gegen uns, denn es wäre keine Schande, gegen den amtierenden Weltmeister auszuscheiden", sagte Schön.

Dass sich Müllers neue Schallplatte „Hipp Hipp Hurra in Mexiko" – rechtzeitig vor der WM aufgenommen und gerade beim Pressen – auch im Falle eines Ausscheidens gut verkaufen würde, erschien schon sicher. Mit Spannung wurde erwartet, wen Englands Teammanager Alf Ramsey zur Bewachung Müllers einteilen würde. Etwa Nobby Stiles, den Giftzwerg mit den einsamen Eckzähnen, der seinen Gegenspielern bei der WM 1966 Furcht eingeflößt hatte? Kein Problem, meinte Müller: „Wenn der Stiles gegen mich spielt, ziehe ich einfach die langen Stollen an."

Allerdings bangten die Anhänger um Franz Beckenbauer. Am Tag nach dem Spiel gegen Peru humpelte er mit einem dicken Verband am Oberschenkel durchs Trainingslager. Er könne „das Knie nur halb abbiegen", berichtete der Münchner. „Im ersten Spiel hat mir schon einer draufgehauen, und jetzt wieder." Der Bluterguss besserte sich gerade noch rechtzeitig. Ob Beckenbauer hingegen noch einmal die Rolle übernehmen würde, die er 1966 im Finale gespielt hatte, war fraglich. Er hatte Bobby Charlton bewacht, daher im Spielaufbau wenig Freiheiten. Für diese taktische Maßnahme war Schön häufig kritisiert worden.

Der Trainer verteidigte seine damalige Taktik jedoch auch vier Jahre später: „Franz Beckenbauer hatte seine Aufgabe in Abwehr und Aufbau, Bobby Charlton auch. Haben nicht beide damals großartig gespielt?"

Müller zum Dritten: Perus Kapitän Héctor Chumpitáz (links) schaut bei der akrobatischen Einlage zum 3:0 staunend zu. Mit seinem Hattrick geht Gerd Müller in die WM-Geschichte ein.

Den Bulgaren geht die Luft aus

Das 3:2 der Peruaner zum Auftakt der Gruppe 4 gegen Bulgarien beschäftigte auch die Mediziner. Denn die Bulgaren hatten sich mit einem intensiven Höhentraining in ihrer Heimat auf das ungewohnte Klima in den Bergen Mexikos vorbereitet, und sie zogen im Mannschaftsquartier mehrmals täglich an der Sauerstoff-Flasche. Dennoch ging ihnen bereits in der ersten Partie die Luft aus.

Sie führten 2:0, mussten dann aber binnen fünf Minuten zwei Tore zum Ausgleich hinnehmen und eine gute Viertelstunde vor Ende sogar das 2:3. Kapitän Hristo Bonev schlich noch in der gleichen Minute vom Platz; er konnte seiner Mannschaft nicht mehr helfen. Ob den Bulgaren der Mut zum Aufbäumen fehlte oder doch einfach die körperliche Fitness, wurde viel diskutiert.

Mit diesem kuriosen Spiel war in der Gruppe 4 bereits die Entscheidung gefallen, weil Bulgarien erwartungsgemäß gegen Deutschland verlor, während Peru die Pflichtaufgabe gegen Marokko mit 3:0 souverän erledigte. Schon vor dem letzten Spieltag stand fest, dass neben den Außenseitern aus Marokko auch die Bulgaren die Heimreise antreten mussten. Während diese schwer enttäuscht waren, freuten sich die Marokkaner über das 1:1 gegen Bulgarien. „Alleine unsere Teilnahme wird dem Fußball in Marokko neue Impulse verleihen", hoffte Marokkos Coach Blagoje Vidinic. Der ehemalige jugoslawische Nationaltorwart setzte seine Reise durch Afrika nach dem Turnier fort. Vidinic trainierte bei der WM 1974 in Deutschland die Mannschaft von Zaire.

Schattenmänner

Sombrero leitet sich vom spanischen Wort „sombra" ab: Schatten. Der Sombrero ist ein breitkrempiger, aus Stroh oder Filz gefertigter Hut, der einst Feldarbeitern als Sonnenschutz diente und längst mexikanische Folklore ist. Ein Deutscher muss in Mexiko einfach Sombrero tragen. Das deutsche Team präsentiert verschiedene Varianten. Linkes Bild: Seeler (l.) und Schnellinger. Unten: Grabowski (l.) und Libuda. Im kleinen Bild links Müller, daneben Sepp Maier, der einen Esel reitet. Süß. Ein Eselchen – Spanisch für Anfänger: Burrito.

Friede auf Zimmer 15

Wie Helmut Schön den Streit zwischen Müller und Seeler entschärft – und im Schuhkrieg Vaterlandsverräter jagt.

Von Hans Eiberle

Die fußballverrückten Bundesbürger redeten sich vor der WM vor allem über ein Thema die Köpfe heiß. Nicht minder die Medien. Ein junger Münchner Journalist hatte, sowohl aus fachlichen als auch ein bisschen lokalpatriotischen Erwägungen, den Teufel an die Wand gemalt in einem Kommentar mit dem Titel: Gerd Müller als Laufbursche für Uwe Seeler? Zu dieser brisanten Personalie war ihm sogar ein Reim eingefallen: Mit Müller und Seeler ein Fehler.

Nicht müde war er geworden, seine Pro-Müller-Forderung mit Zahlen zu belegen: neun Müller-Treffer von zwanzig deutschen Toren in der WM-Qualifikation, neben Seeler in sechs Spielen nur noch zwei, aber 38 für den FC Bayern in der Bundesliga. Und er hatte ein bisschen auf die Tränendrüse gedrückt mit dem Hinweis, nichts sei trauriger als ein Star, der nicht glauben will, dass seine Zeit um ist.

Es konnte in Mexiko nur einen geben.

Es gab dann aber doch zwei.

Gut für Deutschland, wie sich zeigte, schlecht für den jungen Journalisten. Der Journalist war ich.

Die Geschichte spielt in jener Zeit, da die Printmedien noch nicht aus dem Paradies vertrieben waren, weshalb es möglich war, sich im DFB-Quartier Hotel Balneario in Comanjilla am Rand des Schwimmbeckens in den Schatten eines mächtigen Baums zu setzen, zur Versöhnung.

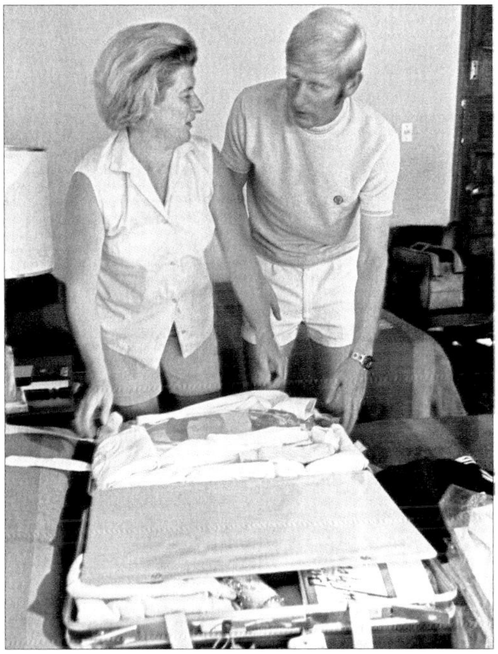

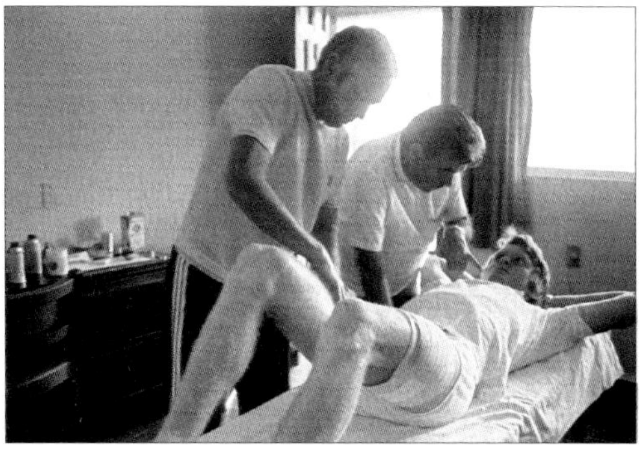

Lagerleben: Schnellinger hat perfekt gepackt (kleines Bild links). Maier kickt mit mexikanischen Kindern (ganz links) und muss behandelt werden (oben). Unten: Löhr, Haller, Schön und Beckenbauer (v.l.) haben Spaß am Pool. WM-Stress? Keine Spur.

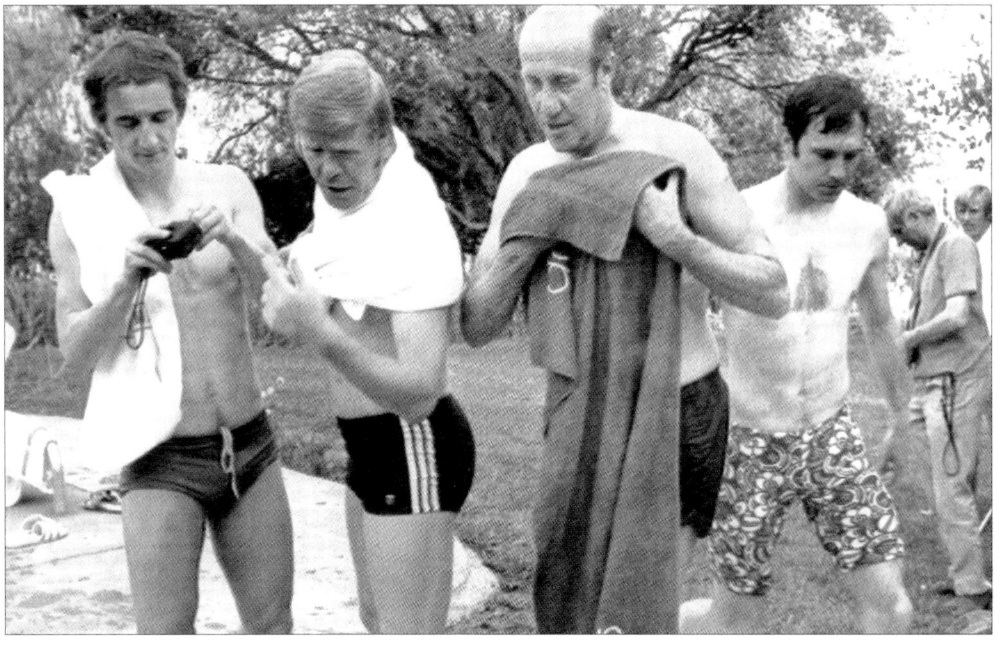

Zum Glück war Uwe Seeler nicht nachtragend. Er habe, beteuerte der Hamburger, „nie jemand einen Platz wegnehmen wollen. Schon gar nicht dem Gerd Müller". Noch nie habe er sich was schenken lassen, auch die Reise nach Mexiko nicht. Keineswegs sei es so gewesen, dass er nach der langen Genesungszeit und mit 33 Jahren „unbedingt in die Mannschaft zurück wollte. Es war ein Risiko für mich, und das habe ich allein getragen." Schwierigkeiten hatte Seeler nicht ausgeschlossen, nach anderthalb Jahren Pause wegen seiner lädierten Wirbelsäule und Kuraufenthalt statt Training. „Wir haben viele Gespräche geführt, Herr Schön und ich, ehe es so weit war."

Bundestrainer Helmut Schön betrieb die Rückkehr von Uwe Seeler ähnlich hartnäckig wie einst sein Vorgänger Sepp Herberger jene von Fritz Walter. Er versicherte dem Veteranen, die Mannschaft befürworte das Comeback. Weil aber Schön unangenehme Dinge auszusitzen pflegte, wussten nur einige Spieler davon; Gerd Müller wusste es nicht. Seeler: „Dann ist die Sache geplatzt." Daheim stand in der Zeitung mit den großen Buchstaben Müllers angebliche Forderung: „Er oder ich."

Schön war ein Zauderer, aber auch ein einfühlsamer Psychologe. Er wies Seeler und Müller das Doppelzimmer Nummer 15 zu, aus dem die beiden Rivalen eines Morgens als Partner traten.

Seelers Botendienste

Der Rollentausch war besiegelt. Uwe Seeler verrichtete selbstlos Botendienste für Gerd Müller, der Ältere für den Jüngeren. Unbeeindruckt von der Hitze trieb er den Ball durchs Mittelfeld, servierte Vorlagen und erzielte Tore, auch mit dem Hinterkopf.

Das Hotel Balneario in Comanjilla gehörte dem deutschstämmigen Karl Gabriel. Empfohlen hatte es Marian Foitzik, ehemaliger Vertragsspieler beim 1. FC Saarbrücken, Verkaufsmanager von VW in Mexiko, der dem DFB nicht nur als Quartiermacher, sondern auch als Verbindungsmann diente. Von Comanjilla sind es 30 Kilometer zum 1885 Meter hoch gelegenen León, dem Zentrum der mexikanischen Schuhindustrie. Die Landschaft ist karg, trocken, geprägt von Kakteenwäldern. Die Deutschen spielten im Stadion von León, trainiert haben sie nicht nur dort, sondern auch auf dem Golfplatz neben ihrem Hotel. Im Thermalwasser lockerten sie die strapazierte Muskulatur.

Dort saß am Vormittag nach dem mühsamen 2:1 über Marokko einsam Willi Schulz, die Beine im heißen Nass pendelnd. Warum? „Dumpfer Schmerz in der Wade", orakelte der Lädierte. Ob er spielen könne? Schulz deutete mit dem Daumen hinter sich und sagte: „Da müssen Sie die medizinische Abteilung fragen." Ein Begriff war geboren, der Eingang in die Sprache des Sports gefunden hat: medizinische Abteilung.

Gefehlt hat dem Abwehrspieler gar nichts, er ahnte aber, dass er aus

León, die mexikanische Schuhstadt, ist fest in deutscher Hand: Die deutschen Anhänger widerlegen im Vorrunden-Spielort des DFB-Teams das Vorurteil von der Auto-Nation Deutschland.

der Mannschaft fliegen würde. Erst als Horst-Dieter Höttges im Viertelfinalspiel gegen England eine Verletzung erlitt, wurde für Schulz wieder ein Platz frei. Aber beim Spiel um den dritten Platz saß er unter den Reservisten, obwohl Schnellinger wegen einer Verletzung fehlte. Es ist bei 66 Länderspielen geblieben, Schulz spielte nie wieder in der Nationalmannschaft. Weshalb ihm das Abschiedsspiel in Mexiko-Stadt versagt blieb, hat Willi Schulz erklärt: „Dat müssen Se sich mal vorstellen. Wir spielen um den dritten Platz bei der Weltmeisterschaft, und ich steh' ohne Schuhe im Stadion."

Wie das möglich war? „Wie wir heute morgen weggefahren sind in Puebla, hab' ich meine Taschen an den Omnibus gestellt, wo der José, der Fahrer, am Einräumen war. Wie wir ins Stadion kommen, such' ich meine Tasche mit dem Zeug zum Spielen, und find' dat Dingens nicht. Nun stand ich da, ohne Stutzen, Schienbeinschützer, Badehose, Handtuch, und natürlich ohne Schuhe." Ersatz war nicht aufzutreiben, weil Schulz auf kleinem Fuß lebt, „ich habe Größe sieben, die hat sonst keiner."

es, daraus Kapital zu schlagen. Alfred Bente, Schwiegersohn des Adidias-Chefs Adi Dassler, räumte ein: „Es ist ganz klar, dass sich unsere Firma gar nicht erlauben kann, unsere Mannschaft schlechter zu bedienen als andere" – Ausländer etwa, die spezielle Verträge mit dem Ausrüster abgeschlossen hatten. Bente fühlte sich erpresst, sah aber den Schuh-

ahnen können. Da 1966 bei der WM in England Adidas jeden deutschen Kicker mit einem Goldbarren im Wert von 3000 Mark bedacht hatte, konnte nicht überraschen, dass vier Jahre später mehr verlangt werden würde. Der Deutsche Fußball-Bund residierte weiter im Wolkenkuckucksheim und wollte 1974 seine Mannschaft ohne Zusage einer Prämie in die WM

Dreieinigkeit: Der Hamburger Uwe Seeler vollzieht den Schulterschluss mit den Münchnern Franz Beckenbauer und Gerd Müller (v.l.) – die Basis für den Erfolg des Teams.

Wo der Schuh drückt

Probleme mit den Schuhen am Ende der WM, Probleme gleich am Anfang. Vor dem ersten Spiel entbrannte ein Streit, der als „Schuhkrieg" in die Geschichte der Nationalmannschaft einging. Als die Journalisten vormittags zum Trainingsplatz in León kamen, sahen sie die Spieler im Gras sitzen und in ihrer Mitte einen aufgeregt gestikulierenden Helmut Schön. Was er sagte, hat er später wiederholt: „Wer die Forderung stellt, in einer bestimmten Schuhsorte zu spielen, der kann morgen mit der ersten Maschine nach Hause fliegen. Bei uns gehört der Adidas-Schuh zur Ausrüstung wie die schwarze Hose und das weiße Trikot."

Die *Bild*-Zeitung hatte getitelt: „Geld her – oder wir ziehen die Schuhe aus." Es hieß, die Konkurrenz von Puma habe 15 000 Mark für einen Schuhwechsel geboten, und nun galt krieg auch als kostenlose Werbung für die Drei-Streifen Marke.

Wenn es ums Geld ging, wurde Schön, der damals rund 4000 Mark brutto im Monat verdiente, ziemlich fuchtig und schoss übers Ziel hinaus: „Ich glaube, wir haben bei uns ein paar Vaterlandsverräter."

Dassler-Tochter Ingeborg Bente hatte einen in dringendem Verdacht: „Das kann nur der Netzer gewesen sein." Der lange Blonde, einer Verletzung wegen nicht für die WM nominiert, spielte bei Borussia Mönchengladbach in Puma und war von *Bild* als informeller Mitarbeiter engagiert worden, als Quasi-Journalist. Eine Rolle, wie sie Netzer in Mexiko als Vorläufer der zahlreich fürs Fernsehen tätigen Experten spielte, war damals neu.

Anderes war bislang auch undenkbar gewesen, aber man hätte es in Deutschland schicken. Die Folge war ein nächtlicher Prämienpoker und ein Zerwürfnis zwischen Team und DFB.

Der dritte WM-Platz in Mexiko war ein Erfolg, doch sortierte sich die Mannschaft in Zufriedene und Unzufriedene. „Wie er angefangen hat, alle zu umarmen, sind wir gegangen, der Helmut Haller und ich", sagte Manfred Manglitz, der dritte Torhüter. Als Schön dem ausgewechselten Reinhard Libuda den Arm auf die Schultern legen wollte, wehrte der Spieler die Geste so entschieden ab, dass es schien, als wolle er tätlich werden. Libuda glaubte wohl, er hätte mehr Dankbarkeit erwarten können, denn ohne sein Tor gegen Schottland im Qualifikationsspiel wäre das Team in Mexiko nicht mit von der Partie gewesen.

Das lauteste Konzert der Welt

Die Schiedsrichter helfen Mexiko, Belgien wittert Betrug.

Der belgische Stürmer Paul van Himst vom RSC Anderlecht schnürt die Stiefel zum Training. Er ahnt noch nicht, dass seine Mannschaft bereits in der Vorrunde ausscheiden wird.

Allenthalben ging das Gerücht, die Gastgeber würden bevorzugt, und die Belgier unkten vor dem entscheidenden Gruppenspiel gegen Mexiko provokant: Sie dürften ja gar nicht gewinnen. Der argentinische Schiedsrichter Norberto Coerezza trug tatsächlich seinen Teil dazu bei, dass die Gastgeber das Viertelfinale erreichten. Als Belgiens Abwehrspieler Leon Jeck den Mexikaner Javier Valdivia nach einer Viertelstunde im Strafraum attackiert hatte, entschied Coerezza auf Strafstoß. Zu Recht, zu Unrecht? Eine müßige Frage. Gustavo Peña nutzte die Gelegenheit zum 1:0, die zuvor schon enttäuschenden Belgier hatten keine Antwort mehr parat. So erhielten die Gerüchte neue Nahrung, es sei vom Verband gewünscht, die Gastgeber eines Weltturniers möglichst lange im Wettbewerb zu halten.

800 Millionen Gelangweilte

108 192 Zuschauer im Azteken-Stadion und Millionen Mexikaner auf den Straßen feierten ihre Mannschaft begeistert. Die Autos in Mexiko-City stimmten das vielleicht größte Hupkonzert der Welt an. Dabei hatten die Mexikaner, deren wichtigster Spieler Alberto Onofre sich in der Woche vor dem Turnier das Bein gebrochen hatte, in der Vorrunde keinen ansehnlichen Fußball geboten. Im Eröffnungsspiel beim 0:0 gegen die Sowjetunion bedeuteten die erste Gelbe Karte und die erste Auswechslung der WM-Geschichte einsame Höhepunkte. Über 800 Millionen Menschen weltweit verfolgten die Partie an den Fernsehschirmen – und langweilten sich.

Alle Ergebnisse Gruppe 1

Mexiko – Sowjetunion 0:0
Zuschauer (in Mexiko-City): 107160
Schiedsrichter: Tschenscher (Deutschland)

Belgien – El Salvador 3:0 (1:0)
1:0, 2:0 van Moer (12., 54.), 3:0 Lambert (79. Elfmeter). Zuschauer (in Mexiko-City): 92205
Schiedsrichter: Radulescu (Rumänien)

Sowjetunion – Belgien 4:1 (1:0)
1:0 Bischowets (15.), 2:0 Asatiani (56.), 3:0 Bischowets (63.), 4:0 Chmelnitski (76.), 4:1 Lambert (86.).
Zuschauer (in Mexiko-City): 95261
Schiedsrichter: Scheurer (Schweiz)

Mexiko – El Salvador 4:0 (1:0)
1:0, 2:0 Valdivia (45., 46.), 3:0 Fragoso (58.), 4:0 Basaguren (83.)
Zuschauer (in Mexiko-City): 103058
Schiedsrichter: Kandil (Ägypten)

Sowjetunion – El Salvador 2:0 (0:0)
1:0, 2:0 Bischowets (51., 74.)
Zuschauer (in Mexiko-City): 89979
Schiedsrichter: Díaz (Chile).

Mexiko – Belgien 1:0 (1:0)
1:0 Peña (15. Elfmeter)
Zuschauer (in Mexiko-City): 108192
Schiedsrichter: Coerezza (Argentinien)

Sowjetunion	3	2	1	0	6:1	5:1
Mexiko	3	2	1	0	5:0	5:1
Belgien	3	1	0	2	4:5	2:4
El Salvador	3	0	0	3	0:9	0:6

Im zweiten Spiel gegen den kampfstarken Außenseiter El Salvador half den Mexikanern dann zum ersten Mal der Schiedsrichter. Ali Hussein Kandil aus Ägypten schien kurz vor der Halbzeitpause auf Freistoß für El Salvador entschieden zu haben. Der Mexikaner Aarón Padilla nahm den Ball, drosch ihn weit zum gegnerischen Strafraum zu Valdivia – und der Stürmer verwandelte die Vorlage ungedeckt. Zur Überraschung aller entschied Kandil auf Tor und sorgte damit für Tumulte. Die frustrierten Außenseiter sorgten nach der Pause mit brutalen Fouls für eines der hässlichsten WM-Spiele und gingen mit 0:4 unter.

Die eigentliche Sensation für die europäischen Beobachter war, dass das Spiel gegen El Salvador über 100 000 Zuschauer angelockt hatte. Im letzten Spiel geriet das Azteken-Stadion dann – nach Coerezzas Elfmeterpfiff – endgültig zu einem Tollhaus. „Noch nie wurde eine Gästemannschaft so unsportlich empfangen", klagte das Fachblatt *kicker* wegen der Buhrufe bei jedem Ballkontakt der Belgier. Für die einen war es eine Verschwörung des Weltverbandes Fifa, für die anderen Glück – jedenfalls waren die Mexikaner auch durch die Gunst der Schiedsrichter weitergekommen.

Das Glück blieb jedoch nicht auf ihrer Seite. Die Sowjetunion wies ebenfalls 5:1 Punkte auf und hatte auch fünf Tore mehr geschossen als kassiert – nach den Statuten musste nun das Los entscheiden, wer als Gruppenerster weiterhin im Azteken-Stadion spielen durfte. Die Sowjetunion wurde ausgelost – also doch keine Verschwörung? –, die Mexikaner mussten die nächste Partie in der kalten Gebirgsstadt Toluca auf 2680 Metern Höhe austragen, wo das Stadion nur ein Viertel so viele Zuschauer wie das Azteken-Stadion fasste. Für den Verband bedeutete das finanzielle Einbußen, für die Spieler weniger Unterstützung.

Daraufhin begann eine erneute Diskussion um den Modus. Hätte man nicht zuerst Tordifferenz und dann Los entscheiden lassen, sondern das zuvor übliche Divisionsverfahren angewendet, wäre Mexiko klarer Gruppensieger gewesen. Neuerdings wurde von der Zahl der erzielten Treffer die Zahl der Gegentore abgezogen statt die Größen durcheinander zu teilen. Um den Offensivfußball zu fördern, hatte sich die Fifa das neue System überlegt – allerdings auch nicht allzu konsequent. Sonst hätte die Sowjetunion mit 6:1 Toren wegen der mehr erzielten Treffer gegenüber Mexiko (5:0) ohne Losentscheid als Sieger feststehen müssen.

Die Sowjetunion wurde dennoch Erster. Trainer Gawril Katschalin hatte geplant, dem 40 Jahre alten Torwart Lew Jaschin bei seiner vierten WM gegen El Salvador einen Einsatz zu gönnen. Die Fans hatten sich auf den Auftritt des legendären Keepers gefreut. Aber er fehlte wegen einer Schulterverletzung.

Der belgische Torhüter Christian Piot kniet geschlagen am Boden und sieht den Ball im eigenen Tor liegen – es ist der erste Treffer beim 1:4 seines Teams gegen die Sowjetunion.

Narkose in den Bergen

Italien und Uruguay quälen sich ins Viertelfinale.

Toluca, die höchstgelegene Stadt des Turniers auf 2680 Metern über dem Meer, verdankt ihren Namen dem Indianergott Tolotzin, Herrscher über Drogen und Narkotika. Einschläfernd war auch, was die Favoriten der Gruppe 2, Uruguay und Italien, den Zuschauern dort boten. Als Tiefpunkt erwies sich aber das direkte Aufeinandertreffen der beiden zweifachen Weltmeister in Puebla. „Selbst Fifa-Präsident Sir Stanley Rous wäre fast eingeschlafen“, beobachtete eine mexikanische Zeitung. Die übrigen Zuschauer vertrieben sich die Zeit mit einem ununterbrochenen Pfeifkonzert, bis das Leiden mit einem 0:0 zu Ende ging.

Die einen sprachen von Schiebung und Absprache, die anderen meinten, nur durch eine solche Spielweise könne man in dem kraftraubenden Höhenklima überleben. Italien und

1:0 für Uruguay: Israels Torwart Yitzhak Vissoker (r.) sieht dem Schuss des Mittelfeldspielers Juan Mújica (2.v.r.) hinterher. Ildo Maneiro (l.) und Víctor Espárrago (2.v.l.) jubeln. Am Ende schaffen sie ein glanzloses 2:0 gegen den Außenseiter.

Uruguay müssten ihr Kräfte für die wichtigen Spiele sparen. Rous hingegen ärgerte sich: „Nur mit Catenaccio kann man nicht Weltmeister werden."

Die Italiener hatten ihren Defensivstil reaktiviert, und sie bewiesen, dass er immer noch effektiv war – und immer noch nervtötend. Gegen Schweden agierten sie mit acht Abwehrspielern, nachdem Angelo Domenghini sie bereits nach zehn Minuten in Führung gebracht hatte. Die Schweden rannten an, ohne sich eine einzige Chance zu erspielen. „Mehr Tempo war bei dieser Höhe nicht drin", rechtfertigte sich Italiens Coach Ferruccio Valcareggi.

Wagemutig: Der israelische Torwart Vissoker (M.) klärt vor leeren Rängen gegen den uruguayischen Angreifer Espárrago (r.). Verteidiger Zvi Rosen (l.) sieht zu.

Angst vor Tomaten

Selbst im letzten Spiel gegen Außenseiter Israel setzte er voll auf Defensive und erreichte mit einem 0:0 das Viertelfinale. Die Angst vor einem blamablen Ausscheiden, wie vier Jahre zuvor gegen Nordkorea, war spürbar. „Wir könnten nur mit einem U-Boot in Italien landen", hatte Verteidiger Giacinto Facchetti gesagt – er erinnerte sich noch an den tomatenreichen Empfang in der Heimat vier Jahre zuvor. Nach dem 0:0 gestand er: „Es war die Hölle." Immerhin: Zum ersten Mal seit 1938 hatten die Italiener bei einer Weltmeisterschaft die Vorrunde überstanden – mit 4:2 Punkten und einem Torverhältnis von 1:0 aus drei Spielen.

Uruguay präsentierte sich ebenfalls spielerisch schwach und auf Torverhinderung ausgerichtet. Spielmacher Pedro Rocha, vor dem Turnier von einer rätselhaften Krankheit geschwächt, schied in der ersten Partie gegen Israel (2:0) bereits nach zwölf Minuten mit einer Leistenzerrung aus. Trainer Juan Eduardo Hohberg, früher selbst WM-Spieler, musste in den weiteren Partien auf seinen wichtigsten Offensivspieler verzichten und gab daher vollends die Hoffnung auf, dass seine Mannschaft mit Sturm und Drang glänzen würde. Zudem hatte ein heftiger Streit zwischen den Spielern der zwei Traditionsklubs aus der Hauptstadt Montevideo, Peñarol und Nacional, für heftigen Zwist im uruguayischen Trainingslager gesorgt.

Durch das torlose Unentschieden gegen Italien genügte es Hohbergs Mannschaft im entscheidenden Spiel gegen Schweden, nicht höher als mit einem Tor Unterschied zu verlieren. Und tatsächlich ermauerte sie sich ein 0:1, wobei Schwedens Angreifer Ove Grahn erst wenige Augenblicke vor dem Abpfiff traf. Auf die Frage, ob es ein schönes Spiel für die 18 000 Zuschauer im Stadion gewesen sei, antwortete Hohberg: „Das ist mir egal."

Vor den letzten Partien herrschte in dieser Gruppe große Aufregung um die Ansetzung der Unparteiischen. Es verbreiteten sich Gerüchte, Uruguay habe den für das Spiel gegen Schweden angesetzten Schiedsrichter Antonio de Moraes aus Brasilien bestochen. Die Fifa scheiterte beim Versuch, den Fall zu klären. Zudem hatte Italien für die Partie gegen Israel Protest eingelegt. Der aus Stuttgart stammende und in die USA ausgewanderte Schiedsrichter Henry Landauer war vorgesehen. Darüber beklagten sich die Italiener mit der Begründung, Landauer habe jüdische Vorfahren. Der Weltverband Fifa löste die Probleme auf simple Weise und tauschte die beiden Regelhüter.

Alle Ergebnisse Gruppe 2

Uruguay – Israel **2:0 (1:0)**
1:0 Maneiro (23.), 2:0 Mújica (51.)
Zuschauer (in Puebla): 20 654
Schiedsrichter: Davidson (Schottland)

Italien – Schweden **1:0 (1:0)**
1:0 Domenghini (10.). Zuschauer (in Toluca): 13 433. Schiedsrichter: Taylor (England)

Uruguay – Italien **0:0**
Zuschauer (in Puebla): 29 968
Schiedsrichter: Glöckner (DDR)

Schweden – Israel **1:1 (0:0)**
1:0 Turesson (54.), 1:1 Spiegler (56.)
Zuschauer (in Toluca): 9624
Schiedsrichter: Tarekegn (Äthiopien)

Schweden – Uruguay **1:0 (0:0)**
1:0 Grahn (90.). Zuschauer (in Puebla): 18 163
Schiedsrichter: Landauer (USA)

Italien – Israel **0:0**
Zuschauer (in Toluca): 9000
Schiedsrichter: de Moraes (Brasilien)

Italien	3	1	2	0	1:0	4:2
Uruguay	3	1	1	1	2:1	3:3
Schweden	3	1	1	1	2:2	3:3
Israel	3	0	2	1	1:3	2:4

Ein Tor in Richtung Jerusalem

Mordechai Spiegler sorgt für den größten Erfolg der Nationalelf. Danach bleibt in Israels Fußball der Ausnahmezustand die Regel.

Von Stefan Mayr und Markus Schäflein

Emanuell Scheffers erster Arbeitstag begann mit einem Missverständnis. Der neue Nationaltrainer stellte sich der israelischen Mannschaft mit den Worten vor: „Ab jetzt haben wir dreimal Training." Die Spieler nahmen es zur Kenntnis und wollten wissen, an welchen Tagen sie kommen sollten. „Um sieben Uhr, um elf Uhr und um 15 Uhr", antwortete Scheffer. Die Zeit des Profifußballs in Israel hatte begonnen.

Scheffer bereitete die „Nivcheret ", wie die Auswahl auf Hebräisch heißt, systematisch auf die Qualifikation zur WM 1970 vor, unter anderem mit einem Trainingslager in der deutschen Sportschule Hennef. Der Weltverband Fifa hatte Israel in die Ozeanien-Gruppe eingeteilt, denn die meisten arabischen Länder weigerten sich, gegen den Staat der Juden zu spielen.

Schon in der WM-Qualifikation zwölf Jahre zuvor war es in der Asiatischen Fußball-Konföderation (AFC) zum Eklat gekommen: Die Gegner boykottierten Israel und traten nicht an. Somit wäre das Team qualifiziert gewesen – aber die Fifa pochte auf eine neue Regelung, wonach nur Titelverteidiger und Gastgeber ohne Qualifikationsspiel zur WM durften. Es wurden zwei Entscheidungsspiele gegen Wales angesetzt, die Israel jeweils 0:2 verlor.

Daher hatte die Nivcheret diesmal den Vorteil, in der leichteren Ozeanien-Gruppe zu spielen. Mit einem 1:0 gegen Australien durch ein Tor des Spielmachers Mordechai Spiegler und einem 1:1 im Rückspiel schafften die Israelis zum ersten Mal die WM-Qualifikation. Innerhalb von zwei Jahren hatte Scheffer eine Amateurmannschaft in den kleinen Kreis der Weltelite geführt.

Und in Mexiko schlug sich die Mannschaft mit einem 0:2 gegen Uruguay, einem 0:0 gegen Italien und einem 1:1 gegen Schweden achtbar. Die zwei Punkte und das eine Tor waren ein Triumph für den kleinen Staat, der erst 22 Jahre zuvor gegründet worden war. Nur drei Jahre vor der WM hatten die Israelis im Sechs-Tage-Krieg um seine Existenz gekämpft.

Gegen Schweden trug sich Mordechai Spiegler mit seinem Treffer in die Geschichtsbücher ein. „Es waren 25 Meter, ein starker Rückenwind, und das Tor muss in Richtung Jerusalem gestanden haben", erzählte Spiegler viele Jahre später. Der Satz ist legendär geworden wie seine Bemerkung, er habe „alle WM-Tore Israels erzielt". Das stimmt – dass es sich dabei nur um einen einzigen Treffer handelt, fügt Spiegler gerne mit einiger Verspätung und einem Schmunzeln an.

Das eine Tor reichte, um sein Leben zu verändern. Er spielte 1975 mit Pelé und Franz Beckenbauer bei Cosmos New York, holte als Trainer den Meistertitel mit Maccabi Netanya und wurde Kommentator einer großen Fußballsendung am Sabbat.

Sprechchöre wie „Tod den Arabern" und „Tod den Juden" sind in der Liga noch immer zu hören.

Spiegler spielte noch bis 1977 in der Nationalelf, aber ihr Höhenflug ging schnell zu Ende. 1971 endete die Ära des Trainers Scheffer. 1978 wurde er noch einmal kurz Nationaltrainer, konnte aber nicht an seinen Erfolg anknüpfen. Er schrieb später das Buch „Grundlagen der Fußballtechnik", dann wurde es ruhig um ihn. Ganz im Gegensatz zu Spiegler. „Der wahre Vater unseres Erfolges war nicht ich, sondern Emanuell Scheffer", sagt Spiegler aber bescheiden. „Ich fühle mich in der Rolle als Held nicht sehr wohl." Spiegler wurde 1998 zum besten israelischen Fußballer aller Zeiten gewählt, die Journalisten nennen ihn „Beckenbauer Israels". – „Das möchte ich nicht beurteilen", meint er. „Ich darf aber behaupten, dass ich der beste Fußballer in unserer Familie bin, obwohl ich vier Brüder habe."

In den Jahren nach der WM erlebte Spiegler mit der Nivcheret eine Odyssee. Die AFC schloss Israel 1974 aufgrund der endlosen Querelen mit den arabischen Ländern endgültig aus – offiziell „mit

Schuften für den Erfolg: Trainer Emanuell Scheffer hat bei der israelischen Nationalmannschaft drei Trainingseinheiten pro Tag eingeführt. Torwart Yitzhak Vissoker bereitet sich auf Elfmeter vor (oben), die Kollegen machen Gymnastik.

Bedauern", aber sicher auch mit Erleichterung. Israel wurde zum einzigen Land der Welt, das auf allen Kontinenten WM-Qualifikationsspiele ausgetragen hat. Erst 1991 fanden die Israelis eine neue Heimat – sie durften an den europäischen Wettbewerben teilnehmen.

Zwei Jahre später wurden sie von der Uefa als Vollmitglied aufgenommen. In der Qualifikation zur Europameisterschaft 2000 stand die Nivcheret vor ihrem zweiten großen Erfolg. Ein grandioses 5:0 gegen Österreich führte sie ins Entscheidungsspiel gegen Dänemark. Im ausverkauften Nationalstadion von Ramat Gan kassierte sie allerdings ein 0:5, und noch peinlicher als die Niederlage war ihre Ursache. Einige Nationalspieler hatten sich ausgiebig mit Callgirls amüsiert, in der Nacht vor dem wichtigsten Länderspiel seit fast 30 Jahren. Sie hätten Fußballgeschichte schreiben können, aber sie zogen es vor, als „Nuttengate"-Team in die Annalen einzugehen.

Der Ausnahmezustand blieb in Israels Fußball die Regel. Die Vereine gerieten nach amerikanischem Vorbild in die Abhängigkeit von reichen Besitzern, weil durch den Beitritt zur Uefa plötzlich hohe Summen ins Spiel kamen. Ein Korruptionsskandal erschütterte die Liga. Und von 2001 bis 2004 war die Nivcheret die einzige Nationalelf der Welt ohne Heimspiele – die Fifa hatte Länderspiele in Israel wegen der Selbstmordanschläge der Intifada verboten. Erst die Qualifikation zur WM 2006 konnte das Team wieder in heimischen Stadien austragen; es scheiterte knapp an der Schweiz, die sich nur aufgrund des besseren Torverhältnisses für die Ausscheidungsspiele gegen die Türkei qualifizierte.

Wie alle Bereiche des gesellschaftlichen Lebens steht auch der Fußball in Israel im Zeichen des israelisch-arabischen Konflikts. Sprechchöre wie „Tod den Arabern" oder „Tod den Juden" sind bei Ligaspielen noch immer zu hören. Die arabischen Spieler haben aber allen Spannungen zum Trotz den Sprung in die Liga geschafft – sofern sie die israelische Staatsbürgerschaft angenommen haben und in israelischen Territorien leben. Als Ligaspieler sind die arabischstämmigen Staatsbürger von der Mehrheit der Zuschauer akzeptiert.

In der Nivcheret hingegen nicht. Beim 3:3 gegen Kroatien in der Qualifikation zur Weltmeisterschaft 2006 verhöhnten die Zuschauer ihren eigenen Nationalspieler Abas Suan mit Affengeräuschen und buhten ihn bei jedem Ballkontakt aus.

Suan hatte keinen Fehlpass gespielt und keine Torchance vergeben. Seine Eltern sind eingebürgerte Palästinenser.

Favoritenduell, spektakulär: Der englische Stürmer Geoff Hurst (r.) prüft Brasiliens Torwart Félix. Der Titelverteidiger aus Europa verliert in einem großen Spiel 0:1.

Müll im Strafraum

Engländer machen sich unbeliebt und werden ausgepfiffen. Brasilien schießt Zaubertore.

Was die Engländer bei der WM erwarten würde, ahnten sie bereits während der Eröffnungsfeier in Mexiko-City. Jede teilnehmende Nation wurde von ein paar Schulkindern repräsentiert, und als die Jungs mit den englischen Hemden kamen, buhten die mexikanischen Zuschauer lauthals. Die Engländer hatten sich schon vor dem ersten Anstoß unbeliebt gemacht. Trainer Alf Ramsey hatte angekündigt, das Essen und einen Koch von zu Hause mitzubringen, sowie den Mannschaftsbus samt Fahrer. Dazu speiste Ramsey die mexikanischen Journalisten meist mit dem ihm eigenen Snobismus ab, und als die Engländer dann beim förmlichen Teetrinken und Kricketspielen gesehen wurden, lief das Fass über. Die Mexikaner zürnten, England trete hochnäsig und selbstgefällig auf, und eine Frau aus Guadalajara, wo alle Spiele der Gruppe 3 stattfanden, traf die Stimmung in der Stadt: „Sollen sie ihnen faule Eier und Tomaten auf die Köpfe werfen!"

Die Engländer hatten sich so akribisch vorbereitet wie kein anderes Team. Schon Wochen zuvor waren sie nach Kolumbien und Ecuador zu Testspielen geflogen, um sich an die Hitze und die Höhenlage zu gewöhnen. Auch die von Trainer Ramsey angeordneten Mitbringsel gehörten zum Plan. Nun wurden sie in allen Spielen mit gellenden Pfiffen empfangen und während der Partien ausgebuht. Nach außen gaben sich die Engländer unbeeindruckt. Viele Beobachter und auch die Titelverteidiger selbst glaubten, die Mannschaft sei sogar stärker als beim WM-Gewinn vier Jahre zuvor und gehöre zu den Topfavoriten. Doch die teils dürftigen Leistungen legten nahe, dass die Spieler von der feindseligen Stimmung ein wenig eingeschüchtert waren.

Gegen Rumänien reichte es gerade zu einem 1:0, nachdem die Osteuropäer zu Beginn unter tosendem Beifall dominiert hatten. Einen der

Snobby? Nobby Stiles (vorne) und Bobby Moore am Trainingsgelände.

Erst mit Schwung, dann ohne Kraft: Die Tschechoslowaken sind zu Beginn der Partien stark, hier enteilt Stürmer Jan Capkovic (vorne) dem englischen Verteidiger Jack Charlton. Spätestens nach der Pause jedoch machen sich konditionelle Mängel bei den Osteuropäern bemerkbar. Sie verlieren schließlich alle drei Spiele.

wenigen guten Angriffe der Engländer nutzte Geoff Hurst aus spitzem Winkel zum einzigen Tor. Der auf der Tribüne sitzende Hennes Weisweiler, Trainer des Deutschen Meisters Borussia Mönchengladbach, urteilte: „Es wurde zeitweise guter Fußball geboten, auch wenn ich das System der Rumänen, möglichst aus dem Stand zu spielen, überhaupt nicht mag." Und über die Engländer: „Von der Spielanlage, vom System her ist es die gleiche Mannschaft wie 1966. Allerdings wurden einige der besten Spieler vier Jahre älter, und das macht sich bemerkbar."

Die Rollen in der Gruppe schienen nun klar verteilt zu sein. Denn im anderen Auftaktspiel fegte Brasilien mit 4:1 über die Tschechoslowakei hinweg. Brasilien war eigentlich skeptisch nach Mexiko gereist, im Team hatte es erhebliche Turbulenzen gegeben. Trainer war zunächst João Saldanha gewesen, der die Mannschaft zusammengestellt hatte. Allerdings war er ein bekennender Kommunist und den Machthabern der rechtsgerichteten Militärdiktatur in Brasilien ein Dorn im Auge. Sympathien verspielte Saldanha dann mit der Aussage, die Stürmer Pelé und Tostão könnten wegen ihrer ähnlichen Spielweise nicht gemeinsam spielen, dazu verlor seine Elf 0:2 im Testspiel zu Hause gegen Nachbar Argentinien. Als Präsident Emilio Medici die Aufstellung seines Lieblingsspielers namens Dario forderte, brachte sich Saldanha um den Job. „Ich mische mich nicht in seine Politik ein, er (Medici) soll sich nicht in meine Mannschaft einmischen", antwortete Saldanha. Kurz darauf, im März 1970, wurde er entlassen.

Nachfolger Mario Zagallo führte das Werk Saldanhas weiter, mit dem Unterschied, dass er alle Stars in die Elf integrierte. Tostão ganz vorne, leicht dahinter Pelé. Schon im ersten

Alle Ergebnisse Gruppe 3

England – Rumänien 1:0 (0:0)
1:0 Hurst (65.)
Zuschauer (in Guadalajara): 50 560
Schiedsrichter: Loraux (Belgien)

Brasilien – Tschechoslowakei 4:1 (1:1)
0:1 Petras (11.), 1:1 Rivelino (24.), 2:1 Pelé (59.), 3:1, 4:1 Jairzinho (61., 81.)
Zuschauer (in Guadalajara): 52 897
Schiedsrichter: Barreto Ruiz (Uruguay)

Rumänien – Tschechoslowakei 2:1 (0:1)
0:1 Petras (4.), 1:1 Neagu (52.), 2:1 Dumitrache (78. Elfmeter). Zuschauer (in Guadalajara): 56 818. Schiedsrichter: de Leo (Mexiko)

Brasilien – England 1:0 (0:0)
1:0 Jairzinho (59.)
Zuschauer (in Guadalajara): 66 000
Schiedsrichter: Klein (Israel)

Brasilien – Rumänien 3:2 (2:1)
1:0 Pelé (19.), 2:0 Jairzinho (22.), 2:1 Dumitrache (34.), 3:1 Pelé (67.), 3:2 Dembrowski (83.)
Zuschauer (in Guadalajara): 50 804
Schiedsrichter: Marschall (Österreich)

England – Tschechoslowakei 1:0 (0:0)
1:0 Clarke (49. Elfmeter)
Zuschauer (in Guadalajara): 49 000
Schiedsrichter: Machin (Frankreich)

Brasilien	3	3	0	0	8:3	6:0
England	3	2	0	1	2:1	4:2
Rumänien	3	1	0	2	4:5	2:4
Tschechosl.	3	0	0	3	2:7	0:6

WM-Spiel funktionierte diese Offensive perfekt. Das war auch nötig, denn die Tschechoslowaken waren wahrlich kein Sparringspartner. Schnell erzielte Ladislav Petras das 1:0 für die Europäer, dann vergab Frantisek Vesely sogar die Chance zum 2:0. Doch so wacklig die Brasilianer in der Defensive agierten, im Angriff kombinierten sie unwiderstehlich. Es folgten vier „Zaubertore“ (*SZ*). Rivelino traf per Freistoß zum 1:1, dann stoppte Pelé mit der Brust einen weiten Pass von Gérson und vollendete zum 2:1. Kurz nach der Pause erschreckte Pelé die CSSR mit einem Schuss von der Mittellinie, als Torwart Ivo Viktor weit vor der Linie stand – der Ball strich Zentimeter am Pfosten vorbei ins Aus. Beim 3:1 und 4:1 demonstrierte Flügelstürmer Jairzinho seine Schnelligkeit und Dribbelkünste. „Der Weg zur Fußball-Weltmeisterschaft führt über Brasilien“, kommentierte die *Süddeutsche Zeitung*.

Vor dem anschließenden Spiel der Favoriten England und Brasilien waren die Erwartungen groß – und sie wurden erfüllt. „Die Zuschauer haben ein großes Spiel gesehen, über das man noch lange sprechen wird“, schrieb die *SZ* danach. Dabei hatten die Engländer zuvor kaum geschlafen: Laut Torwart Gordon Banks hatten sich in der Nacht vor dem Spiel Hunderte Mexikaner vor ihrem Hotel versammelt und die Spieler mit anti-englischem Gebrüll wach gehalten. Dennoch brachte die Elf von Trainer Ramsey Brasilien mit Flügelspiel und Flanken häufig in Bedrängnis, nur trafen die Stürmer diesmal das Tor nicht. Anders die Südamerikaner. Zunächst verhinderte Banks noch mit seiner „Jahrhundert-Parade“ das 1:0. Das fiel dann nach 59 Minuten, als Jairzinho auf Pass von Pelé den Ball ins Netz jagte.

Brasilien setzte sich auch im letzten Spiel gegen Rumänien durch, diesmal im Schongang mit 3:2. Die Rumänen hatten schon vorher trotz ihres Erfolgs gegen die CSSR nicht mehr an ihre Chance geglaubt und die Rückreise für den 12. Juni gebucht, zwei Tage vor dem Viertelfinale. Die Engländer taten sich gegen die Tschechoslowakei wieder schwer und gewannen nur durch einen sehr umstrittenen Handelfmeter 1:0. Wieder gab es Proteste, die diesmal Torwart Banks heftig spürte. Orangenschalen, abgenagte Äpfel und Kleingeld regneten auf ihn herab. „Ich hatte mehr Ärger mit dem Publikum als mit den tschechoslowakischen Stürmern“, klagte Banks. Er beschwerte sich beim Schiedsrichter, mit der Folge, „dass fünfmal so viel geworfen wurde wie zuvor. Nach diesem Spiel hatte ich genug Wechselgeld für die Telefonzellen.“

Rumänen und Tschechoslowaken fuhren also nach Hause. Sie hatten zwar technisch und spielerisch mitgehalten, waren aber konditionell überfordert und ließen im Spielverlauf regelmäßig nach. Dagegen fieberte England der Revanche für das WM-Finale 1966 gegen Deutschland entgegen. Allerdings sollte ihr Rückhalt Gordon Banks dann fehlen.

Trikottausch der Superstars: Nach großem Kampf verabschieden sich der englische Kapitän Bobby Moore (r.) und der Brasilianer Pelé herzlich. Sie verabreden sich für das Finale, doch nur einer wird es dorthin schaffen.

Bobby Moore unter Arrest

Bobby Moore, Sinnbild für englischen Sportsgeist und Höflichkeit, sollte ein Dieb sein? Sollte ein Smaragd-Armband im Wert von 1500 US-Dollar gestohlen haben? Sechs Tage vor Beginn der WM 1970 wurde der Kapitän der englischen Mannschaft bei einem Zwischenstopp in Bogotá, Kolumbien, verhaftet und unter Hausarrest gesetzt. Er sollte eine Woche zuvor, als die Engländer wegen eines Testspiels in Bogotá gewohnt hatten, im Schmuckgeschäft auf dem Hotelgelände nämliches Armband geklaut haben.

Moore bestritt die Vorwürfe. Niemand glaubte daran, schon gar nicht in England. Mitspieler Alan Mullery argumentierte schlüssig: „Sie machen wohl Spaß? Moore hat so viel Geld, dass er das ganze Hotel kaufen könnte.“ Moore galt wegen seiner Werbeverträge und seiner Nebengeschäfte als einer der reichsten Fußballer Europas. Dennoch landete England ohne ihn in Mexiko. Die Verkäuferin Clara Padilla sagte aus, sie habe Moore gesehen, wie er das Armband in seine Jackentasche gesteckt habe. Das Problem allerdings: Moores Jacke hatte keine Taschen. Nach vier Tagen unter Arrest durfte er nach Mexiko fliegen. Es stellte sich heraus, dass der Ladenbesitzer die Verkäuferin und einen weiteren „Zeugen“ zur Falschaussage angestiftet hatte, vermutlich um von Moore Schadenersatz fordern zu können.

Padilla floh in die USA, der Laden existierte bald nicht mehr. Moore allerdings hörte erst mehr als fünf Jahre später von der kolumbianischen Polizei, seine Akte sei geschlossen worden.

Aus dem Nichts, raubtierhaft

Die Abwehr von Gordon Banks gegen Pelés Kopfball ist ein englischer Mythos. Das tragische Ende des Torwarts gehört dazu.

Von Thomas Hummel

Die Parade: Torwart Gordon Banks (l.) lenkt den Kopfball von Pelé (nicht im Bild) nach oben, der Ball wird tatsächlich über den Torbalken hinweg fliegen.

Gordon Banks hat die Legende selbst zurechtgestutzt. Im Spiel seines Klubs Stoke City gegen Manchester City 1971, schrieb der Torwart in seiner Autobiografie, gelang ihm eine Parade, die noch besser gewesen sei. Noch besser? Ach ja, und da gab es später den Kopfball von Francis Lee, den er hielt. Auch grandios! Oder die tolle Parade gegen den Schotten Alan Gilzean. Gordon Banks vergleicht diese Taten mit einer Abwehr, die bekannt ist als „The Save of the century", als „The Greatest ever Save" oder einfach nur als „The Save". Die Parade des Jahrhunderts, die großartigste Parade oder einfach: DIE Parade.

Wohl niemand sonst als der Held selbst dürfte in England ungestraft einen sonstwo gehaltenen Ball mit DER Parade vergleichen. Denn die Tat des Gordon Banks im Vorrundenspiel der WM 1970 gegen Brasilien gehört zu den Legenden des englischen Fußballs. Und da seit der Zeit von Gordon Banks – zumindest was die Nationalmannschaft betrifft – kaum mehr Legenden dazugekommen sind, lebt „Die Parade des Jahrhunderts" weiter.

Die Tat: Nach zehn Minuten schüttelt Flügelsprinter Jairzinho rechts einen Gegenspieler ab und flankt von der Auslinie knallhart in den Strafraum. Auf Höhe des zweiten Pfostens, etwa acht Meter vor dem Tor, köpft Pelé den Ball wuchtig in die leere Torecke (Banks wendet sich in diesem Moment erst vom ersten Pfosten ab). Ein perfekter Kopfball, schulmäßig nach unten gedrückt, die Kugel setzt zwei Meter vor der Linie auf, für den Torwart kaum zu berechnen. Angeblich ruft Pelé schon „Golo", „Tor". Doch „aus dem Nichts", wie Pelé später sagen wird, fliegt Banks mit raubtierhafter Schnelligkeit und Gewandtheit heran und lenkt den Ball mit der Hand fast senkrecht nach oben über den Torbalken. Auf Fotos sieht man den Torwart horizontal mit verrenkten Gliedmaßen in der Luft liegend. In Filmaufnahmen kann das menschliche Auge kaum

Die Legende: Pelé (r.) sagt, es sei die beste Parade gewesen, die er je gesehen hat. 34 Jahre später schenkt ihm Gordon Banks (l.) ein Foto davon.

folgen und sucht den Ball erst einmal im Tor.

Das tat auch Gordon Banks. „Ich landete gefangen im Tornetz und hatte keine Ahnung, wo der Ball war." Erst als er sah, dass Pelé nicht jubelte, sondern die Hände staunend vor dem Gesicht zusammenschlug, realisierte er: kein Tor. Pelé kam: „Ich dachte, der Ball wäre drin." Banks antwortete: „Ich auch." Nur Bobby Moore kramte noch vor dem anschließenden Eckball den guten alten englischen Humor heraus: „Du wirst alt, Banksy, früher hast du sie festgehalten."

England verlor das Spiel trotzdem 0:1, Jairzinho traf nach der Pause. Gordon Banks aber stieg mit dieser Rettungstat in den Olymp seines Berufs auf. Vorher war er ein guter Torhüter gewesen, Weltmeister 1966, auch „Banks of England" genannt, weil das englische Gehäuse unter seiner Obhut so sicher war wie das Geld in der Bank von England. Doch jetzt war er ein Weltstar, der diesen Kopfball des Fußball-Übervaters Pelé gehalten hatte. Dass der Brasilianer sagte, es sei die beste Parade gewesen, die er je gesehen habe, tat sein Übriges. Zeitungen in aller Welt berichteten tags darauf über „Die Parade", in England ist sie bis heute ein stehender Begriff. Später wurde Banks zum zweitbesten Torwart des Jahrhunderts gewählt, hinter dem Sowjet Lew Jaschin.

Der Mythos von Gordon Banks und seinem „Save" erregt in England immer noch viel Aufsehen. Im Internet existiert eine eigene Seite zu „The Greatest Ever Save", die BBC bietet per Mausklick eine fünfteilige Zeichentrick-Bilderreihe zu „Banks' wonder stop". Auch Künstler widmen sich dem Thema. Für 16 Euro gibt es den fliegenden Banks als Gemälde, etwa 420 Euro kostet ein Werk, für das der Moment der Rettungstat auf einer Videoaufnahme gestoppt und der Bildschirm abfotografiert wurde. Es sind lediglich verzerrte Konturen in grellen Farben zu sehen. In der Anzeige steht: Was darauf abgebildet ist, sei „sofort erkennbar für diejenigen, die wissen".

Gordon Banks drückte zwar häufig seinen Stolz über die Rettungstat aus. Doch mit seinem eher rationalen Gemüt erklärte er wohl am besten die Verklärung der Abwehr: „Ich glaube, meine Parade gegen Pelé hat so viel Anerkennung erfahren, weil sie in einem wichtigen Spiel vor weltweit vielen Zuschauern passierte."

Dass Banks bei der WM 1970 das Ausscheiden Englands im Bett mit einer Magenverstimmung erlebte und Ersatzmann Peter Bonetti beim 2:3 gegen Deutschland mindestens einmal danebengriff, erhöhte seinen Status noch. „Alle hätten wir verlieren dürfen, aber es musste ausgerechnet ER sein", klagte Trainer Alf Ramsey.

In den Mythos passt das Ende seiner Karriere. Nach einem selbst verschuldeten Autounfall am 22. Oktober 1972 erblindete Gordon Banks auf dem rechten Auge, nachdem er kurz zuvor noch als erst zweiter Torwart zum Fußballer des Jahres in England gewählt worden war. Trotz dieses Handicaps kämpfte sich Banks wieder heran. 1976 feierte er in der amerikanischen Profiliga bei den Fort Lauderdale Strikers ein bewundertes Comeback. Nach der ersten Saison wurde er zum wertvollsten Torwart der Liga gekürt.

Hochkultur

Die Fußball-Welt zu Gast in einem kleinen Land? Mexiko ist fünfeinhalb mal so groß wie Deutschland. Der Staat, so sagt man, hat zwar eine kurze Geschichte – aber eine lange und große Vergangenheit der Hochkulturen. Mayas (im Bild eine Skulptur) und Azteken praktizierten im Übrigen bereits ein Ballspiel, zu Ehren ihrer Götter und Herrscher, oder auch um die Entscheidung in einem Krieg herbeizuführen. Die Azteken nannten das Spiel „Ullamaliztli", die Maya „Pok ta Pok". Der Ball musste durch einen kleinen Ring befördert werden und durfte nur mit Hüfte, Gesäß, Ellbogen und möglicherweise auch Knien gespielt werden. Nicht mit dem Fuß. Manche Forscher glauben, dass die Sieger hingerichtet wurden – auf dass sie sofort Götter werden konnten.

Schwellenland

Mexiko heute: Man spricht von einem Schwellenland – einem Land im Übergang von der Agrarwirtschaft zur Industrialisierung. Die städtischen Zentren wachsen unkontrolliert – Mexiko-City hat über 20 Millionen Einwohner –, die ländlichen Gegenden verkümmern und leiden unter der Umweltverschmutzung. Was die meisten Touristen kennen (Bilder rechts): Mariachi, Strandidyll, Vulkan Popocatepetl.

Geschäftsleute

Mexiko 1970: Ein Straßenhändler versucht, mit der Fußball-WM Geld zu verdienen, indem er Wimpel der teilnehmenden Nationen anbietet. Das große Geschäft mit der WM aber machen andere. Die Idee, den großen Sport nach Mexiko zu holen, stammt von einem Medienmogul und einem Star-Architekten.

Necaxa
RUMANIA

Frommes Volk:
Indio-Frauen im Staat
Chiapas bei der
Marienverehrung

So nah an Amerika. So weit weg von Gott.

Schüsse auf Studenten erschüttern das Land vor Olympia und WM.

Von Peter Burghardt

Ein Monument der Moderne hatten Mexikos Ureinwohner längst verdient, so gesehen kam die Geste reichlich spät. Die sagenhaften Bauwerke der Azteken waren ja mit einiger Zerstörungswut zertrümmert worden, als vor bald 500 Jahren die spanischen Eroberer in der Hochebene zwischen den Vulkanen einfielen. Die grandiose Hauptstadt Tenochtitlán, damals Mittelpunkt einer Hochkultur, wurde von Hernán Cortés und Kumpanen nach 75-tägiger Belagerung geschleift, von den Gotteshäusern und Palästen blieb wenig übrig. Auf den Trümmern errichteten die Konquistadoren das Zentrum des Kolonialreiches, den heutigen Moloch Mexiko-Stadt. Bei Ausgrabungen neben der Kathedrale entdeckte man 1978 zufällig Reste des Haupttempels, ansonsten dienen als Zeugnis der Vergangenheit hauptsächlich die noch viel älteren Pyramiden von Teotihuacán im Norden der Metropole. 1962 begann die Planung eines zeitgemäßen Heiligtums: Es bekam den Titel Estadio Azteca. Azteken-Stadion.

Dahinter steckte freilich weniger Sinn für Historie als eine ausgeklügelte Geschäftsidee, damit wäre man schon mitten drin in der Geschichte vom mexikanischen Fischzug durch die bedeutendsten Sportverbände. Der Einfall stammte von einem Stararchitekten, Pedro Ramírez Vázquez, sowie einem Großunternehmer, Guillermo Cañedo, und beide ergänzten sich vortrefflich. Ramírez war befreundet mit dem einflussreichen Verbandschef Brasiliens, João Havelange, und gehörte wie dieser zum Internationalen Olympischen Komitee, außerdem eignete seinem Bruder Miguel der Verein Necaxa. Cañedo war Intimus von Emilio Azcárraga, Kosename „El tigre" (der Tiger), dem bedeutendsten Medienmogul Lateinamerikas. Dessen Konzern *Televisa* (seinerzeit *Televicentro*) gehört außer Fernsehsendern

Mexiko-Bild für Touristen: Klippenspringer bei Acapulco

Der Tod läuft mit, fürchten Sportler, bevor der Doppelpack von Sommer-Olympia 1968 und Fußball-WM 1970 in Mexiko über die Bühne geht. Man denkt an Hitze und Höhenluft – aber als tödlich erweisen sich 1968 nur Schüsse auf Studenten, die für mehr Freiheit demonstrieren (oben). Läufer und Springer akklimatisieren sich schnell. Bob Beamon springt in der dünnen Luft 8,90 Meter weit, ein nicht für möglich gehaltener Weltrekord.

und Zeitungen auch der Klub América, eine Art FC Bayern Mexikos – Fußball und *Televisa* sind unter den Vulkanen unzertrennlich, getragen von Millionen Fans. So beschlossen Ramírez, Cañedo und die anderen, die WM 1970 zu holen und dafür eines der größten und modernsten Stadien der Erde zu bauen.

Es wurde ein Wettbewerb ausgeschrieben, und es war nicht sehr überraschend, dass Señor Ramírez ihn gewann. Die Initiatoren dachten sich viel aus, was später weltweit kopiert wurde, vorneweg teure Logen. Die 600 Privatboxen wurden schon vor Baubeginn so gut verkauft, dass sich der Start mühelos finanzieren ließ. Dazu schlossen sich neben *Televisa* auch andere potente Firmen einem Freundeskreis an. „Unser Erfolg war vor allem die finanzielle Planung, also die private Investition, Hilfe der Regierung gab es nicht", erläuterte Baumeister Ramírez, was angesichts der staatlichen Unterstützung leicht geflunkert war. 1966 wurde das Werk jedenfalls eingeweiht, 105 000 Augenzeugen erlebten zur Mittagszeit ein 2:2 zwischen América und dem AC Turin. Da wusste man bereits, dass dies bald ein Schauplatz der beiden bedeutendsten Sportveranstaltungen des Globus sein würde.

Erst bekam Mexiko Olympia 1968, schon das war ein Coup. Mexiko-Stadt galt beim IOC-Kongress 1963 in Baden-Baden als aussichtsloser Bewerber. Kritiker prophezeiten, Leistungssportler würden auf 2300 (Mexiko-Stadt) bis 2600 Metern (León) über dem Meer in Ohnmacht fallen. „Der Tod läuft mit", warnte der ehemalige Meilenweltrekordler Roger Bannister, internationale Zeitungen druckten das Zitat. Doch der Außenseiter gewann die Schlacht unter den fünf Ringen und setzte sich auch bei der Fifa-Versammlung am 8. Oktober 1964 in Tokio mit 56:32 Stimmen gegen den haushohen Favoriten Argentinien durch.

Wie ging das bloß? Eine Fußball-WM, nur zwei Jahre nach den Olympischen Sommerspielen, und das für ein Schwellenland mit wenigen Reichen und vielen Armen? Es funktionierte erstens deshalb, weil die cleveren Bewerber Beziehungen hatten. Es war ein Geflecht von Interessen, in Mexiko regierte schon seit 1929 (und noch bis ins Jahr 2000) die Partei der Institutionalisierten Revolution, kurz PRI, die alles wie ein Krake umgarnte. Architekt Ramírez Vázquez wurde später sogar Präsident des 68-er Organisationskomitees, als sich der vormalige Staatschef Adolfo López Mateos wegen Krankheit 1966 zurückzog. Und zweitens führten die Betreiber Argumente ins Feld, die später Schule machten.

Fernsehen in Farbe

Außer hübschen Prospekten mit steinernen Pyramiden und dem wachsenden Azteken-Stadion sollen in Japan auch ein paar schöne Präsente verteilt worden sein. Beobachter erinnern sich an eine Schmierenkomödie erster Güte, aber Mexiko versprach erfolgreich die „farbenprächtigste Weltmeisterschaft aller Zeiten" – und vor allem die erste, die mit bunten Bildern über den Globus gesendet wurde. 1970 war der Beginn des TV-Zeitalters im großen Stil, erstmals mussten sich die Hauptdarsteller nach der Mattscheibe richten. Deshalb wurden die Partien um 12 Uhr Ortszeit in der mexikanischen Hitze angepfiffen, weil sich zur selben Stunde der Feierabend über Europas Fernsehpublikum senkte. Allein das Eröffnungsspiel zwischen Mexiko und der UdSSR (0:0) erlebten 800 Millionen Erdenbürger live.

Die Welt hatte in solchen Momenten weitgehend vergessen, dass die Veranstalter für beide Ereignisse über Leichen gegangen waren. Am 2. Oktober 1968, eine Woche vor Beginn der Olympischen Spiele, schossen Soldaten und Polizisten auf dem Platz der drei Kulturen im Viertel Tlatelolco von Mexiko-Stadt auf demonstrierende Studenten – Hunderte starben, Tausende wurden eingesperrt, der Ruf nach Meinungsfreiheit wurde brutal erstickt. Das Massaker war Folge der Proteste gegen das mexikanische Regime. Der Angriff zu Sonnenuntergang begann im Auftrag der Regierungspartei PRI und wurde unterstützt von US-Verteidigungsministerium sowie Geheimdienst CIA, wie im Oktober 2003 geöffnete Akten belegen sollten. „Armes Mexiko, so weit weg von Gott und so nah an den USA", lautet ein Sprichwort. Innenminister von Präsident Gustavo Díaz Ordaz war seinerzeit Luis Echeverría, der als Staatschef am 10. Juni 1971 ein weiteres Gemetzel an Studenten zu verantworten hatte. 2002 musste er dafür erstmals vor Gericht erscheinen und sprach von einer „nationalen Tragödie". Der Architekt und Organisator sah das anders. „Diese Jugendlichen, die sich da 1968 beunruhigt hatten, waren dieselben, die nachher für die Olympischen Spiele arbeiteten", sagte Zyniker Ramírez Vázquez in einem Interview. Was kümmerten ihn Tote?

Auch für die begeisterten Besucher spielte das kaum mehr ein Rolle, sie schwärmten von der mexikanischen Gastfreundschaft. Sportlich kam es ebenfalls anders als von Mittelstreckler Bannister befürchtet. Statt der Sportler fielen 1968 die Weltrekorde, Bob Beamon sprang 8,90 Meter weit und wurde jahrzehntelang nicht übertroffen. Der Smog war in diesen Jahren noch nicht so schlimm wie heute, da das Häusermeer von Mexiko-Stadt noch erheblich gewachsen ist, inzwischen drängen sich mehr als 20 Millionen Menschen in dem Tal. Außerdem veranstalteten ehrgeizige Nationen erstmals Höhentrainingslager, was anschließend ebenfalls Standard wurde.

Das Aztekten-Stadion bestand seine Generalprobe beim olympischen Fußballturnier, auch wenn es zu chaotischen Szenen kam. Beim ungarischen Finalsieg gegen Bulgarien stellte der mexikanische Schiedsrichter binnen Minuten drei Bulgaren und einen Ungarn vom Platz. Nach Schlusspfiff flogen Sitzkissen, der Ball verschwand. Im Spiel um Platz drei verlor Mexiko obendrein 0:2 gegen Japan, 105 000 Zuschauer waren dabei. Trotzdem galt die Arena 1968 und 1970 als vorbildlich und durfte 1986 als erster Schauplatz der Fußballgeschichte sogar ein drittes Endspiel beherbergen, weil Mexiko die WM von Kolumbien übernahm.

Heute spielen die *Televisa*-Klubs América, Necaxa, Atlante sowie die Nationalmannschaft darin, gelegentlich wird American Football gespielt, manchmal auch gesungen. Und im Namen führt das Oval jetzt auch Guillermo Cañedo – den Mann, der gemeinsam mit dem Architekten Pedro Ramírez Vázquez WM und Olympia nach Mexiko lockte.

Nützliche Verbindung: Guillermo Cañedo, mexikanischer Medien-Mogul und Fifa-Funktionär, mit dem englischen Fifa-Präsidenten Stanley Rous (r.).

Abenteuer eines Gringo

Fans auf dem Autodach, Hostessen vor der Tür: Schwer, bei dieser WM keine Kitsch-Geschichte zu schreiben.

Von Ulrich Kaiser

An dem Tag, als Mexiko in der Vorrunde gegen Belgien gewann, waren Millionen Menschen auf der Straße – zehn, fünfzehn, zwanzig Millionen, niemand weiß, wie viele Menschen in der Stadt leben. Sie tanzten und schrien und trommelten – es war heller Nachmittag, denn Mexiko gegen Belgien begann mittags um zwölf wegen der Fernsehzeiten in Europa. Dann entdeckten sie in einem Wagen den Mann mit der hellen Haut und den hellen Haaren, der nur ein Belgier sein konnte – auf einmal standen zwanzig, dreißig Menschen auf dem Dach, der Motorhaube, dem Kofferraum des Autos und trommelten mit Knüppeln und Stangen auf das Blech.

Man kann nicht Auto fahren, wenn vorne auf dem Kühler ein Dutzend Menschen liegen und ihre Gesichter an die Scheibe pressen – keine freudigen Gesichter. Es ist dreieinhalb Jahrzehnte her, aber der Fahrer weiß genau, dass er in einer Lücke drei, vier Meter Gas gab, so dass die Menschen auf dem Kofferraum abrutschten – dann eine plötzliche Bremsung für die anderen auf dem Motor.

Es war eine blödsinnige Reaktion, denn jetzt war es Wut über den Gringo, der ihnen wehtat und jetzt weiter nichts als Angst hatte. Nach einer fürchterlichen Viertelstunde tat sich eine winzige Gasse auf, in die der Blonde, der kein Belgier war, auf Ge-

deih und Verderb steuerte. Der Wagen sah so aus wie Jahrzehnte später die Autos in München aussahen, nachdem sie in den Hagelsturm gekommen waren.

Vor dem Hotel parkte eine schöne Limousine mit fünf hübschen Löchern in der Tür, die irgendjemand vor lauter Freude dort hineingeschossen hatte – der Portier sagte, es sei ja nur ein Spaß gewesen. Gastgeber Mexiko erreichte bei der Weltmeisterschaft 1970 durch ein 1:0 über Belgien den zweiten Platz der Gruppe 1.

Reisende sagen, das Schönste an dieser Stadt ist der Anflug bei Nacht, wenn die Millionen Lichter der Insurgentes zu erkennen sind, der Zocalo mit der Kathedrale, der Torre Latino Americano, die kriechenden Autos. Das ist natürlich ungerecht, aber in diesem Land gibt es viele Ungerechtigkeiten, und es ist gar nicht so einfach für den einigermaßen sensiblen Gast, weil er ja schließlich auch auf jener Seite lebt – auf jener der Reichen.

Was hat der nächtliche Parkplatzwächter mit einer Fußball-Weltmeisterschaft zu tun, wenn neben seinem Stuhl in einem Zelt die Frau mit acht Kindern schläft?

Mexikanischer Jubel, mexikanische Begeisterung: Es war schwer, sich dem Trubel zu entziehen.

Es war damals nützlich, einen Señor Emilio Azcárraga zu kennen, dem unter anderem der größte Fernsehkanal, drei Fußballmannschaften und das Azteken-Stadion gehörten. Es war nicht nur ein Witz, wenn es hieß, dass Azcárraga mangels anderer Programme einfach wieder einmal zwei seiner Teams gegeneinander spielen ließ. Die Fifa hatte ihm für sechs Millionen Mark damals die gesamten Fernsehrechte überlassen – ein Spottpreis. Señor Azcárraga hatte nichts Eiligeres zu tun, als diese Lizenzen an die Londoner ITV zu verhökern. Erst der Protest anderer Fernsehanstalten sorgte dafür, dass der ganze Handel wieder rückgängig gemacht wurde – mit gutem Gewinn für den Mexikaner.

Ein kleiner Andenken-Fabrikant in Mexico-City hatte schon 1966 die Idee, gegen ein paar Pesos Gebühr die gängigen Bezeichnungen „Copa del Mundo“ und „Coupe Jules Rimet“ für sich schützen zu lassen. Das führte dazu, dass das Organisationskomitee seine Plakate lediglich mit „Mexico 70“ beschriften durfte. Das galt übrigens auch für alle Briefbögen, Verträge oder Eintrittskarten.

Mexiko hatte zwei Jahre zuvor die Olympischen Spiele organisiert. Es war eine Angelegenheit des Staates und eine gewaltige Werbung für das Land. Der Peso war noch eine harte Währung, und die Mittel, die die Olympia-Macher benötigten, flossen reibungslos. Die Fußball-WM hatte nichts mit dem Staat zu tun. Mexikos Fußballverband musste sehen, wie er zurechtkam.

Von Olympia hatte man den netten Pressechef übernommen – ein Job, den sonst niemand wollte. Er jammerte, dass er für seine Arbeit zwei Millionen Dollar brauche und nur eine halbe Million hatte. Als das Fußballturnier der 16 Mannschaften bereits lief, standen auf einmal Hostessen vor der Tür und bettelten um eine bezahlte Arbeit. Die Organisatoren wollten zwar nicht auf deren Tätigkeit verzichten – aber sie hatten kein Geld.

Erinnerungen an Nebensächlichkeiten: Die fremden Gäste legten im Restaurant größten Wert darauf, einen Tisch zu bekommen, der neben der Toilettentür lag – wegen „Montezumas Rache“. Die Mariachis an der Plaza Garibaldi musizierten so inbrünstig, als würde immer noch die sechzig Jahre alte Revolution herrschen. Nebenan in der Kneipe haben sie einen erschossen, der sich laut und kritisch über die Weltmeisterschaft ausließ. Es war schwer, keine Kitsch-Geschichte zu schreiben, wenn im Azteken-Stadion Hunderttausend ihre Nationalhymne sangen.

Mexikos Mannschaft verlor gegen Italien – Italien und die Bundesrepublik lieferten sich ein Jahrhundert-Spiel – Italien unterlag Brasilien im Finale. Den Mexikanern hat es so gut gefallen, dass sie 16 Jahre später erneut eine Weltmeisterschaft ausrichteten.

Gerd Müllers Tor zum Sieg: „Ich habe geglaubt, ich erreiche den Ball nicht mehr, ich musste das Bein mächtig hochreißen, um ihn zu bekommen. Ich hätte nicht gedacht, dass heute ausgerechnet eine hohe Flanke zum Erfolg führt.“

Phantom Nummer 13

England sieht wie der sichere Sieger aus. Dann beginnt das Wunder von León mit der Auswechslung Bobby Charltons.

Deutschlands Hoffnung war gefangen zwischen Brian Labone und Bobby Moore: Die Engländer nahmen Gerd Müller in doppelte Manndeckung. Der Torjäger, der in den beiden Spielen zuvor je drei Treffer erzielt hatte, kam diesmal im ganzen Spiel nur zu zwei Möglichkeiten. Müller rackerte, schwitzte, scheiterte. Die Chancen auf sein achtes Tor im Turnier schienen in der heißen Mittagssonne von León zu verglühen.

Da kam in der 108. Minute ein Flankenball des eingewechselten Jürgen Grabowski zu Hannes Löhr geflogen, Löhr leitete ihn mit dem Kopf in den Strafraum weiter, und Müller, das Phantom mit der Rückennummer 13, stand wieder einmal dort, wo Entscheidungen fallen. Den Ball von dort ins Netz zu schießen schien für ihn die einfachste Sache der Welt zu sein. Deutschlands Hoffnung hatte sich zurückgemeldet, das 3:2 bedeutete den Siegtreffer. „Ich habe geglaubt, ich erreiche den Ball nicht mehr", erzählte Müller später, „ich musste das Bein mächtig hochreißen, um ihn zu bekommen. Ich hätte nicht gedacht, dass ausgerechnet eine hohe Flanke zum Erfolg führt. Denn im Kopfball war ich heute immer zweiter Sieger."

Was in diesen 120 Minuten passierte, nannten manche Beobachter das „Wunder von León", in Anlehnung an das „Wunder von Bern" beim 3:2 gegen Ungarn 1954. Wie damals lag Deutschland 0:2 zurück,

Die Führung für England (Bild oben): Mittelfeldspieler Alan Mullery (r.) schießt das 1:0. Torhüter Sepp Maier (M.) streckt sich vergebens, Berti Vogts (r., unten) liegt geschlagen am Boden. Der Ausgleich (Bild unten): Englands Keeper Peter Bonetti sieht Uwe Seelers Hinterkopf-Ball zum 2:2 hinterher.

wie damals erschien der Gegner übermächtig. 68 Minuten lang gab es in León nur einen Sieger: Die Engländer wirkten in jeder Hinsicht stärker, machten das Spiel, perfekt im Aufbau, sicher am Ball. „Sie waren uns spielerisch und mit ihren Flanken weit überlegen", meinte Uwe Seeler. Verteidiger Keith Newton fegte an der rechten Seitenlinie entlang und schlug Flanken, die Alan Mullery (32.) und Martin Peters (50.) zu den Treffern nutzten.

Das deutsche Team fand lange Zeit keinen Weg, der zumindest in die Nähe des gegnerischen Tores führte. So konnten sie keinen Nutzen daraus ziehen, dass Englands Stammtorwart Gordon Banks fehlte. Der in der Vorrunde überragende Banks litt unter „Montezumas Rache", der gefürchteten Krankheit, die vielen Mexiko-Touristen Durchfall, Übelkeit, Erbrechen und Darmkrämpfe beschert. Der Torwart erzählte später, er habe zwei Tage vor dem Viertelfinale abends ein Bier getrunken und sich schon eine halbe Stunde danach „sehr krank" gefühlt. Noch am Morgen vor dem Spiel ließ Trainer Ramsey seinen Torwart einen lockeren Test machen und hoffte auf seinen Einsatz. Doch während einer anschließenden Mannschaftsbesprechung im Hotel wurde klar, dass Banks nicht auf das Feld, sondern ins Bett gehen würde. Statt ihm spielte Peter Bonetti vom FC Chelsea London, und die Deutschen hatten insgeheim auf einen Fehler des Ersatztorwarts gehofft. „Da könnte man auch eine alte Eiche ins Tor stellen", lästerte Ersatztorwart Manfred Manglitz auf der Tribüne.

Deutschland – England 3:2 (2:2, 0:1) n.V.

León, 14. Juni 1970

Deutschland: Maier, Vogts, Schnellinger, Fichtel, Höttges (46. Schulz), Seeler, Beckenbauer, Overath, Libuda (57. Grabowski), Müller, Löhr

England: Bonetti, Newton, Labone, Moore, Cooper, Mullery, Ball, B. Charlton (71. Bell), Peters (81. Hunter), Lee, Hurst

Tore: 0:1 Mullery (32.), 0:2 Peters (50.), 1:2 Beckenbauer (68.), 2:2 Seeler (82.), 3:2 Müller (108.)

Zuschauer: 23 357
Schiedsrichter: Coerezza (Argentinien)

Aber wer nicht aufs Tor schießt, kann nicht von einem unsicheren Keeper profitieren. Das dachte sich auch Franz Beckenbauer, fasste sich ein Herz, ließ zwei Engländer stehen und wagte statt des erwarteten Passes zum wieder einmal beschatteten Müller einen Schuss aus 20 Metern. Und der Ball rollte in die linke untere Torecke – Deutschland war 22 Minuten vor dem Ende der regulären Spielzeit wieder in der Partie.

Und dann beging Englands Trainer Sir Alf Ramsey den wohl entscheidenden Fehler. Er nahm seinen Spielführer Bobby Charlton aus der Partie, unter dem Eindruck, diese deutsche Mannschaft könne seiner Elf trotz des Anschlusstores nichts anhaben. Bobby Charlton hatte sich im Mittelfeldduell mit Franz Beckenbauer aufgerieben, auf das Schön trotz der Kritik an seiner Finaltaktik von 1966 wieder setzte. „Bobby war

Signal zur Aufholjagd: Franz Beckenbauer versucht Mitte der zweiten Halbzeit sein Glück nicht mehr mit Pässen auf Gerd Müller, sondern mit Schüssen aus der Distanz. Bei diesem Versuch trifft er nur das Außennetz, aber wenig später wird er genauer zielen: Sein Treffer zum 1:2 wendet das Spiel.

Alte Bekannte treffen sich wieder: Helmut Schön (l.) und Alf Ramsey erleben die Revanche für das Finale von Wembley vier Jahre zuvor mit umgekehrtem Ergebnis. Für das Halbfinale gegen Italien hegt Schön aber keine allzu großen Hoffnungen: Dieses Spiel, sagt er, habe zu viel Kraft gekostet.

fix und fertig", sagte Ramsey, um die Auswechslung zu begründen. Aber das waren die anderen Engländer genauso. Es schien vielmehr, der Trainer habe Charlton für das Halbfinale schonen wollen – für ein Spiel, das es für England nie geben sollte.

Charltons Auswechslung wirkte sich vor allem psychologisch aus. Plötzlich fassten die 4000 deutschen Anhänger neue Hoffnung und feuerten ihr vermeintlich chancenloses Team an; ihr neuer Mut übertrug sich auf die Spieler. Jürgen Grabowski entwickelte nach seiner Einwechslung für Reinhard Libuda Druck über die Flügel, Seeler schaffte acht Minuten vor Schluss den Ausgleich mit einem spektakulären Kopfball, einem seiner wohl besten Tore überhaupt: Eine weite Flanke verlängerte der Hamburger mit dem Hinterkopf über Bonetti hinweg ins Netz.

In der Verlängerung zeigte sich, dass die deutsche Mannschaft die größeren Kraftreserven hatte. Nach dem 3:2 folgten zehn bange Minuten, in denen einige Spieler vor Erschöpfung über die eigenen Beine stolperten. Durch eine große Energieleistung erkämpfte sich die Elf von Helmut Schön das Halbfinale. Professor Hanns Schoberth freute sich nach dem Spiel, dass seine Maßnahmen mit einer relativ späten Anreise nach Mexiko, Thermalbädern, Entschlackung und leichter Gymnastik offensichtlich zum Erfolg führten.

„Es war eines der größten Spiele, die eine deutsche Nationalmannschaft je geliefert hat", meinte Bundestrainer Helmut Schön noch Stunden später im Garten des Quartiers in Comanjilla. „In der Pause habe ich den Spielern eingehämmert: Die können wir noch packen. Denn einige von denen waren noch mehr fertig als wir." Der Trainer dankte den Anhängern für die Unterstützung. „Wenn wir die Moral verloren hätten, wäre den Engländern sicher ein drittes und viertes Tor gelungen. Aber wie unsere Spieler sich angespornt haben und vorbeigekeucht sind, war ein großartiges Erlebnis."

Die Mannschaft zog nun um nach Puebla, 135 Kilometer vom nächsten Spielort Mexiko-City entfernt. In aller Ruhe wollten sie vor dem Halbfinale gegen Italien ausspannen. Professor Schoberth setzte wieder auf die Thermalbäder, aber selbst Schön zweifelte diesmal ihre Wirkung an. „Ich habe große Sorgen, was das Halbfinale angeht", meinte er. „Die Mannschaft ist ausgeblutet. Ich weiß nicht, ob wir so einen Kampf noch einmal packen." Und auch Gerd Müller zweifelte: „Sehr fraglich, ob wir uns so schnell erholen können. Auf jeden Fall mag ich morgen nicht trainieren. Ich bin vorerst bedient."

Lagerkoller auf Mexikanisch

Verrückte Geschichten ereigneten sich in den Unterkünften der Teams. Die israelischen Verantwortlichen fanden in ihrem Hotel einen Nachtklub vor und suchten eilends nach einem neuen Quartier. Im Hotel der Peruaner fiel es den Fußballern ebenfalls schwer, sich auf ihren Sport zu konzentrieren: Die Teilnehmerinnen eines Schönheitswettbewerbes brachten sie auf andere Gedanken. Schlimmer kam es für die Schweden: Während alle über die Hitze stöhnten, froren sie in ihrem Quartier bitterlich. Sie hausten in einem Altenheim der Sozialversicherung in der eiskalten Gebirgsstadt Toluca, das keine Zentralheizung hatte. Für die 22 Spieler gab es immerhin zehn Wolldecken.

Thatcher schaut weg

Margaret Thatcher, später knallharte Premierministerin von England, war 1970 Kultusministerin und bereits für unbequeme Entscheidungen bekannt. Man nannte sie „Milchräuberin", weil sie die Gratismilch an den Schulen abschaffte. Was Fußball anging, bezeichnete sie sich durchaus als Fan, auch wenn sie mit ihrem Mann Besuche von Rugby-Spielen vorzog. Unangenehmen Ergebnissen ging sie lieber aus dem Weg. „Ich sehe nicht gerne Spiele im Fernsehen, wenn ich das Ergebnis noch nicht kenne", erklärte die Eiserne Lady in einem Interview mit dem *Daily Mirror.* „Deswegen schaue ich mir nur Aufzeichnungen an. Wenn ich weiß, dass wir verloren haben, sehe ich mir das nicht an." So musste sie also weg schauen, als ihre Landsleute im Viertelfinale der WM gegen die Deutschen scheiterten.

Der verfluchte Planet

Mediziner warnen vor der dünnen Luft in Mexikos Höhe. Die Spieler klagen über die Hitze beim Spiel um 12 Uhr mittags.

Von Hans Eiberle

Wie sehr sich das menschliche Leistungsvermögen in der Höhe reduziert, war seit den Olympischen Spielen 1968 in Mexiko-Stadt (2240 m) messbar. Der Kenianer Naftali Temu hatte den 10000-m-Lauf in 29:27,4 Minuten gewonnen und dabei 1:03,2 Minuten länger gebraucht als der US-Amerikaner William Mills bei seinem Olympiasieg vier Jahre zuvor in Tokio. Demisse Wolde aus Äthiopien war im Marathonlauf sogar mehr als acht Minuten länger unterwegs als 1964 sein Landsmann Bikila Abebe.

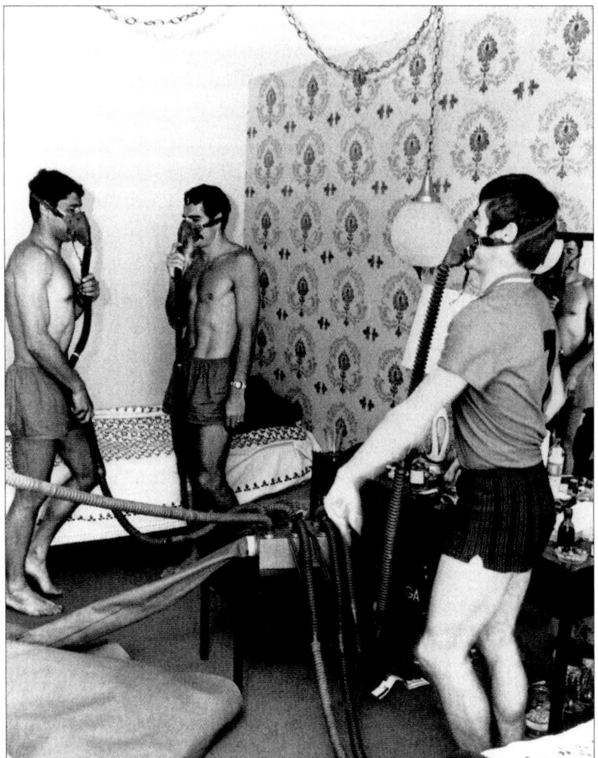

Fußball ist keine Ausdauersportart, sondern besteht aus Laufintervallen, weshalb nur vermutet werden konnte, wie sehr Spieler und Spiel beim WM-Turnier leiden würden. Die Bulgaren führten Sauerstoffgeräte im Gepäck, um kräftig Luft schnappen zu können. Natürlich war deren Einsatz während des Spiels nicht möglich, sonst hätte das bulgarische Team gegen die deutsche Mannschaft vielleicht gewonnen statt 2:5 verloren.

Es war befürchtet worden, dass den älteren Spielern in der dünnen Luft die Puste ausgehen würde. Davon konnte keine Rede sein. Weil Alt und Jung gleichermaßen unter Sauerstoffmangel litten, wurde langsamer als in tieferen Lagen gespielt, was den Veteranen zupass kam. „Und an den Planeten da oben", so Uwe Seeler, habe keiner gedacht. „Die Hitze ist ein viel größeres Problem, aber nicht nur für mich." Auch Franz Beckenbauer beugte allzu großen Erwartungen an seine Rolle als Abwehrchef und Mittelfeld-Stratege vor: „Wenn es zu Hause 25 Grad hat, reicht es mir schon. Ich bin froh, wenn ich in Mexiko heil über die Runden komme."

Die Spiele begannen um zwölf Uhr mittags, zur besten Abend-Fernsehzeit in Europa. Bundestrainer Helmut Schön empörte sich: „Die Veranstalter denken immer nur ans Geld, wenn sie so was machen, aber nicht an die Spieler." Die Übertragungsrechte für Europa kosteten 1,05 Millionen US Dollar, etwa 4,4 Millionen Mark.

Am meisten in Schwierigkeiten gerieten jene, die nicht fit waren. Helmut Haller, der im deutschen Spiel die rechte Flanke bearbeiten sollte, war in der Begegnung mit den Marokkanern schon nach 20 Minuten fix und fertig, mit hochrotem Kopf unter dem blonden Schopf, obwohl es der kühlste Tag seit der Ankunft in Mexiko war. Jürgen Grabowski löste ihn ab, es war Hallers unrühmlicher Abschied aus dem DFB-Team.

Er habe, beteuerte Professor Hanns Schoberth, der Teamarzt, ein Orthopäde, „das Problem mit der Höhe niemals überschätzt und von Anfang an auf die Hitze hingewiesen". Und entsprechende Vorkehrungen getroffen. „Es ist viel zu wenig darauf geachtet worden, in den Prozess der Regeneration die Muskulatur einzubeziehen. Auch sie benötigt hier längere Zeit, um wieder voll funktionsfähig zu sein." Bei den Olympischen Spielen hat es wohl deshalb so viele Zerrungen gegeben, weil diesem Umstand kaum Bedeutung beigemessen worden ist.

Masseur Erich Deuser schwor auf Abreibungen mit Eis. Davor warnten Sportärzte. Zu Unrecht, wie Deuser glaubte. Er demonstrierte an Helmut Haller, „wie die Muskulatur sich langsam zu röten beginnt und durchblutet wird". Außerdem rege die Behandlung die Nerven an und steigere die Reaktionsfähigkeit. Als Beweis für die Wirksamkeit der Kältetherapie erzählte Deuser, wie er die deutschen Spieler in der Halbzeit auf Eis gelegt und in kalte Tücher gepackt habe, als die 1968 in Rio gegen die Brasilianer 0:2 zurücklagen. Das Spiel endete 2:2.

Deuser war seiner Zeit voraus. Er hatte beobachtet, dass Leichtathleten nicht selten Zerrungen erlitten, nachdem sie, dick vermummt und schwitzend vom Aufwärmen, sich der schützenden Hüllen entledigten. „Wenn die sich ausziehen, erleiden sie einen rapiden Wärmeverlust."

Zum ersten Mal durften bei einem WM-Turnier zwei Spieler ausgewechselt werden. Vom neuen Reglement wurde allerdings weniger wegen Erschöpfungszuständen der Höhe und Hitze wegen Gebrauch gemacht, wie voher vermutet worden war, sondern vorwiegend aus taktischen Gründen.

Es gibt viele Arten, sich zu erholen. Die Bulgaren (Bild links) haben Sauerstoffgeräte mitgebracht – und scheiden in der Vorrunde aus. Von oben nach unten: Franz Beckenbauer liest Zeitung – manchmal auch ein zweifelhaftes Vergnügen. Sepp Maier badet, Wolfgang Overath lässt sich von Masseur Erich Deuser behandeln. Die Brasilianer, voran Jairzinho (l.) und Brito, trainieren in der Hitze.

Goldjunge mit Donnerschlag

Riva und Rivera schießen Italien ins Halbfinale.

Legende aus Sardinien (Bild rechts): Luigi Riva (r. hinten) zieht mit seinem gefürchteten linken Fuß ab, Roberto Boninsegna (l.) sieht zu. Bild oben: Gianni Rivera (verdeckt) erzielt das 3:1. Mexikos Abwehrspieler Javier Guzmán (Nummer 14) und Isidoro Díaz (16) sind machtlos, Riva (11) sieht sitzend zu.

Mexiko befand sich im Ausnahmezustand. Das Stadion Dosal im Bergstädtchen Toluca war schon eine Stunde vor dem Anpfiff fast bis auf den letzten Platz gefüllt. Entlang der Straße aus dem 60 Kilometer entfernten Mexiko-City nutzten Schwarzhändler die Staus, um die letzten von genau 26 851 Eintrittskarten zum zehnfachen Preis anzubieten. Als sich der Mannschaftsbus seinen Weg durch die Gassen am Fuße eines schneebedeckten Berges bahnte, empfingen die Mexikaner ihre Landsleute mit einem ohrenbetäubenden Lärm. Ein Korrespondent der *Süddeutschen Zeitung* wähnte „die Masse auf dem besten Wege, hysterisch zu werden“. Für den Fall eines Erfolges über Italien habe der einheimische Psychologe Professor Luis Haro Leeb gar prophezeit, im Siegeswahn würden, wie einst bei den Azteken, 50 000 Menschen zugunsten des Kriegs- und Sonnengottes Huitzilopochtli geopfert.

So gesehen hatte die Niederlage auch einen positiven Aspekt: Das Volk von Mexiko endete nicht wie die Azteken. Die Italiener siegten mit 4:1 Toren und bewiesen dabei zum ersten Mal, dass sie zu Recht zu den Favoriten des Turniers gezählt

wurden. Allerdings benötigten sie die Hilfe eines Mexikaners, um das frühe Gegentor durch José Luis González nach einem Konter auszugleichen. Nach Vorarbeit des Torjägers Luigi Riva schoss Angelo Domenghini von der Auslinie; Verteidiger Gustavo Peña fälschte den Ball ins eigene Tor ab.

Italiens Trainer Ferruccio Valcareggi wechselte nach der Pause für Sandro Mazzola Gianni Rivera ein, der bereits die Weltmeisterschaften 1962 und 1966 für Italien bestritten hatte. Valcareggi hatte Europas „Fußballer des Jahres" mangelnde Härte nachgesagt. Er scheue die Zweikämpfe, laufe und kämpfe zu wenig, außerdem fehle ihm die Kondition. Aber nun erhoffte sich Valcareggi von seinem vermeintlich zu weichen Genie die Wende.

Und tatsächlich, plötzlich kam das Spiel in Fahrt, denn der Spielmacher vom AC Mailand vermochte Riva weitaus besser in Szene zu setzen als Mazzola, sein Konkurrent von Inter. „Rivera war eine Freude. Er ist nach dem ersten Tor aufgewacht und wieder der ‚große' Rivera gewesen", meinte Valcareggi. Nach einem Freistoß an der Mittellinie verlängerte Rivera den Ball auf Giancarlo de Sisti, der zu Riva passte; dessen Schuss aus 16 Metern landete unhaltbar im linken unteren Toreck (64.).

Héctor Pulido hatte eine Minute später die Chance zum Ausgleich, aber der italienische Verteidiger Tarcisio Burgnich rettete mit dem Kopf auf der Torlinie. Die Komplexe, die die Italiener bei internationalen Auftritten seit dem 0:1 gegen Nordkorea 1966 mit sich herumtrugen, waren endgültig verschwunden. Als die Mexikaner ihre Abwehr mehr und mehr vernachlässigten, nutzten Italiens Angreifer ihren Freiraum. Das 3:1 erzielte Rivera selbst (69.). „Auf dieses Spiel habe ich lange gewartet", sagte der Regisseur, den die Fans „Ragazzo d'oro" nannten, Goldjunge. „Ich glaube, jetzt habe ich bewiesen, dass ich in die Mannschaft gehöre."

Beim 4:1 durchlief Riva, einer der erfolgreichsten Torjäger des internationalen Fußballs und Rekordtorschütze der italienischen Nationalmannschaft (35 Tore in 42 Länderspielen), die gesamte Abwehr; er schoss Torwart Ignacio Calderón an und verwandelte den Abpraller zu seinem zweiten Treffer. „Jetzt ist wohl endlich der Knoten geplatzt", meinte Riva, „ich konnte mich freuen wie ein Kind."

Der Stürmer hatte mit sieben Treffern entscheidend dazu beigetragen, dass sich Italien überhaupt qualifizierte; vor der WM war er jedoch in ein Tief geraten. „Er ist eine urwüchsige Type, einer der stärksten Spieler, die im Weltfußball existieren", lobte ihn der deutsche Verteidiger Karl-Heinz Schnellinger, der beim AC Mailand spielte und Riva aus der Serie A kannte. Die Konkurrenten fürchteten Rivas Schnelligkeit, seine Stärke beim Kopfball und vor allem seinen starken linken Fuß – der Mittelstürmer hatte zu Beginn seiner Karriere auf dem linken Flügel gespielt. Wegen seiner Schusskraft nannten ihn die Italiener „rombo di tuono", Donnerschlag.

Riva befand sich zur WM 1970 auf dem Höhepunkt seiner Karriere. Als er 1963 mit 18 Jahren zu US Cagliari gewechselt war, verhalf er dem Klub gleich zum Aufstieg in die Serie A. Obwohl er schon zwei Jahre später zu seinem ersten Einsatz in der italienischen Nationalelf kam, nahm ihn der damalige Trainer Edmondo Fabbri bei der WM 1966 noch nicht in den Kader auf. Hinterher, nach dem blamablen 0:1 gegen Nordkorea, machte sich Fabbri deswegen schwere Vorwürfe. Riva hingegen war froh, das Debakel nicht erlebt zu haben und etablierte sich 1967 endgültig. In den vier Spielzeiten zwischen 1966 und 1970 wurde er dreimal capocannoniere, Torschüt-

„Rivera war eine Freude": Regisseur Gianni Rivera (Mitte, unten) lässt sich von seinen Teamgefährten zum 3:1 gratulieren.

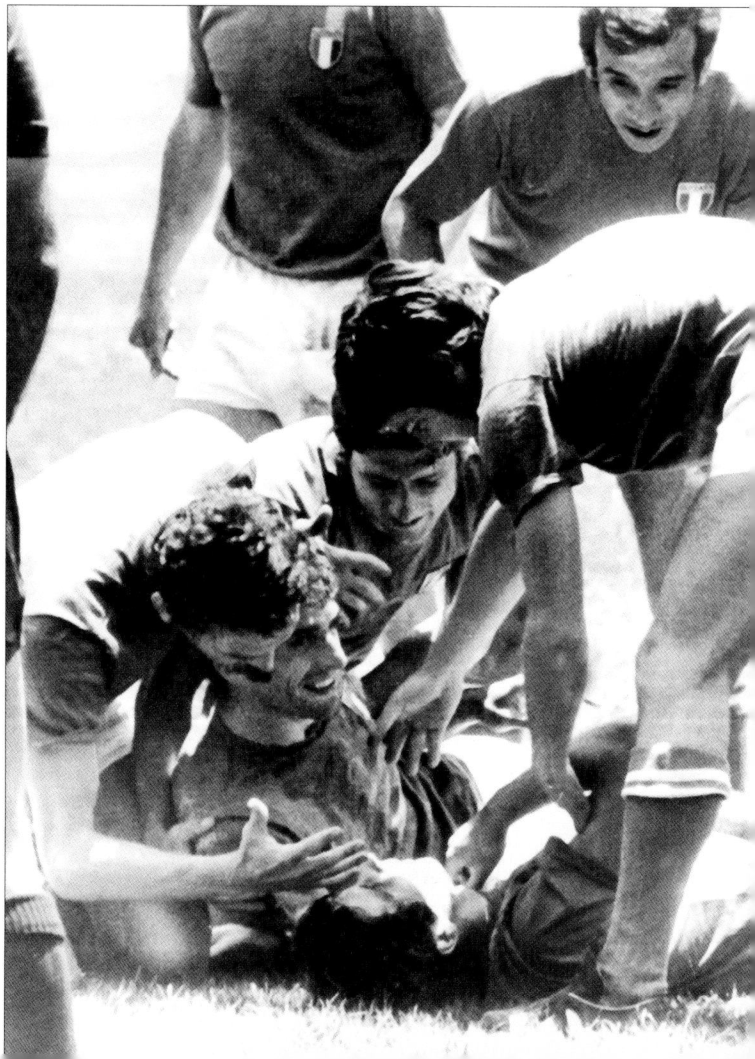

zenkönig der Serie A. Er beendete seine Laufbahn 1976 in Cagliari, ohne je den Klub gewechselt zu haben.

Zunächst wollte der Norditaliener aus der Lombardei gar nicht nach Sardinien wechseln. Aber im Laufe der Zeit fühlte er sich so wohl, dass er 1969 sogar ein Angebot von Juventus Turin ausschlug. Die Turiner hatten Cagliari rund sechs Millionen Mark geboten, die größte Summe, die bis dahin ein Klub für einen Spieler auszugeben bereit war. „Ich hatte jedes Jahr viele Angebote", berichtete Riva, „ich hatte die freie Auswahl. Aber ich habe mit Cagliari eine Entscheidung für das Leben getroffen."

In einer feierlichen Zeremonie verlieh ihm der Verein im Jahr 2005 das Trikot mit der Nummer 11 „auf ewig" – niemand soll sie dort je wieder tragen dürfen. Die größte Regionalzeitung verglich Rivas Legenden-Status aus diesem Anlass mit Che Guevara. Keiner hat widersprochen. Die Sarden, von denen in den fünfziger Jahren eine halbe Million vor der Arbeitslosigkeit aufs Festland fliehen musste, sahen Riva nicht nur als herausragenden Fußballer. Sondern auch als einen von ihnen, obwohl er aus dem Norden kam. Denn Riva, mit 15 Jahren Vollwaise, hatte auch gehungert und war auch unterdrückt worden. Für ihn war Fußball mehr Überlebenskampf als Spiel. Er zauberte nicht, er vollstreckte. Zum Mythos wurde er, weil er die lukrativen Angebote aus dem Norden ablehnte. „Kein einziger im Team war Sarde", sagt Riva, „aber wir wussten, wir repräsentieren die ganze Insel. Und wir waren dem Norden ein Dorn im Auge. Das gefiel uns." In den achtziger Jahren arbeitete Riva im Vorstand des mittlerweile in Cagliari Calcio umbenannten Klubs, 1987 wurde er Präsident. Auch seine anderen Geschäfte, unter anderem eine Großtankstelle, eine Bootswerft und zahlreiche Unternehmensbeteiligungen, hielten ihn auf Sardinien.

1990 übernahm er im italienischen Verband den Posten des Sportdirektors der Nationalmannschaft. Er klagte stets über den modernen, „hyperprotektiven Fußball". Seiner Meinung nach „fallen die Spieler zu schnell hin, weil die Schiedsrichter zu leicht pfeifen".

Bei der EM 2004 fürchteten selbst Rivas Freunde, dass er diesmal zu weit gegangen sei. Er spekulierte über ein „Wikinger-Komplott", Dänen und Schweden hätten ein Unentschieden abgesprochen. Und er verteidigte Francesco Totti nach seiner Spuck-Attacke gegen einen Gegenspieler. Aber er durfte bleiben. Weil er eine Legende ist. Diesen Status verdankt Riva auch der WM 1970.

Italien – Mexiko 4:1 (1:1)

Toluca, 14. Juni 1970

Italien: Albertosi, Burgnich, Cera, Rosato, Facchetti, Domenghini (84. Gori), de Sisti, Mazzola (46. Rivera), Bertini, Boninsegna, Riva

Mexiko: Calderón, Vantorlá, Peña, Guzmán, Pérez, Munguía (60. Díaz), Pulido, González (68. Borja), Valdivia, Fragoso, Padilla

Tore: 0:1 González (13.), 1:1 Peña (25. Eigentor), 2:1 Riva (64.), 3:1 Rivera (69.), 4:1 Riva (76.)

Zuschauer: 26851
Schiedsrichter: Scheurer (Schweiz)

Rettung in höchster Not: Der italienische Torhüter Enrico Albertosi (l.) faustet den Ball vor den Mexikanern Javier Valdivia (2.v.l.) und Aarón Padilla (r.) sowie seinem Vordermann Giacinto Facchetti (2.v.r.) ins Feld zurück.

Neue TV-Zeiten für den Fußball

Da schwitzten die deutschen Ersatzspieler in der prallen Sonne von León. Sie wollten ihre Bank in den Schatten der Tribüne stellen, doch ein Stadion-Verwalter machte ihnen klar, dass das in den neuen Zeiten des Fußballs nicht angehe – sie hätten am neuen Platz eine Werbefläche verdeckt.

Die WM 1970 avancierte zur ersten Rund-um-die-Uhr-TV-Show. Angespornt vom technischen Fortschritt des farbigen Fernsehens begann der mexikanische Konzern *Televisa* um 7.30 Uhr mit Sendungen zur WM und beendete sie meist gegen Mitternacht. Da ein TV-Gerät in Mittelamerika 1970 jedoch ein Luxusgerät war, übertrugen auch drei Kinos die Spiele in Mexiko-City. Im Bundesstaat Jalisco ordnete der Gouverneur an, in 125 Orten Empfänger aufzustellen.

ARD und ZDF brachten mehrere Beiträge pro Tag, viele Spiele übertrugen sie live. Dabei gab es schon im Eröffnungsspiel Mexiko gegen Sowjetunion Ärger. Nach zehn Minuten rannte ARD-Chef Rudi Michel im Azteken-Stadion zu den Funktionären, um gegen die Trikotfarben zu protestieren. Mexiko trug grüne Hemden und weiße Hosen, die Sowjets rote Hemden und weiße Hosen. Zwar wurde in Farbe übertragen, „doch nur ein geringer Prozentsatz unserer Zuschauer hat einen Farbfernseh-Empfänger. Bei Schwarzweiß-Geräten waren diese Trikots und Hosen nicht zu unterscheiden", monierte Michel. Europas Sender hätten für die Übertragungsrechte mehr als eine Million US-Dollar bezahlt, deshalb solle „die Fifa die Teams auffordern, in Kontrastspielkleidung zu erscheinen".

Tortur im heißen Kessel

Espárrago wird durch sein Tor in Uruguay ein Nationalheld.

Abwehrschlacht in brütender Hitze: Der sowjetische Verteidiger Wladimir Kaplitschni köpft den Ball ins Feld zurück.

Drei Minuten waren noch zu spielen. Dann hätte zum ersten Mal in der Geschichte der Fußball-Weltmeisterschaften das Los über den Einzug ins Halbfinale entscheiden müssen, denn es stand 0:0 nach einer an Höhepunkten armen Partie zwischen Uruguay und der Sowjetunion. Aber in der 117. Minute fiel doch noch die Entscheidung. Der Uruguayer Julio Cortés erlief einen Ball an der Auslinie, und viele hatten das Spielgerät bereits außerhalb des Feldes gesehen, ehe der Linksaußen den Ball zur Mitte schlug. Dort stand Mittelfeldspieler Victor Espárrago, der erst kurz zuvor den angeschlagenen Dagoberto Fontes ersetzt hatte. Espárrago bekam den Ball so maßgerecht auf die Stirn, dass er keine Mühe hatte, das 1:0 zu erzielen.

Espárrago, der im Laufe seiner Karriere auf allen Positionen im Mittelfeld und im Angriff gespielt hat, hat bei den Fans in Uruguay mit diesem Tor den Status einer Legende erreicht. Er erzielte das wichtigste Tor seit dem WM-Titel 1950 und bis heute – seitdem hat kein Team aus dem kleinen Land mit rund drei Millionen Einwohnern mehr das Halbfinale einer WM erreicht. Espárrago wechselte 1973 nach Spanien zum FC Sevilla und bestritt auch die WM 1974, bei der Uruguay aber in der Vorrunde ausschied. Zehn Jahre später wurde er Trainer bei Nacional Montevideo und führte den Klub zur uruguayischen Meisterschaft.

Zum Nationalhelden wurde er bereits in diesem Spiel. Die Verlängerung unter der hoch stehenden Sonne im Kessel des Azteken-Stadions, wo man über 36 Grad maß, war für die Spieler eine Tortur; immer wieder musste das Spiel wegen Muskelkrämpfen und Zerrungen unterbrochen werden. Allerdings hatten sich die Akteure die Qual selbst zuzuschreiben; sie hatten in der regulären Spielzeit viel zu wenig versucht, um ein Tor zu erzielen. Die beste Chance der Sowjetunion hatte Vitali Chmelnitski schon nach zwei Minuten vergeben, als er ungedeckt einen Flankenball von Gennadi Jewrjuschichin verpasste.

Danach breitete sich unter den 96 000 Zuschauern im riesigen Azteken-Stadion von Mexiko-Stadt Langeweile aus; lediglich die enorme Härte, mit der sich die Konkurrenten beharkten, sorgte hin und wieder für Aufregung auf den Rängen. Der niederländische Schiedsrichter Laurens van Ravens sprach zahlreiche Verwarnungen aus, um die Partie halbwegs im Griff zu behalten.

Nach der Pause kam endlich auch das Team von Uruguay, angetrieben von Cortés, zu vereinzelten Torchancen. Juan Mújica verfehlte das Tor mit einem Freistoß knapp, Ildo Maneiro scheiterte mit einem Schuss aus 20 Metern an Torwart Anzor Kawatsaschwili. Ansonsten hielten sich die Teams weiter zurück. „Spötter meinten, dass beide noch drei Tage spielen könnten, ohne ein Tor zu erzielen", stand im Spielbericht der *Süddeutschen Zeitung*. „Fast hätten sie Recht behalten." Aber nur fast.

Die Spieler der Sowjetunion schlichen nach den 120 Minuten mit hängenden Köpfen vom Feld. Besonders enttäuscht wirkte ihr 28 Jahre alter Kapitän Albert Schesternjew, der schon vier Jahre zuvor an der Weltmeisterschaft teilgenommen und mit seinem Land das Halbfinale erreicht hatte. Der Abwehrspieler hatte sich den Ausgang seines 49. Länderspiels, mit dem er Torwart Lew Jaschin als Rekordnationalspieler der UdSSR ablöste, anders vorgestellt. Er hatte geplant, im Halbfinale seinen 50. Einsatz zu feiern.

„Ich denke, wir haben zu Recht gewonnen", sagte Uruguays Trainer Juan Eduardo Hohberg. „Ich glaube jetzt, dass wir auch das Finale erreichen und Weltmeister werden können", meinte Hohberg. „Meine Spieler haben in dieser Schlacht bewiesen, dass sie den dritten Titel für ihr Land gewinnen können."

Uruguay – Sowjetunion 1:0 (0:0) n.V.

Mexiko-City, 14. Juni 1970

Uruguay: Mazurkiewicz, Ubiñas, Matosas, Ancheta, Mújica, Cortés, Montero Castillo, Maneiro, Cubilla, Morales (95. Gómez), Fontes (115. Espárrago)

Sowjetunion: Kawatsaschwili, Dsodsuaschwili, Schesternjew, Kaplitschni, Afonin, Muntjan, Churtsilawa (85. Logofet), Asatiani (73. Kiselew), Jewrjuschichin, Bischowets, Chmelnitski

Tore: 1:0 Espárrago (117.)

Zuschauer: 96 085
Schiedsrichter: van Ravens (Niederlande)

Der große Tag der kleinen Münze

Tostão schießt zwei Tore gegen Peru – und sein Idol Didí.

Nach diesem Spiel redete für einen Tag niemand mehr von Jairzinho, der schon fünf Tore erzielt hatte. Ebenso befasste sich keiner mit Pelé, der seit seiner Ankunft in Mexiko nach eigener Schätzung bereits „rund 20 000 Autogramme" geschrieben hatte. Nach dem Spiel gegen Peru stand ein anderer Brasilianer im Mittelpunkt. Die Berichterstatter bejubelten diesmal Eduardo Gonçalves de Andrade, genannt Tostão, „kleine Münze". Für einen Tag trat der Mittelstürmer von Cruzeiro Belo Horizonte aus dem Schatten seiner berühmten Mannschaftskameraden: Er schoss beim 4:2 gegen Peru zwei Tore und bereitete die zwei weiteren vor.

Wahre Treue: Trainer Didí wird von den peruanischen Fans trotz der Niederlage gefeiert.

Tostão, 23 Jahre alt, hatte es verdient, endlich auch einmal an vorderster Stelle im Rampenlicht zu stehen. „Er ist ein Spieler aller Klassen, in der Lage, jede Position zu übernehmen – vom Mittelfeld bis zur vordersten Front", lobte Brasiliens Trainer Mario Zagallo. Tostão zählt zu den glänzendsten Angreifern, die die große Fußballnation je hervorgebracht hat. Seine Landsleute nannten ihn „Denker", weil er sich taktisch außergewöhnlich klug verhielt; immer wieder entzog er sich den direkten Angriffen der Gegenspieler. Er verstand es, sich ins Mittelfeld zurückzuziehen, dort eine Weile unauffällig zu bleiben und dann seine überraschenden Attacken als Mittelstürmer zu setzen.

Tostãos ständiger Rollentausch bereitete den Peruanern in diesem Viertelfinale unlösbare Probleme. Beim Treffer zum 3:1 drückte er den Ball in Mittelstürmerposition über die Torlinie, das 4:2 durch den Kollegen Jairzinho bereitete er hingegen aus der Position des Spielmachers mit einem Steilpass vor. So entschied er die Partie gegen die wacker kämpfenden Peruaner, die mit ihrer Zonendeckung nicht in der Lage waren, den brasilianischen Angriff zu bremsen. Dass sie zu zwei Treffern

Der Schlussakt im imposanten Estadio Jalisco von Guadalajara: Jairzinho umspielt den peruanischen Torwart Luis Rubiños und trifft zum Endstand von 4:2.

MOTO ISLO
AGUANTAN!
ALFOMBRAS
DE JALISCO, S. A.
VEN-UP
CERTINA
RON AMBIENTE
CINZ

kamen, täuschte über ihre Chancenlosigkeit hinweg.

Wie schon gegen Rumänien drosselten die Brasilianer bei einem Vorsprung von zwei Toren ihr Tempo. Nur deswegen kamen die Peruaner zu den Anschlusstreffern, indem sie die Schwächen der brasilianischen Abwehr – mit dem unerfahrenen 19-jährigen Marco Antonio anstelle des verletzten Everaldo – zweimal nutzten. Alberto Gallardo (28.) und Teófilo Cubillas (69.) erzielten die Treffer für die Peruaner.

Ihr brasilianischer Trainer Didí, 1958 und 1962 Weltmeister mit Brasilien und damals überragender Spielgestalter, sah die Niederlage nicht tragisch. „Wer Brasilien schlägt, kann stolz sein. Wenn man diesem Gegner unterliegt, ist es keine Katastrophe“, sagte er. Bereits zum siebten Mal spielte er als Trainer von Peru gegen sein Heimatland, ein Rezept hatte er auch diesmal nicht. Aber alleine mit der Qualifikation zur WM durch ein 1:0 und ein 2:2 gegen Argentinien hatte er mit seiner Mannschaft bereits für eine große Sensation gesorgt.

Ausgerechnet die Brasilianer, die den legendären Mittelfeldspieler immer noch als Vorbild verehrten, verhinderten die Fortsetzung der Erfolgsgeschichte und die Aufstockung von Didís Erfolgsprämie von umgerechnet 100000 auf 175000 Mark. „Ich bewundere ihn sehr. Es tut uns leid, dass wir Didí Ärger machen mussten“, erklärte Pelé stellvertretend für seine Kollegen. „Wir wären uns so gerne aus dem Weg gegangen und hätten das südamerikanische Duell gerne erst im Finale im Azteken-Stadion ausgetragen.“ Mit dieser Niederlage endete Didís Karriere bei der Nationalmannschaft Perus. Er übernahm anschließend das Traineramt bei River Plate Buenos Aires, später bei Fenerbahçe Istanbul und bei Alianza Lima.

Didí hatte vor dem Turnier mit seiner Kritik am brasilianischen Verband und dessen Mannschaft für Aufsehen gesorgt. „Außergewöhnlich“, sagte er, finde er die brasilianische Mannschaft nicht, eher „behäbig, unentschlossen, ohne eigenes Konzept“. Der Trainerwechsel von Saldanha zu Zagallo sei viel zu spät

Perus Torwart Luis Rubiños hechtet vergeblich, der von Roberto Rivelino getretene Ball schlägt neben dem Pfosten zum 1:0 für Brasilien ein. Die peruanische Abwehr geht im Sturmlauf der Brasilianer unter.

gekommen, und der Mannschaft fehle ein Stürmer wie Garrincha. Der zurückgekehrte Pelé? „Passt nicht ins brasilianische Konzept."

Übel nahm ihm diese groteske Fehleinschätzung niemand. Vielleicht war die Verehrung Didís der Grund, dass sich Pelé diesmal zurückhielt und seinen Nebenleuten allen Glanz überließ. Neben den Stürmern Tostão und Jairzinho sorgte auch das Mittelfeld für die deutliche Überlegenheit der Brasilianer. Die hoch gelobten „schwarzen Brillanten" in der peruanischen Offensive – Julio Baylón, Pedro León, Roberto Challe und Ramón Mifflin – suchten den Erfolg zu oft durch die Mitte. Auch Hugo Sotil, in der 54. Minute eingewechselt, verzichtete im Gegensatz zur Vorrunde auf seine Flankenläufe. So fanden die Peruaner nicht ins Spiel, weil Clodoaldo, Gérson und Rivelino die Zentrale beherrschten.

Und über allen ragte Tostão heraus. Die Weltmeisterschaft 1970, und vor allem dieses Viertelfinale, bedeuteten den Höhepunkt seiner Karriere. Ein Jahr später wurde der Angreifer zu Südamerikas Fußballer des Jahres gewählt und wechselte zu Vasco da Gama Rio de Janeiro. Bei der nächsten Weltmeisterschaft war er aber nicht mehr dabei. Er entschied sich 1973, seine Karriere im Alter von nur 26 Jahren zu beenden, nachdem er sich zum zweiten Mal eine schwere Verletzung am Auge zugezogen hatte. Er studierte Medizin, kehrte aber später wieder in die Welt des Fußballs zurück. Als Journalist und Fernsehkommentator begleitete Tostão die brasilianische Nationalmannschaft, und er sparte nicht mit Kritik an der Seleção. Für die WM 2006 erteilte er Trainer Carlos Alberto Parreira, der in den Qualifikationsspielen auf eine Angriffsraute mit vier Offensivspielern setzte, einen gewagten Rat. Angesichts des Überangebots an begnadeten Spielmachern gebe es nur eine Lösung: „Er soll fünf Spielmacher nehmen. Bei der WM 1970 haben wir auch mit fünf Zehnern gleichzeitig gespielt", sagte er.

Parreira, so war zu vermuten, würde den Rat aus einer guten, alten Zeit nicht annehmen.

Brasilien – Peru	4:2 (2:1)

Guadalajara, 14. Juni 1970

Brasilien: Félix, Carlos Alberto, Brito, Piazza, Marco Antonio, Gérson (67. Paulo César), Clodoaldo, Rivelino, Jairzinho (80. Roberto), Tostão, Pelé

Peru: Rubiños, Campos, Fernández, Chumpitáz, Fuentes, Mifflin, Challe, Cubillas, Baylón (54. Sotil), León (61. Reyes), Gallardo

Tore: 1:0 Rivelino (11.), 2:0 Tostão (15.), 2:1 Gallardo (28.), 3:1 Tostão (52.), 3:2 Cubillas (69.), 4:2 Jairzinho (75.)

Zuschauer: 54 233
Schiedsrichter: Loraux (Belgien)

Freund als Feind: Didí (Bild oben, r.), brasilianischer Nationalheld, gibt als Trainer von Peru seinem Spieler Julio Baylón Anweisungen. Tostão (unten) macht gegen Peru eines seiner größten Spiele.

Ein Deutscher im Finale

Der Ruhm des Rudi Glöckner gründet auf einen Streit. Als Brasilien und Italien als Endspiel-Teilnehmer feststanden, debattierten die Verbände mit der Fifa um den richtigen Schiedsrichter. Doch das war schwierig. Brasilien lehnte die namhaften Unparteiischen aus Europa ab, die Italiener wollten keinen Südamerikaner. Und so kam der weithin unbekannte Rudi Glöckner aus der DDR ins Spiel. Der Mann aus Markranstädt bei Leipzig wurde in Mexiko der bisher einzige deutsche Schiedsrichter, der ein WM-Finale geleitet hat.

Vor der WM 1970 hatte Glöckner erst wenige Länderspiele gepfiffen. In Mexiko leitete er das Vorrundenspiel Italien gegen Uruguay – eine langweilige Partie, 0:0, Glöckner blieb unauffällig. Zufällig saß Fifa-Präsident Stanley Rous auf der Tribüne, und so erinnerte er sich vor dem Finale an Glöckner. Italienern hatte er nicht weh getan, Brasilianern sagte der Name wenig. Sie stimmten zu.

Vor Finalbeginn wäre es jedoch fast zum Eklat gekommen. Mit den Flaggen der Final-Gegner sollte die Landesfahne des Unparteiischen gehisst werden – und dort hing die Flagge der Bundesrepublik. Glöckner protestierte. Die Funktionäre erklärten, sie besäßen keine DDR-Fahne – doch offenbar hatte Glöckner damit gerechnet, denn er holte eine Fahne mit Hammer und Zirkel aus seiner Sporttasche. So blieb dem Finale in Mexiko-City ein politischer Krach erspart. Für Glöckner war dies der Start einer internationalen Karriere, später wurde er Funktionär im Schiedsrichter-Wesen der DDR und im wiedervereinigten Deutschland. Er starb 1999 mit 69 Jahren.

Jahrhundert-Kampf

17. Juni 1970, 16 Uhr in Mexiko-City. Hunderttausend Zuschauer fiebern im Azteken-Stadion dem Halbfinale Deutschland – Italien entgegen. Spaßend begrüßen sich Uwe Seeler (r., Bild oben links) und das Schiedsrichter-Gespann. Der italienische Kapitän Giacinto Facchetti (l.) scheint schon zu ahnen, dass dies hier kein Spaß werden würde. Bei brütender Hitze entbrennt eine epochale Fußball-Schlacht, die man „Spiel des Jahrhunderts“ nennen wird. Bild links unten: Gerd Müller im Luftkampf. Großes Bild: Uwe Seeler beim Fallrückzieher vor Facchetti. Rechtes Bild, die vorentscheidende Szene: Franz Beckenbauer am Boden.

MAYATEX
MONACO
OVACIONES
ron de trópico Caliente
BACARDI
XICO
ZANO
LICOR DE CAFE
KAHLÚA
COFFE LIQUEUR
EL HERALDO

Jahrhundert-Tore

Franz Beckenbauer, schwer getroffen. Ein Elfmeter ist ihm verweigert worden, die Schulter schmerzt höllisch. 50 Minuten lang verfolgt er bandagiert (Bild oben) den unfasslichen Lauf der Dinge. 0:1, es läuft die Nachspielzeit, als Karl-Heinz Schnellinger – ausgerechnet Carlo vom AC Mailand – in eine Flanke von Jürgen Grabowski grätscht (Bild unten). 1:1. Verlängerung. Und als die Italiener 3:2 führen, fliegt – wer sonst? – Gerd Müller heran (Bild rechts): 3:3 in der 110. Minute. Wieder alles offen.

PHILCO

Nach Müllers 3:3: Der Torschütze steht auf zum Jubel (unten), Rivera (vorne) beißt vor Wut ins Tornetz. Und Torhüter Albertosi (r.) klagt: Wieder ist ein Vorsprung verspielt.

Gentleman als Schmerzensmann

Kein Sieger, kein Besiegter? Von wegen. Beckenbauer und Müller kennen das „Spiel des Jahrhunderts“ nur als Tragödie.

Die Legende wurde geboren, kaum dass der Kampf zu Ende war. Im Bann des dramatischen Geschehens prophezeite ein mexikanischer Fernsehkommentator mit Pathos in der Stimme: „Dieses Spiel geht in die Geschichte ein. Man wird im Estadio Azteka eine Gedenktafel anbringen, auf der Italien und Deutschland steht und das Datum vom 17. Juni 1970. Aber man wird kein Ergebnis nennen, denn das Spiel hatte keinen Sieger und keinen Besiegten.“

Anweisungen vor der Verlängerung: Bundestrainer Helmut Schön (links) mit seinen Spielern Uwe Seeler (Mitte) und Gerd Müller.

Kein Sieger, kein Besiegter? Von wegen. So ein Spiel, „das kriegt man nie mehr aus dem Kopf“, sagt Gerd Müller. „Ich könnte heute noch wahnsinnig werden. Von der Schlappe gegen die Italiener erhole ich mich nie.“

Müller blieb nicht allein mit seiner Einschätzung. Bald schon war weltweit vom „Spiel des Jahrhunderts“ die Rede. Wer das in die Welt gesetzt hatte? „Die Presse“, natürlich, ließ Franz Beckenbauer, der nichts vom Heldenepos des mexikanischen Reporters gehört hatte, schon 1975 in seinem Buch „Einer wie ich“ schreiben. Ihr Urteil sei „übertrieben, wie so oft“.

Weshalb das dramatische Duell bis zum bitteren Ende im Semifinale der Weltmeisterschaft 1970 sich bei so vielen Menschen tief in die Erinnerung eingeprägt hat, bei Müller und Beckenbauer aber bloß als traumatisches Erlebnis, und schon gar nicht als Ereignis von epochaler Bedeutung? Ganz einfach: Die beiden hatten verloren, 3:4 nach Verlängerung. Aus der Traum vom Finale.

Es ist aber auch so, dass Beckenbauer wohl nicht begreifen mochte, wie zwei Dutzend der besten Fußballer in zwei Stunden mehr Fehler machen konnten als das ganze Jahr über. Vor allem aber: ein Spiel, das nicht von Beckenbauers Genialität inspiriert war, das beste des Jahrhunderts? So ein Blödsinn konnte nur einem der in seinen Augen zahllosen ahnungslosen Journalisten eingefallen sein.

Auch wenn Beckenbauer alles ganz anders bewertet: Der Mythos lebt. Er gründet wohl vor allem darin, dass das Spiel sich zu einem Drama mit absehbar tragischem Ende entwickelte. Das Schicksal der Deutschen war längst besiegelt, als sie noch dagegen ankämpften, mit einem blessierten Anführer. Der *Evening Standard* sah in Franz Beckenbauer in englisch-martialischer Reportersprache einen „verwundeten, besiegten, aber stolzen preußischen Offizier“. Die Mexikaner mag er eher an Cuauhtémoc erinnert haben, den letzten Herrscher der Azteken, in seinem aussichtlosen Kampf gegen Hernán Cortés, den spanischen Eroberer. Das Denkmal des mexikanischen Helden steht in Queretaro, dort nahm der Teamchef Beckenbauer während der Weltmeisterschaft 16 Jahre später Quartier.

Es rührte ans Herz, wie Beckenbauer, der geniale Fußballkünstler, schon damals Inbegriff der Leichtigkeit des Seins auf dem Rasenrechteck, nach einem schweren Foul von Pierluigi Cera 50 Minuten lang mit halber Kraft und mehr mit dem Gleichgewicht als mit dem Gegner kämpfend, sich unter glühender Sonne über das Spielfeld plagte. Sonst wie entfesselt, jetzt den rechten Arm mit Klebeband am Körper fixiert, um das gesprengte Schultereckgelenk halbwegs ruhig zu stellen. Die Hand aufs Herz gebunden, der Gentleman am Ball als Schmerzensmann.

Fast tatenlos musste er mit ansehen, wie der Gegner immer noch eins draufsetzte. Gerade hatte Gerd Müller eine riskante Rückgabe von Fabrizio Poletti mit der Fußspitze zur 2:1-Führung ins Tor gelenkt, da schoss Tarcisio Burgnich nach einem unfasslichen Fehler von Siggi Held den Ausgleich. Wiederum fünf Minuten später erzielte Luigi Riva das 2:3. Riva nahm eine Flanke auf, schlug einen Haken an Schnellinger vorbei und traf ins entfernte Toreck.

Keiner wagte mehr an den erneuten Ausgleich zu denken. Da besorgte Müller das 3:3, im Hechtsprung nach einer Flanke von Reinhard Libuda, die Uwe Seeler mit dem Kopf in den Strafraum gelenkt hatte. „Muller, again Muller", murmelte Bobby Moore, der das Spiel für einen englischen Fernsehsender kommentierte und gegen Deutschland ausgeschieden war – durch ein Tor von, natürlich, Müller. Das 3:3 war Müllers zehnter Treffer bei dieser Weltmeisterschaft. Italiens Regisseur Gianni Rivera biss, wie Fotos dokumentieren, vor lauter Wut ins Tornetz.

Losentscheid? Nein. Rivera selbst schoss eine Minute später Italiens Team ins Halbfinale, als die Deutschen in der Freude über den Ausgleich erneut vergaßen, sich auf die Defensive zu konzentrieren. „Es wurden immer in den Momenten Fehler gemacht, in denen wir glaubten, das Spiel in der Hand zu haben", klagte Bundestrainer Helmut Schön. Auf der linken Seite spielte Boninsegna Willi Schulz aus und flankte, Rivera stand alleine am Elfmeterpunkt und erzielte das 3:4. „Was diese Verlängerung an Dramatik gebracht hat, ist wohl bisher ohne Beispiel", schrieb damals die *Süddeutsche Zeitung.*

Wie haben die Deutschen den Schiedsrichter Arturo Yamasaki beschimpft, einen Japaner mit peruanischem Pass. „Da war einer auf dem Feld, der ist gegen uns gewesen", klagte Uwe Seeler. Hermann Neuberger, Vizepräsident des Deutschen Fußball-Bundes, hielt sich ebenfalls nicht zurück: „Das war eine unmögliche Leistung." Zwei Elfmeter nach Fouls an Beckenbauer und Seeler habe Yamasaki verweigert, „was sich der erlaubt hat, war ein Verbrechen", zeterte Beckenbauer damals, „jawohl ein Verbrechen. Ich war schon vorbei, da haut mir der Facchetti eine hinten rein." Erst als ihn die Milde des Alters nachdenklicher machte, hat Beckenbauer eingestanden, er habe sich „reingeworfen wie ein Verrückter, ich wollte einen Elfmeter".

Die Entscheidung: Gianni Rivera (l.) hat das 4:3 erzielt und reißt zusammen mit Luigi Riva (3.v.l.) jubelnd die Arme hoch. Die Deutschen Franz Beckenbauer (2.v.l.), Sepp Maier (unten) und Berti Vogts (r.) sehen den Ball im Tor liegen.

Trikottausch nach dem Kampf: Gerd Müller (l.) und der italienische Abwehrspieler Giacinto Facchetti. „So ein Spiel vergisst man nie“, sagt Müller Jahrzehnte später, „ich könnte heute noch wahnsinnig werden.“

Allerdings wären Franz Beckenbauer und die Seinen um diese Zeit längst als Besiegte unter der Dusche gestanden, wenn Yamasaki nicht vier Minuten an die zweite Halbzeit drangehängt hätte. Ausgerechnet Karl-Heinz Schnellinger, seinerzeit in Diensten des AC Mailand, nützte die geschenkte Zeit, um Roberto Boninsegnas 0:1 zu egalisieren, im letzten Augenblick. Den von Jürgen Grabowski geflankten Ball beförderte der Abwehrspieler bei seinem einzigen Ausflug über die Mittellinie grätschend zum 1:1 ins Tor.

„Ein herrliches Spiel“, meinte Italiens Trainer Ferruccio Valcareggi, „es hätte am Ende jeder Weltmeisterschaft stehen können. Es wäre schade gewesen, wenn zwischen diesen großartigen Teams das Los entschieden hätte.“ Auch die italienischen Zeitungen übertrafen sich im Verfassen von Lobeshymnen. „Ein heroischer Sieg gegen ein großartiges Team – Deutschland, vielleicht die beste Mannschaft des Turniers“, jubelte *Il Tempo*, und der *Corriere dello Sport* hielt die Partie für „das dramatischste Treffen in Italiens Fußballgeschichte“, höher einzuschätzen als das Finale 1938, als Italien in Paris gegen Ungarn Weltmeister wurde.

Auch die mexikanischen Journalisten wählten große Worte. „Es ist unmöglich, dass sich etwas Derartiges wiederholt – 120 Minuten konzentrierter Fußball, Drama, Kunst, Kraft, Hysterie, alles!“, schrieb *Il Heraldo*. „Alle 102 000 Zuschauer haben gestern das großartigste Ereignis ihres Lebens gesehen.“ Der *Excelsior*, die angesehenste Zeitung Mexikos und sonst ruhigen Tönen zugetan, schrieb von der „Wiedergeburt des Fußballs“ im „wunderbarsten, dramatischsten und herrlichsten Spiel aller Zeiten“.

In Österreich fesselte die Verlängerung die Schüler derart, dass nach Angaben der Nachrichtenagentur UPI am nächsten Tag in zahlreichen Klassen nicht einmal die Hälfte zum Unterricht erschien. „Wir haben angesichts dieses Spiel für ihre Begeisterung Verständnis“, erklärte sogar der Wiener Lehrerverband.

Die Verlierer hingegen hatten natürlich keinen Blick für die Strahlkraft dieser Partie. Ihre Enttäuschung saß tief. Franz Beckenbauer stichelte: „Mei, haben wir Chancen gehabt, der Held, der Overath und unsere beiden Dicken da vorn“, Seeler und Müller. „Der Gerd muss ja drei Tore machen.“ Da ballerte Gerd Müller zurück, wobei auch Bundestrainer Helmut Schön in die Schusslinie geriet: „Wenn der Franz Libero gespielt hätte statt im Mittelfeld, hätten wir keine vier Tore gekriegt.“ Und er gab auch dem Flügeldribbler Reinhard Libuda gleich noch eine mit: „Der ist außen durch, in der Mitte steh’ ich völlig frei – und was tut der Verrückte? Schießt aufs Tor. Dabei hätte er nur zurückspielen müssen, ich hätte den Ball gestoppt und reingemacht. Aber nein, er haut daneben.“

Wie hätten die erzürnten und enttäuschten Franz Beckenbauer und Gerd Müller auch wissen können, dass schon ein Glorienschein das Spiel umkränzte, der Sieger wie Besiegte gleichermaßen glänzen ließ, und es keine Rolle mehr spielte, wer ein Tor geschossen hatte und wer nicht?

Mexiko-City, 17. Juni 1970
Deutschland – Italien 3:4 (1:1, 0:1) n.V.

Tore: 0:1 Boninsegna (7.), 1:1 Schnellinger (90.), 2:1 Müller (95.), 2:2 Burgnich (99.), 2:3 Riva (104.), 3:3 Müller (110.), 3:4 Rivera (111.)

Einwechslungen:
52. Libuda für Löhr
66. Held für Patzke
46. Rivera für Mazzola
91. Poletti für Rosato

Zuschauer: 102 444
SR: Yamasaki (Peru)
Gelbe Karten: Overath, Müller – Albertosi, Rosato, de Sisti, Domenghini

Warum haste ihn nicht umgehauen?

Das entscheidende vierte Tor: Ich dachte, ich hätte die Situation im Griff. Aber wir waren alle müde. Von Willi Schulz, Abwehrspieler

Große, herausragende Spiele vergisst ein Fußballer nie, auch wenn sie 40 Jahre her sind. Ob WM-Finale gegen England am 30. Juli 1966 im Londoner Wembley-Stadion oder das Halbfinale 1970 gegen die Italiener in

Am Boden: Willi Schulz (Mitte) mit Berti Vogts (l.) und Max Lorenz

Mexiko-City – jede Minute ist mir präsent. Ich sehe mich an diesem 17. Juni immer noch mit Roberto Boninsegna zur Torauslinie laufen. Er hatte den Ball, doch Gefahr bestand unmittelbar nicht. „Warum haste ihn nicht einfach umgehauen?", hieß es hernach in der Kabine. Das wäre zu riskant gewesen. Der Schiedsrichter, da war ich mir sicher, würde sofort Elfmeter pfeifen. Ich dachte, ich hätte die Situation unter Kontrolle, aber Boninsegna hat mich überlistet. Er zog den Ball plötzlich im Winkel von 90 Grad in die Mitte, dort stand Gianni Rivera ganz allein und schoss ihn ins Tor. 3:4, wir hatten endgültig verloren, Italien war im Endspiel.

„Das großartigste Spiel in der Geschichte der Fußball-Weltmeisterschaften", schrieb das norwegische *Dagbladet*. In Frankreichs *L'Équipe* hieß es: „Das Spiel hat keine Parallele", und in Deutschland gelten die 120 Minuten im Azteken-Stadion als „Spiel des Jahrhunderts".

Es war wohl in erster Linie die Inszenierung dieses Dramas, die Menschen auf der ganzen Welt begeisterte: die frühe Führung der Italiener durch Boninsegna und unsere immer größere Risikobereitschaft, ihren Abwehrriegel zu knacken. Außer Sepp Maier, Berti Vogts und mir stürmte die ganze Mannschaft. Dann unser Pech mit Wolfgang Overaths Lattenschuss und Franz Beckenbauers Verletzung. Er war in der 65. Minute nach einem Foul von Pierluigi Cera auf die Schulter gestürzt, der rechte Oberarm musste bandagiert werden, unter Schmerzen hielt Franz bis zum Schluss tapfer durch.

Und wie im klassischen Drama hatte auch dieses Stück einen Schurken: Schiedsrichter Yamasaki, Japaner mit peruanischem Pass. Zweimal riss Rosato vom AC Mailand Uwe Seeler im Strafraum zu Boden, beide Male hätte es Elfmeter geben müssen. Dass die Italiener immer wieder das Spiel verzögerten, ihrem dritten Tor ein Foul an Stan Libuda vorausging – für Yamasaki alles kein Thema. Er war eindeutig gegen uns, wurde hernach nie wieder bei einem Länderspiel eingesetzt.

In der Nachspielzeit schaffte Karl-Heinz Schnellinger dann doch den Ausgleich, die Torflut in der Verlängerung resultierte aus der zunehmenden Müdigkeit aller Spieler. Wir haben Situationen nur noch mit Verzögerung wahrgenommen. Dass Rivera in der 111. Minute das Siegtor erzielte, war kein Zufall. Er war für Sandro Mazzola eingewechselt worden, also noch ziemlich frisch. Als er sich freilief, konnte ihm von uns keiner mehr folgen.

Drei Tage zuvor hatten wir auch gegen England in die Verlängerung gemusst. Um 12 Uhr Ortszeit in León, bei Bodentemperaturen von 50 Grad Celsius. So schlimm war es in Mexiko-City zwar nicht, aber die Höhenlage von 2000 Metern über dem Meeresspiegel stellte enorme Anforderungen an unsere Physis. Dazu kam, dass wir nach dem England-Spiel in die Nähe der mexikanischen Metropole umgezogen waren und dadurch einen ganzen Tag für die Regeneration verloren hatten. Italien hingegen hatte beim 4:1 über Mexiko Kräfte sparen können.

Dennoch: Mit einem gesunden Beckenbauer hätten wir gewonnen. Fast eine Stunde lang hat er seine überragenden Qualitäten allenfalls zur Hälfte ausspielen können. Unser attraktiver Offensivfußball wurde bei der, wie viele Experten heute noch meinen, schönsten Fußball-Weltmeisterschaft aller Zeiten nur von den Brasilianern übertroffen. Gegen die hätten wir allerdings im Endspiel auch verloren. Diese brasilianische Mannschaft mit Weltklasseleuten wie Carlos Alberto, Clodoaldo, Gérson, Tostão, Jairzinho, Pelé, Rivelino war die beste, die ich je bei einer WM gesehen habe. Besser noch als die Elf von 1958 – trotz Didí, Garrincha, Djalma und Nilton Santos oder dem damals 17-jährigen Pelé.

Wir waren in Mexiko ein Team mit großen individuellen Qualitäten, das auch menschlich harmonierte. Sepp Maier war ein exzellenter Torwart, für Berti Vogts, Horst Höttges, Carlo Schnellinger und mich galt die zeitlose Devise: Ein sensibler Abwehrspieler ist kein guter Abwehrspieler, dem Gegner immer zuerst den Schneid abkaufen! Beckenbauer und Overath im Mittelfeld, Uwe Seeler und Gerd Müller vorne, mit Libuda, Grabowski, Held, Löhr gleich vier Flügelstürmer – Bundestrainer Helmut Schön hatte eine starke Truppe zusammen. Die sechziger und siebziger Jahre waren die Glanzzeit des deutschen Fußballs. Nie wieder gab es so viele Klassespieler.

„Mit einem gesunden Beckenbauer hätten wir gewonnen." Willi Schulz bewundert den Verletzten: „Unter Schmerzen hielt Franz bis zum Schlusspfiff tapfer durch."

Und Schön war ein Klassetrainer, seine Fähigkeiten wurden in der Öffentlichkeit etwas verkannt. Er litt unter einem kranken Magen, war labil und empfindlich gegen Kritik. Auch zauderte er oft. Wir haben immer gefeixt, wenn er die endgültige Aufstellung diesmal besonders früh ankündigte. Dann sagte er etwa: „Übermorgen spielen wir im Tor mit Maier oder Wolter ..." Aber Schön war auch hochintelligent, feinfühlig im Umgang mit anderen. Er stärkte Selbstbewusstsein und Leistungsbereitschaft der Spieler, indem er ihnen Verantwortung übertrug. Es gibt nicht viele Trainer, die da heranreichen. Auch wenn Schön im harten Bundesligageschäft von heute womöglich schnell verschlissen wäre.

Natürlich war auch Schön nach dem Italien-Spiel deprimiert, erschöpft, leer im Kopf, wie wir alle. Als Mitwirkender hat man kaum ein Gespür für die Qualität des Spiels. Man ist auf seine Aufgabe fixiert, nimmt die Zuschauermassen als schwarze Wand wahr. Dass wir trotz der Niederlage Großes geleistet hatten, sagten uns erst die begeisterten deutschen Fans, als wir mit hängenden Köpfen das Azteken-Stadion verließen.

Italien hört sich selbst

Ein 4:3-Sieg gegen unseren Minderwertigkeitskomplex, ein Sieg für den Patriotismus. Von Senator Nando dalla Chiesa

Für die Italiener hat dieses Match eine Epoche geprägt. Mehr als der Titelgewinn bei den Weltmeisterschaften 1934 und 1938. Mehr als das, ebenfalls gegen Deutschland, gewonnene Finale 1982. Italien – Deutschland 1970, das berühmte, mexikanische Halbfinale bedeutet den Italienern mehr: Es ist das Spiel des Jahrhunderts. Und zwar aus vielerlei Gründen.

Sicherlich spielt der atemberaubende Ablauf der Begegnung eine Rolle: Von Boninsegnas Tor bis zu Schnellingers Streich kurz vor Schluss. Ausgerechnet der machte das 1:1 – dieser Undankbare, der seit Jahren in Italien spielte! Dann das Auf-und-Ab, das mit dem Tor von Rivera endete. Ein Herzinfarkt-Match, das ein paar Dutzend Millionen von Leuten vor dem Fernseher festnagelte, sie in einem Strudel von Spannung und unvergesslichem Glück leidenschaftlich mitzittern und jubeln ließ.

Jedoch gesellten sich zu diesem „historisch überprüfbaren“ Aspekt des Ereignisses auch noch viele andere. Sportliche und außersportliche. Die damalige Nationalmannschaft bestand aus äußerst populären Spielern, von denen einige über Jahrzehnte Aushängeschilder des italienischen Fußballs geblieben sind. Facchetti, Mazzola, Rivera, De Sisti, Riva, Boninsegna, auch Burgnich waren überragende Fußballer, die aus ausgesprochen starken Klubmannschaften stammten. Dennoch erschien die Squadra Azzurra zu Beginn des Turniers in Mexiko als unsicher und wenig überzeugend. Sie litt sich bis zum Halbfinale irgendwie durch, deshalb kam der Sieg gegen die Mannschaft Beckenbauers unerwartet und wurde als eine wunderbare Überraschung, ein tolles Geschenk erlebt.

Entscheidend für uns waren auch – und vielleicht noch mehr – Gründe, die jenseits des Fußballs lagen. Diese Gründe gaben einerseits den Vorgängen auf dem Spielfeld noch mehr Gewicht und schufen gleichzeitig für das Match einen noch beeindruckenderen Rahmen. Die Rivalität mit Deutschland zum Beispiel. Dabei handelte es sich nur am Rande um eine fußballerische Rivalität. Es ging vielmehr um ein latentes Minderwertigkeitsgefühl der Italiener, das dem Vergleich von Wirtschaft und Staat beider Länder entsprang. Deutschland nahm die italienischen Bauern und Landarbeiter, die zu Hause keinen Job fanden, als Gastarbeiter auf, und schon das zeigte eine Dimension der Überlegenheit, die überdies von uns immer noch vor dem Hintergrund der deutschen Besatzungstruppen im Zweiten Weltkrieg

gesehen wurde. Deutschland zu schlagen, und dann auch noch auf diese Weise, hatte deshalb eine Bedeutung, die über den Sieg in einem Fußballspiel weit hinausging.

Das Jahrhundertspiel erlebte erstmals auch die Beteiligung der Frauen. Bis dahin war Fußball in Italien, auch in manchen Schlagersongs oder im Kino, fast ausschließlich Männersache gewesen. Aber bei diesem Match geschah, während die Emotionen immer dichter wurden, in den Häusern, den Kaffeebars (oder auch in der Universität, wo ich das Spiel sah) etwas Unvorhergesehenes, Unerhörtes: Die Frauen hielten inne und bemerkten, dass in Mexiko etwas „Heroisches", etwas „Heldenhaftes" vor sich ging. Sie wurden, wie wir sagen, zum ersten Mal in ihrem Leben vom „tifo" erfasst, vom Fußballfieber. Innerhalb einer halben Stunde verdoppelte sich das ergriffene Publikum vor den Fernsehern. Und von diesem Moment an sollte das bei allen wichtigen Spielen der Nationalmannschaft erneut geschehen: Die Frauen wollen dabei sein.

Entscheidend für unser heroisches Gefühl war auch die Sendezeit für die Live-Übertragung aus Mexiko-City. Der Anpfiff war um Mitternacht. Für uns eine vollkommen neue und unbekannte Erfahrung, die es mit sich brachte, dass jene Frühsommernacht in ganz Italien von den Anfeuerungsrufen des Publikums, dem Kommentar aus Mexiko, den Schreien der Verzweiflung oder der Freude durchdrungen war, die aus den offenen Fenstern der Häuser nach außen drangen. Das ganze Land hörte sich selbst, erfuhr sich selbst, vollkommen gebannt und hin-und hergerissen von diesem Fußballspiel.

Schließlich, und das war vielleicht das Wichtigste, entdeckten die Italiener beim 4:3 gegen Deutschland ihr Nationalgefühl. Es waren die Jahre der Studentenunruhen, der Gewerkschaftsaufstände. Die italienische Trikolore bedeutete damals nicht mehr und nicht weniger als ein militärisches Symbol, das im kollektiven Gedächtnis mit der patriotischen Rhetorik des Faschismus verknüpft wurde. In jenen Jahren sah man auf den Straßen nur rote Fahnen wehen, aber in der Nacht von Mexiko tauchten auf einmal Trikolorefahnen auf. Fast niemand hatte sie im Haus. Sie wurden schnell zusammengebastelt und zum Feiern auf die Piazza getragen. Überall. Überall fanden sich die Bürger eines Landes, das wie nie zuvor in der Nachkriegszeit von Konflikten und Kämpfen zerrissen war, wenigstens für diese eine Nacht zu einer Gemeinschaft zusammen. Ganz Italien ergoss sich auf die Straßen, schwenkte die improvisierten Fahnen vor den prunkvollsten Brunnen, den prächtigsten Plätzen, ohne dass das jemand angeordnet oder geplant hätte. Auch die italienischen Emigranten in Deutschland feierten bis tief in die Nacht. Ein nie dagewesenes Spektakel, das unsere Nation vollkommen ergriff und freudetrunken machte. Dabei war es doch nur ein Fußballspiel. Ein Fußballspiel, das mehr zählte als drei Weltmeistertitel.

Zwei Italiener: Schnellinger, ausgerechnet Schnellinger hat kurz vor Schluss den Ausgleich für die Deutschen erzielt. Nun muss ihn Gianni Rivera, sein Teamkollege vom AC Mailand, trösten: Rivera hat das 4:3-Siegtor für Italien geschossen.

Senator Nando dalla Chiesa, Jahrgang 1949, ist Mitglied des Antimafia-Ausschusses im italienischen Parlament und Professor für Wirtschaftssoziologie an der Staatlichen Universität Mailand. Sein Vater, General Carlo Alberto dalla Chiesa, wurde von der Mafia ermordet. Nando dalla Chiesa hat zahlreiche Fußballbücher geschrieben, darunter: „Das Match des Jahrhunderts – Italien-Deutschland 4:3."

Rache nach 20 Jahren

Die Brasilianer finden Lücken im Abwehrriegel Uruguays.

Der Ausgleich: Uruguays Torhüter Ladislao Mazurkiewicz (r. unten) ist geschlagen. Sein Vordermann Atilio Ancheta (r. oben) ist entsetzt, Pelé (l.) und Torschütze Clodoaldo (2.v.l.) setzen zum Jubel an.

Uruguay trat zum Halbfinale gegen Brasilien nur unter Protest an. Die Mannschaft von Trainer Juan Eduardo Hohberg fühlte sich benachteiligt, weil das Spiel in Guadalajara stattfand. Dort hatten die Brasilianer alle ihre Partien ausgetragen, sie hatten sich eingelebt und das Publikum auf ihrer Seite, also fast ein Heimspiel. „Beim Organisationskomitee ist man offensichtlich gegen uns eingestellt", klagte Hohberg. „Gegen Schweden bekamen wir plötzlich einen Europäer als Schiedsrichter vorgesetzt. Und jetzt wird das Spiel aus unerfindlichen Gründen von Mexiko-City nach Guadalajara verlegt, womit wir auch im Nachteil sind."

„Hört auf zu protestieren oder fahrt nach Hause", konterte der Fifa-Präsident Sir Stanley Rous. Der Weltverband verwies auf „Artikel 26 der WM-Bestimmungen", wonach die Austragungsorte der Halbfinals erst festgelegt wurden, wenn die Teilnehmer feststanden. Der Vorschlag von Rous, die Mannschaften „so wenig wie möglich reisen" zu lassen, sei einstimmig angenommen worden.

Die Mexikaner in Guadalajara feuerten das Team Brasiliens tatsächlich an, als sei es ihre eigene Mannschaft. Dennoch hielt Uruguays Abwehrriegel lange, und es war ein hartes Stück Arbeit für die Brasilianer, bis ihr 3:1-Erfolg und der Einzug ins Endspiel feststanden.

Das Halbfinale trug den Charakter einer späten Revanche. Die Brasilianer hatten nicht vergessen, dass sie bei der Weltmeisterschaft 1950 im eigenen Land das entscheidende Spiel um den Titel gegen Uruguay verloren hatten. Uruguay, 20 Jahre zuvor noch für artistischen Fußball berühmt, hatte sich seitdem zu einer gefürchteten Defensivmannschaft entwickelt.

Diesen Ruf hatte Hohbergs Mannschaft in diesem Turnier bereits ausgiebig bestätigt, und es gelang ihr auch diesmal. „Brasiliens Angriffe zerbrachen zunächst an der harten Deckungslinie der Urus, die – wenn Not am Mann war – auch zu unerlaubten Mitteln griffen", berichtete der *Sportinformationsdienst*. Nach einem rüden Foul an Jairzinho hätte Juan Mújica schon nach wenigen Minuten den Platzverweis verdient gehabt, aber der spanische Schiedsrichter Ortiz de Mendibil beließ es bei einer Verwarnung.

Nach 19 Minuten mussten die Brasilianer einen schweren Rückschlag hinnehmen. Ihre Abwehr nahm eine Auszeit, und nach einer weiten Flanke von Julio Morales zirkelte Uruguays Mittelfeldspieler Luis Cubilla den Ball aus 18 Metern ins entfernte Toreck, unhaltbar für Torwart Félix. Die Brasilianer klagten weiter über den Schiedsrichter. Als Julio Montero Castillo Pelé am Elfmeterpunkt umtrat, ließ Mendibil weiterspielen. Er teilte zwar eine Verwarnung nach der anderen aus, rang sich aber nicht zu einer gravierenden Entscheidung durch.

Die Mannschaft von Uruguay versammelte sich oft komplett im eigenen Strafraum, ein Durchkommen erschien unmöglich. Tostão fand einmal eine Lücke, schoss aber knapp am Pfosten vorbei. Als die Zuschauer sich bereits auf den Halbzeitpfiff eingestellt hatten, führte der Angriffsschwung der Brasilianer doch noch zum Erfolg. Tostão überwand den Riegel mit einem Steilpass, Clodoaldo traf zum 1:1.

Uruguay gab das Mittelfeld nach der Pause komplett preis, um sich zurückzuziehen, und es schien nur eine Frage der Zeit zu sein, bis diese Taktik scheitern würde. Aber der Weltklasse-Torwart Ladislao Mazurkiewicz vereitelte brasilianische Torchancen in Serie.

Brasiliens mexikanische Fans: Verteidiger Brito (rechts) wirft nach dem Sieg sein Trikot über den Zaun, die Anhänger freut es.

Brasilien – Uruguay	**3:1 (1:1)**

Guadalajara, 17. Juni 1970

Brasilien: Félix, Carlos Alberto, Brito, Piazza, Everaldo, Gérson, Clodoaldo, Rivelino, Jairzinho, Tostão, Pelé

Uruguay: Mazurkiewicz, Ancheta, Matosas, Ubiñas, Mújica, Montero Castillo, Cortés, Maneiro (73. Espárrago), Cubilla, Fontes, Morales

Tore: 0:1 Cubilla (19.), 1:1 Clodoaldo (44.), 2:1 Jairzinho (76.), 3:1 Rivelino (89.)

Zuschauer: 51 261
Schiedsrichter: Ortiz de Mendibil (Spanien)

Mazurkiewicz gilt neben Gastón Máspoli, der 1950 mit Uruguay Weltmeister wurde, als bester Torwart, den das Land je hatte. Bereits mit 20 Jahren hatte er im Halbfinale der Copa Libertadores gegen den FC Santos auf sich aufmerksam gemacht. Sein Vorgänger, Nationaltorwart Luis Maidana, war durch eine Disziplinlosigkeit aus dem Team geflogen. Maidana kehrte nie wieder zurück, weil Mazurkiewicz gegen das Team von Pelé sensationelle Paraden bot. Ein Jahr später, bei der WM 1966, war er mit 21 Jahren bereits Nationaltorwart.

Es lag an ihm, dass die Beobachter in diesem Halbfinale schon mit einer Verlängerung rechneten. Dann erzielte Jairzinho eine Viertelstunde vor Schluss doch noch das längst verdiente 2:1. Pelé und Tostão hatten den Ball zu ihrem Angriffspartner geleitet, der trickste Mújica aus, lockte Mazurkiewicz von der Linie und schob das Spielgerät ins leere Tor. In der vorletzten Minute sicherte Rivelino den Sieg mit dem dritten Treffer. „Ein Tor war schöner als das andere", schrieb die *Deutsche Presse-Agentur*, die angesichts der Fehler beim Gegentor aber anmerkte: „Brasilien zeigte wieder einmal Fußball der Extreme. Genialität und Stümperei lagen dicht zusammen."

So überkritisch sahen die brasilianischen Fans die Leistung ihrer Lieblinge natürlich nicht. In der Heimat jubelten sie über die geglückte Revanche für 1950. Die schwärzeste Stunde des brasilianischen Fußballs war nach 20 Jahren gerächt.

Die Brasilianer mussten Guadalajara nun verlassen, das Endspiel fand im Azteken-Stadion statt. Während Italien sein Halbfinale dort bestritten hatte, mussten sie den Höhenunterschied nun vor dem Finale verkraften. Trainer Mario Zagallo bereitete der Umzug aber wenig Sorgen. „Das ist kein Problem für uns", sagte er. „Wir fürchten die Höhe nicht. Und Italien auch nicht."

Historischer Hurrikan

Er trifft in jedem Spiel, WM-Rekord. In Brasilien reicht das nicht zu ewigem Ruhm. Auch als Entdecker Ronaldos bleibt Jairzinho verkannt.

Von Thomas Kistner

Dass er als Katze galt, hatte mit Jairzinhos speziellen Fertigkeiten nichts zu tun. Katze, gata, heißen in Brasilien Spieler, deren Geburtsdokumente auf ein gewünschtes Alter zurückdatiert werden, und sein Verein, der FC Botafogo, war ein Meister in dieser Art von Lebensgeschichts-Klitterung. Also steht auch in den Papieren des Rechtsaußen Jair Ventura Filho, dass er Ende 1944 in Duque de Caxias geboren sei, und weil aus dem Örtchen bei Rio de Janeiro verdächtig viele Helden früherer Meisterteams von Botafogo stammen und der Klub eine sehr entspannte Beziehung zum Verwalter des lokalen Geburtsregisters pflegte, sind brasilianische Fußballhistoriker überzeugt, dass Jairzinho schon 1941 seinen ersten Schrei getan hat.

Dazu passt, dass er mit 28 Jahren auf der Höhe seiner Kunst war, als ihm in Mexiko Historisches gelang. Jairzinho allein ist es bis heute vergönnt, in jedem Turnierspiel einen Treffer gesetzt zu haben, und wäre Brasiliens dritter Titelgewinn nicht von einer Orgie der Superlative zugedeckt worden, hätte ihn diese Leistung sicher viel prominenter herausgestellt. Andererseits war es nie sein Ding, im Zentrum der Beachtung zu stehen. Der Sohn einer Trikotwäscherin des FC Botafogo, Vater unbekannt, war kein Mann, der die Fantasien des Publikums beflügelte. Jairzinho war ein präziser Stoßstürmer, der „Hurrikan", so sein Spitzname in Anspielung auf Profiboxer Rubin Carter, ein kraftstrotzender Athlet eben. Und in Mexiko hat er eine auch für ihn einzigartige Galashow abgeliefert.

Jairzinho begann 1963 bei Botafogo als Ersatzmann für den großen Garrincha. Erst als dieser 1965 zu Corinthians nach São Paulo wechselte, wurde der Platz am rechten Flügel frei, und dank der kunstvollen Steilpässe, die Regisseur Gérson zu adressieren verstand, etablierte sich Jairzinho rasch in der Spitze der nationalen Torjägerliste. Trotzdem gelang ihm in der Seleção erst beim 15. Auftritt der erste Treffer, bei einem Freundschaftskick in Malmö.

1970 trifft Jairzinho (links) in sechs Partien siebenmal. Als einziger Spieler der WM-Geschichte hat er vom ersten Spiel bis zum Finale in jeder Begegnung ein Tor erzielt – und das, obwohl ihn Trainer Mario Zagallo (rechts) nicht als Mittelstürmer, sondern als Rechtsaußen aufgeboten hat. Beim Turnier 1974 – aus diesem Jahr stammt unser Bild – hat er seinen Zenit schon überschritten.

Auch vor der WM in Mexiko hatte er eine Durststrecke hinter sich. Das lag auch daran, dass Nationalcoach Mario Zagallo, der bis ins WM-Jahr hinein Botafogo trainiert hatte, den dort längst zum Mittelstürmer konvertierten Jairzinho nur als zweite Wahl sah und wieder auf der rechten Außenposition einsetzte – Zagallo musste bei dem Überangebot an Spitzenspielern froh sein, wenn er überhaupt jeden irgendwo unterbrachte. Pünktlich zum WM-Start aber baute sich der Hurrikan auf: Jairzinho zog gegen die CSSR ab durch die Mitte und traf zweimal beim 4:1; er schoss das Siegtor gegen England. Sein Lauf hielt über das Tor zum 3:1 im Finale hinaus an: Er traf noch beim 2:1 über Mexiko und zweimal beim 5:1 über Chile.

Eine Verletzung stoppte ihn, erst eineinhalb Jahre später kehrte Jairzinho in die Seleção zurück. Bei der Europareise 1972 glänzte er mit Toren gegen Jugoslawien (3:0), Schottland (1:0) und Portugal (1:0). Doch zwei Jahre später bei der WM 1974 war er über den Zenit. Er trug mit eigensinnigem Spiel zum unerfreulichen Gesamtbild der Seleção bei. Jairzinho saß mehr auf dem Hosenboden als auf den Armen jubelnder Mitspieler, die nur zwei Treffer von ihm zu feiern hatten. Als er seine Seleção-Karriere 1982 mit 38, inoffiziell 41 Jahren beendete, standen 40 Tore in 100 Spielen zu Buche. Eine respektable Ausbeute, die ihm jedoch keinen Zugang in Brasiliens Wallhall verschaffte.

Doch Jairzinho erhielt eine zweite Chance, mit den Unsterblichen Fühlung aufzunehmen. Seine Zweitkarriere als Fußballtrainer in diversen Vorortklubs von Rio dümpelte dahin, als ihm bei São Cristoval ein 13-Jähriger unterkam, der stark an Jairzinhos eigene Dynamik erinnerte: Ronaldo Nazario de Lima. Doch weil sich das Potenzial talentierter Jungkicker im Lande vor allem in Dollargrößen bemisst, kreuzten bald zwei Spielerbeobachter in São Cristoval auf, zu denen Jairzinho lose Geschäftskontakte unterhielt: Alexandre Martins und Reinaldo Pitta.

Das Duo zögerte nicht, nahm Ronaldo unter seine Fittiche und verhökerte ihn flott zum Erstligisten Belo Horizonte. Vergeblich pochte Jairzinho auf Ansprüche aus dem Recht, Ronaldo entdeckt zu haben; den gerissenen Agenten war er weder juristisch noch in der Öffentlichkeit gewachsen. Rasch verliefen sich die Wege der Ronaldo-Förderer: Die einen rückten ins Establishment auf und schließlich ins Gefängnis ein, weil sie zu viele ihrer Ronaldo-Millionen zu versteuern vergaßen. Der andere landete als Nationalcoach in Gabun – und flog raus, als er die WM-Qualifikation 2006 nicht schaffte. Jairzinho ist wieder in Rio. Über Vergangenes, heißt es, spricht er lieber gegen Geld.

Das Tor zum dritten Platz: Wolfgang Overath (Mitte) schießt und überwindet den uruguayischen Torhüter Ladislao Mazurkiewicz (vorne). Zwei uruguayische Abwehrspieler können nicht mehr eingreifen.

Ende mit Apfelwein

Willi Schulz versäumt das 1:0 schuhlos. Daheim wird das Team triumphal empfangen.

Dem Spiel um Platz drei wurde bei den Weltmeisterschaften nie viel Beachtung geschenkt. Neu war, dass jetzt schon die Spieler die grundlegendsten Vorbereitungen außer Acht ließen, zum Beispiel das Mitführen der Berufskleidung. Verteidiger Willi Schulz erschien zur Partie gegen Uruguay ohne Fußballschuhe. „Das muss man sich mal vorstellen. Wir spielen um den dritten Platz bei der Weltmeisterschaft, und ich vergesse die Stiefel", sagte Schulz und grinste: „Ist das eine Story!"

Es klingt wie gut erfunden, ist aber wahr: Weil der Abwehrspieler Schuhgröße sieben hatte, die sonst keiner trug, musste er zusehen. Bundestrainer Helmut Schön war wütend. „Mann, hat der Lange geschimpft", berichtete Schulz. „Als dann noch Karl-Heinz Schnellinger verletzt worden ist und ich mich nicht einwechseln lassen konnte, habe ich mich gleich in die Kabine verdrückt."

Aber Schöns Wut legte sich schnell, denn seine Mannschaft siegte 1:0 und sicherte sich den Trostpreis. Zum Abschluss gab es gleich drei Premieren: Zum ersten Mal blieb Gerd Müller bei dieser Weltmeisterschaft ohne Torerfolg – den Titel des Torschützenkönigs hatte er sich ohnehin schon gesichert. Zum ersten Mal musste die Mannschaft

Aufgabe des Kapitäns: Uwe Seeler (rechts) beim Wimpeltausch vor seinem 71. Länderspiel – damit zieht er mit Rekordhalter Paul Janes gleich.

kein Gegentor hinnehmen, und zum ersten Mal traf Mittelfeldspieler Wolfgang Overath. In der 27. Minute flankte Rechtsaußen Reinhard Libuda, Uwe Seeler leitete den Ball mit dem Kopf zu Müller weiter, der legte zurück auf Overath. Und der Kölner traf mit Wucht ins rechte Toreck, unerreichbar für Uruguays Torhüter Ladislao Mazurkiewcz.

Von da an löste sich das Spiel der Deutschen in Wohlgefallen auf. Ein Schuss von Uwe Seeler, der mit dieser Partie den Länderspielrekord von Paul Janes mit 71 Spielen erreichte, streifte kurz nach der Pause noch die Latte, ansonsten kam die Mannschaft von Helmut Schön kaum mehr vor das gegnerische Tor. „Das 2:0 wäre der Witz des Tages gewesen“, fand der Reporter der *Süddeutschen Zeitung*, denn mit Ausnahme dieser Szene spielte nur noch die Mannschaft Uruguays. Die Verlängerungen gegen England und Italien hatten die Deutschen zu viel Kraft gekostet, zudem fehlte Franz Beckenbauer wegen seiner Schulterverletzung aus dem Spiel gegen Italien. „Wir wollten nicht auf Defensive spielen, aber die Mannschaft war einfach am Ende“, bekannte Schön, „als Entschuldigung möchte ich anführen, dass wir in den vergangenen acht Tagen zweimal zwei Stunden gegen die besten Mannschaften der Welt gespielt haben.“

Die deutschen Anhänger akzeptierten die Entschuldigung gerne, zumal Schöns Elf Platz drei trotz der mäßigen Vorstellung erreicht hatte. Auch die mexikanischen Zuschauer, die sich im Verlauf des Turniers zu Fans der deutschen Mannschaft entwickelt hatten, feierten ihre Lieblinge. Auf ihrer Ehrenrunde trugen die deutschen Spieler die mexikanische Flagge durchs Azteken-Stadion, um sich für die Unterstützung zu bedanken. „Die Sympathiekundgebungen hier werde ich nie vergessen“, sagte Schön nach dem Spiel, „ich hoffe, dass wir uns 1974 bei der Weltmeisterschaft in Deutschland revanchieren können.“ Mexiko sollte sich allerdings für das Turnier vier Jahre später nicht qualifizieren.

Der Erfolg im Spiel um Platz drei war vor allem dem Gegner zu verdanken. Gegen die unsichere deut-

Voller Einsatz bei schwindenden Kräften: Uwe Seeler (Mitte) im Kopfballduell gegen die Uruguayer Luis Ubiñas (rechts) und Atilio Ancheta (links). Von Spielminute zu Spielminute werden die Deutschen müder, das 1:0 retten sie mit Mühe über die Zeit.

Deutschland – Uruguay	1:0 (1:0)

Mexiko-City, 20. Juni 1970

Deutschland: Wolter, Patzke, Vogts, Weber, Schnellinger (46. Lorenz), Fichtel, Libuda (75. Löhr), Seeler, Müller, Overath, Held

Uruguay: Mazurkiewicz, Ubiñas, Ancheta, Matosas, Mújica, Maneiro (69. Sandoval), Montero Castillo, Cubilla, Cortés, Fontes (46. Espárrago), Morales

Tor: 1:0 Overath (27.)

Zuschauer: 104 403
Schiedsrichter: Sbardella (Italien)

sche Defensive – ohne Beckenbauer und den schuhlosen Schulz – ließ Uruguay beste Möglichkeiten ungenutzt. Als Torwart Horst Wolter, der diesmal anstelle von Sepp Maier spielen durfte, nach einem Zusammenprall mit einem uruguayischen Angreifer am Boden liegen blieb, bangten die Anhänger noch inniger um ihre Mannschaft. Schön hatte keine Möglichkeit mehr, Wolter zu ersetzen, da er von seinem Recht auf zwei Auswechslungen bereits Gebrauch gemacht hatte. Aber der Torwart von Eintracht Braunschweig erholte sich wieder. Er faustete kurz vor Schluss einen Kopfball von Atilio Ancheta aus dem oberen Winkel und rettete seine ausgelaugten Kameraden vor der Verlängerung, die sie wahrscheinlich nicht mehr mit Erfolg überstanden hätten.

Uruguays Trainer Juan Eduardo Hohberg ärgerte sich aber „nicht nur, dass wir heute reihenweise Chancen ausgelassen haben. Wir waren bei dieser ganzen Weltmeisterschaft vom Pech verfolgt.“ Das Unglück habe mit der Verletzung von Mittelfeldspieler Pedro Rocha gegen Israel begonnen und sich fortgesetzt mit der Einteilung eines europäischen Schiedsrichters für das Duell mit den Schweden und der Verlegung des Halbfinals nach Guadalajara, was die Brasilianer begünstigt habe.

Auch nach dem Spiel um Platz drei bekräftigten die Uruguayer ihre Verschwörungstheorie, der Weltverband Fifa habe sie absichtlich benachteiligt. Diese Überzeugung hat sich in dem kleinen südamerikanischen Land noch jahrzehntelang gehalten.

In Deutschland hingegen herrschte Zufriedenheit mit dem Abschneiden. Am nächsten Tag kamen die Spieler, ausgestattet mit blauen Sombreros, auf dem Frankfurter Flughafen an. Helmut Haller, der große Verlierer dieser WM aus deutscher Sicht, hatte noch einen grünen dabei – „für meine Frau“. Als ihre Autokolonne auf dem Paulsplatz eintraf, ging zwar ein Wolkenbruch über der wartetenden Menschenmenge nieder, aber der Regen schien den Anhängern nichts auszumachen.

Fest in Frankfurt

Auf Plakaten feierten sie ihre Spieler als „wahre Weltmeister“ und „trotzdem die Größten“. Das fröhliche Fest der Nationalspieler begann auf dem Rathausbalkon und endete im Ratskeller bei Apfelwein. Neben Haller waren auch Peter Dietrich, Manfred Manglitz und Klaus-Dieter Sieloff enttäuscht – jene Spieler, die keinen Einsatz aufzuweisen hatten. Besonders hart traf es Sieloff, der schon 1966 in England keine einzige Spielminute absolviert hatte. Bis auf Wolter, dessen Einsatz den Zorn des anderen Reservekeepers Manglitz auf sich zog, hatte Helmut Schön auch gegen Uruguay seine nominell stärkste Mannschaft aufgeboten. So kam Helmut Haller nach seiner Blamage in der ersten Partie gegen Marokko zu keinem weiteren Länderspiel mehr.

Auch für den 32 Jahre alten Willi Schulz war die Karriere in der Nationalelf nach dieser WM beendet. Er versäumte wegen seines Missgeschicks sein 67. Länderspiel – das Halbfinale gegen Italien blieb sein letzter Einsatz für Deutschland. Schulz spielte noch drei Jahre für den Hamburger SV in der Bundesliga und stieg nach seiner Karriere in die Spielautomatenbranche ein. Im Rückblick bereute er es zwar manchmal, dass er an jenem Samstag im Juni 1970 seine Schuhe vergessen hatte, er gewann der Episode jedoch auch etwas Positives ab: „Für den Max Lorenz freut es mich, dass der hat spielen können. Hätte ich meine Stiefel gehabt, wäre er ja ganz umsonst dabei gewesen. Er hat mir das nicht vergessen.“

Auf Ehrenrunde mit Mexiko-Flagge: Torhüter Horst Wolter, Uwe Seeler, Wolfgang Weber, Bernd Patzke (hinten) und Hannes Löhr.

Der Biss vom lieben Gott

Er ist immer der Kleinste gewesen, das hat ihn geprägt: Die Kölner Nummer zehn macht mit Talent und Temperament große WM-Karriere.

Von Andreas Burkert

Wenn man sich rund drei Jahrzehnte nach dem Ende seiner Profikarriere über den noch aktiven Fußballer Wolfgang Overath informiert, verziehen die Erzähler das Gesicht. Es sind allerdings keine Gesten tiefer Abneigung, sondern Gesichtsausdrücke, die im Grunde von Hochachtung und Respekt zeugen. Der Overath, sagen sie und stöhnen, der sei leider immer noch so kratzbürstig und siegeshungrig wie damals. Wolfgang Overath muss lachen, wenn er hört, wie arg die Kameraden weiterhin unter seiner Leidenschaft leiden bei den regelmäßigen Schwitzstunden im FC-Geißbockheim am Kölner Grüngürtel. „Fußball ist einfach herrlich", sagt er dann, „man kann im Team etwas erreichen und Aggressionen abbauen." Dass es Fußballer geben soll, die in der Freizeit Golf spielen, versteht er nicht: „Da kann ich ja auch spazieren gehen."

Wolfgang Overath ist bereits eine bemerkenswerte Person gewesen, als die Nummer zehn das Spiel bestimmte. Die längst ausgestorbene Gattung des Spielmachers wurde ja ehedem als launenhafte Diva bestaunt, die bei jedem Angriff fünfmal den Ball streicheln und schließlich den genialen Steilpass darbieten musste. Darunter ging nichts. Auch Overath ist so gewesen, eine echte Zehn. „Und unerhört sensibel war ich auch."

Die Diva Overath, die mit ihrem linken Fuß Tempo und Rhythmus vorgeben und zentimetergenaue Steilvorlagen über den halben Platz jagen konnte, sie benötigte Vertrauen, das schon. Und doch war sie ganz anders als ein herkömmlicher Filigran: Overath hat sich von keinem Gegenspieler oder Schiedsrichter etwas gefallen lassen, ihn zeichnete neben überragenden technischen Fähigkeiten und Ausdauer ein besonderes Temperament aus. Und so ist der geborene Siegburger und Herzenskölner auch als hitzköpfige Primaballerina bekannt geworden, denn sie konnte herausragend fluchen und schimpfen, schon damals. „Den Biss, dieses Temperament habe ich vom lieben Gott bekommen", sagt Overath, der noch heute über sich selbst rätselt. „Schon damals ging ich vom Platz und dachte: Was war das denn, wie konntest du dich nur so gehen lassen?"

Nicht nur dem Profi Overath hat sein von rekordverdächtigem Ehrgeiz begleitetes Talent Ruhm eingebracht; der

1. FC Köln, für den er 409 Bundesligapartien bestritt, verdankt dieser Kombination ebenso viel wie ganz Fußballdeutschland. Overath mag in der aktuellen Wahrnehmung im Schatten von Günter Netzer stehen, weil der gekonnt seinen Sachverstand publiziert und sich damit zur Kultfigur stilisiert hat. Doch als beide Ende der Sechziger und in den Siebzigern das Publikum verzauberten und es spalteten in Netzerjünger und Overathianer, zu jener wunderbaren Zeit also, als die Nation gleich zwei Gestalter von Weltformat besaß – damals prägte Overath die deutschen WM-Aufführungen und nicht Netzer.

Overath nahm an drei Weltmeisterschaften teil, er stand 1966 im Endspiel von Wembley, schoss 1970 – auf dem Zenit seines Schaffens – im kleinen Finale das Siegtor gegen Uruguay, und er wurde vier Jahre darauf zum Weltmeister geadelt. In seinem 81. und letzten Länderspiel. Overath spielte immer, er bestritt sämtliche WM-Partien der Deutschen bei diesen Turnieren. Er ist deshalb derjenige, der den großen Nationalspieler Netzer verhindert hat. Netzer weiß das, er hat dazu einmal sagt: „Ich bin überhaupt kein ambitionierter Mensch. Wenn das der Fall wäre, hätte ich den Overath verdrängt."

Seinen früheren Rivalen nennt Overath immer noch „den langen Blonden". Einmal sollten sie es ja zusammen probieren, bei der EM '72. Doch dann erlitt Overath einen Leistenbruch, bei der erfolgreichen EM brillierte Netzer. Zwei Jahre später indes sollte Netzer, inzwischen von Real Madrid engagiert, das ewige Duell erneut verlieren. Overath kämpfte um die Zehn, und er spielte. Wie immer.

Woher er das hat, diese „richtige Einstellung", wie Overath sein Wesen bezeichnet? Er weiß es nicht genau. Wolfgang Overath ist daheim das jüngste von acht Kindern gewesen, „überhaupt war ich früher immer der Kleinste". Vielleicht ist das ein Grund. Sein Vater ist Beamter gewesen, zum kleinen Reihenhaus in Siegburg reichte es. „Doch wenn ich nach dem 15. einkaufen ging, musste ich anschreiben lassen, und wenn der Grundsteuerbescheid kam, war vier Wochen dicke Luft", erzählt Overath. „Das war früher schon ein großer Kampf für meine Eltern."

Das hat wohl beide geprägt, den Fußballer Overath und den Menschen. Er hat ein brasilianisches Straßenkind adoptiert und ist vielfacher Millionär, weil er sich keine Sportwagen und Diskotheken kaufte wie der lange Blonde, sondern früh in Immobilen machte – mit 18 kaufte er sich sein erstes Sechsfamilienhaus. In einem alten Zeitungsporträt findet sich über den Profi Overath ein schöner Satz, er geht so: „In Pornofilme geht er nicht, dafür ist ihm das Geld zu schade."

Mit seinem alten Rivalen ist Wolfgang Overath stets befreundet gewesen. Nach dem Jahrhundertspiel in Mexiko gegen Italien besuchte ihn Netzer, für *Bild* als Kolumnist angereist, auf dem Hotelzimmer. „Er hat sich so ehrlich mit mir gefreut, das vergesse ich nie", sagt Overath. Bei seinem FC hat er 2004 das Präsidentenamt übernommen, „denn die haben mich zwölf Jahre verrückt gemacht, da habe ich halt mal meinen Verstand ausgestellt." Der einstige Weltstar Overath wirkt inzwischen eigentlich sogar sehr ausgeglichen. Denn er spielt ja viel Fußball und wiegt exakt 73 Kilo. Wie vor drei Jahrzehnten.

Mit Leidenschaft sogar im Tor: Sepp Maier (l. im Bild links) bewundert beim Training in Mexiko den Ehrgeiz des Kollegen. Als Präsident des 1. FC Köln (oben) wirkt Overath sehr ausgeglichen – manchmal zumindest.

& ROSSI
MARTINI
CASIMIRES selka-england
SAL DE FRUTA ENO
SAL DE
ENO
REFRESCOS
Peñafiel
SABROSISIMO SABOR !!!
PAÑUELOS Kleenex
PHILCO

Großes Theater

Es gibt für ein WM-Finale keine monumentalere Kulisse als das Azteken-Stadion (links) – und keine würdigere für eine große Mannschaft wie die brasilianische. Die Italiener leisten erbitterten Widerstand und lassen sich auch durch Pelés Kopfball zum 1:0 (Bild rechts) nicht verunsichern. Es kommt zum rasanten Schlagabtausch. Bildblock unten (von links nach rechts, oben nach unten): Die Italiener feiern Boninsegnas Ausgleich, während Carlos Alberto trauert. Everaldo und Mazzola reklamieren. Mazzola schießt. Jairzinho und Burgnich im Zweikampf. Schiedsrichter Rudi Glöckner setzt Zeichen. Gérson zieht zurück. Und Pelé lauert auf eine weitere Chance im Duell mit Tarcisio Burgnich.

SAL DE FRUTA ENO SAL DE FRUTA
Gillette
8

Die Hauptdarsteller

Keiner will nachgeben in diesem großen Duell: Gérson (links) von Botafogo Rio de Janeiro, Kopf und Seele des brasilianischen Mittelfelds, und sein Widersacher Sandro Mazzola (rechts), Spielmacher von Inter Mailand. Und doch fällt in ihrem Zweikampf die Entscheidung über den WM-Titel. Mazzola findet nicht ins Spiel, Gérson schießt das 2:1 und bereitet Jairzinhos 3:1 vor.

Der Schlussakt

Manche halten dies für das beste Tor aller Zeiten, zumindest für das beste Tor, das je in einem WM-Finale erzielt worden ist. Nach einer langen Ballstafette hat Pelé den Ball quer auf den heranstürmenden Carlos Alberto gelegt. Der Ball springt leicht hoch im Moment, als der Rechtsverteidiger abzieht. So erhält der Schuss eine unglaubliche Wucht. Carlos Alberto jubelt, Torwart Albertosi liegt machtlos am Boden. 4:1, der Endstand.

PENTACON

„O Rei“, der König:
Pelé hat seine vierte WM
gespielt und seinen
dritten Titel gewonnen.

Historie im Konfettischleier

Pelé, von Zagallo zum Gleichen unter Gleichen gemacht, führt sein Team zum Titel. Es ist der dritte für sein Land – und der dritte für Pelé.

Sombreros segelten von den Rängen des Azteken-Stadions hinunter auf den Rasen, Sitzkissen flogen hinterher, Raketen zischten in den regenschweren Himmel über Mexiko-City. Durch den bunten Konfettischleier, der vom Dach wirbelte, sahen die 107 000 Besucher Jair Ventura Filho, genannt Jairzinho, über das Spielfeld rennen, gefolgt von einer Meute Verehrer, die ihm das gelbe Trikot mit der Nummer 7 vom Leib reißen wollten. Als Carlos Alberto, Kapitän des brasilianischen Teams und Schütze des letzten Treffers zum 4:1 über Italien, von Mexikos Staatspräsident Gustavo Díaz Ordaz die kleine goldene Trophäe erhielt und zum Himmel reckte, brauste Jubel durch das Oval, das Echo rollte: „Brasil, Brasil!“ Die Brasilianer nahmen die Coupe Jules Rimet mit nach Rio de Janeiro, und dort sollte sie bleiben, denn es war Brasiliens dritter WM-Titel. Und wer dreimal gewann, sollte den Pokal behalten.

Kapitän Carlos Alberto stemmt den nach Jules Rimet benannten Goldpokal. Er gehört nun dem dreimaligen Titelträger Brasilien. 1983 wird er von Dieben in Rio gestohlen – und eingeschmolzen.

Eine Halbzeit lang hatte man im Finale allerdings den Eindruck, dieser historische Coup könne auch den Italienern gelingen. Die Azzurri steckten den ersten Streich des Gegners in der 18. Minute, als Pelé den Ball nach einer Flanke von Rivelino mit dem Kopf ins Tor setzte, ohne Schwierigkeiten weg.

Anstelle des unterlegenen Mario Bertini kümmerte sich nun Tarcisio Burgnich von Inter Mailand um Pelé, der zwar nicht mehr wie früher durch Einzelleistungen glänzte, sich aber um so effektiver ins Team fügte. „Kurz vor der WM habe ich ihn in einem Freundschaftsspiel einmal mit der Nummer 13 antreten lassen“, erklärte Trainer Mario Zagallo. Zwölf Jahre hatte Pelé ununterbrochen die Nummer zehn getragen. „In ganz Brasilien brach ein Sturm der Entrüstung los. Doch ich hatte erreicht, was ich wollte: Pelé war entmystifiziert. Nun war er ein Gleicher unter Gleichen.“ Pelé hatte die Rolle ohne Klagen angenommen, und zum Lohn sollte es für ihn ein Tag des historischen Triumphes werden: Zum vierten Mal nahm er an einem Weltturnier teil, als einziger Spieler gewann er dreimal den Titel.

Aber die Italiener machten es den Brasilianern anfangs noch schwer. Roberto Boninsegna, diesmal Italiens gefährlichster Stürmer, traf in der 37. Minute zum Ausgleich. Brasiliens Mittelfeldspieler Clodoaldo hatte einen Hackentrick riskiert und den Ball verloren, Boninsegna musste nur noch Torhüter Félix umspielen

Das Publikum dankt

Die Schmach von 1966 ist getilgt. Vier Jahre zuvor fühlten sich die Brasilianer in England von den Europäern schlecht behandelt. Das Team scheiterte schmählich in der Vorrunde. Nun gehört die wertvollste Trophäe des Fußballs wieder den Brasilianern. Die Fans haben nichts anderes erwartet.

ORDEM E

Die Stille nach dem Kampf: Gérson, Brasiliens bester Spieler im Finale, spricht inmitten von Fans und Betreuern auf dem Spielfeld ein Dankgebet.

und hatte das leere Tor vor sich. Die Zuschauer erwarteten, dass Italiens Trainer Ferruccio Valcareggi zur zweiten Halbzeit Gianni Rivera einwechseln würde, den Spielmacher, der gegen Mexiko und Deutschland auch meisterhafte Tore erzielt hatte. Aber Valcareggi bevorzugte auf dessen Position weiterhin den schnurrbärtigen Sandro Mazzola von Inter Mailand, Sohn des großen Valentino Mazzola, der 1949 als Spielführer des AC Turin mit seiner gesamten Mannschaft bei einem Flugzeugabsturz ums Leben gekommen war. Mit dieser Tragödie war die erste große Zeit des italienischen Fußballs zu Ende gegangen, Italien qualifizierte sich nicht für die Endrunde 1958 und unterlag 1966 in England gegen Nordkorea. Die zweite große Epoche des italienischen Fußballs sollte in diesem Finale beginnen – mit Mazzolas Sohn. Valcareggi hielt ihn für kampfstärker als Rivera.

Aber im Laufe der zweiten Hälfte hatten die Italiener der Spielkunst des Gegners nichts mehr entgegenzusetzen und konnten ihn nur noch mit Härte bremsen. Eine Serie von Freistößen begann. Nachdem Rivelino in vollem Lauf gefoult worden war, setzte er selbst den Freistoß an die Latte. Kurz darauf gelang Gérson das 2:1, als er sich den Ball erkämpfte, entlang der Strafraumlinie nach links kurvte, und aus der Drehung mit dem linken Fuß ins rechte Toreck traf. Die mexikanischen Zuschauer sprangen jubelnd von ihren Sitzen auf. Sie wünschten sich, der Pokal möge in Lateinamerika bleiben, und außerdem waren sie schlecht auf die Italiener zu sprechen, die Mexiko aus dem Turnier befördert hatten.

Aus einem guten Finale wurde nun ein wahrer Ballzauber, was allerdings nur noch den Brasilianern zu verdanken war. Den Italienern ging die Kraft aus, sie griffen im Mittelfeld nur noch zögernd an. Nur Mazzola marschierte noch treu, aber blind; Boninsegna verließen die Kräfte, Torjäger Luigi Riva enttäuschte auf der ganzen Linie. Die Brasilianer spielten auf, vor allem Gérson und Pelé. Das 3:1 fiel nur fünf Minuten nach dem zweiten Treffer. Gérson flankte, Pelé leitete den Ball mit dem Kopf weiter, Jairzinho lief noch drei Meter und traf aus wenigen Metern ins Tor. Den Schlusspunkt setzte Carlos Alberto, der stets ungehindert auf der rechten Seite nach vorne stürmte, drei Minuten vor Schluss. Erneut kam das Zuspiel von Pelé. Carlos Alberto erwischte den Ball aus vollem Lauf und traf mit einem gewaltigen Schuss zum 4:1.

Jetzt brach das Chaos aus. Zuschauer drangen auf das Spielfeld,

Mexiko-City, 21. Juni 1970
Brasilien – Italien 4:1 (1:1)

Tore: 1:0 Pelé (18.), 1:1 Boninsegna (37.), 2:1 Gérson (66.), 3:1 Jairzinho (71.), 4:1 Carlos Alberto (87.)
Einwechslungen: 74. Juliano für Bertini 84. Rivera für Boninsegna
Zuschauer: 107 412
SR: Rudi Glöckner (DDR)

Ordnungshüter trieben sie zurück, alles schien sich in Jubel aufzulösen. Mit großen Gesten erinnerte Schiedsrichter Rudi Glöckner aus der DDR daran, dass noch einige Minuten zu spielen waren; er ließ die Fans aber nicht mehr lange auf den Schlusspfiff warten. In Rio de Janeiro und den anderen Städten Brasiliens begann ein rauschender Karneval.

Trainer Zagallo, der als einziger Fußballer neben Franz Beckenbauer sowohl als Spieler als auch als Trainer Weltmeister geworden ist, lobte vor allem seinen zum Teamspieler gewordenen Einzelkönner: „Ich hebe normalerweise keinen Spieler hervor, aber heute muss ich eine Ausnahme machen. Pelé ist eine Persönlichkeit auf dem Spielfeld, wie es keine andere gibt.“ Der Gelobte strahlte über das ganze Gesicht. „Dieser Sieg war das schönste Erlebnis meiner Karriere“, sagte Pelé, genannt „O Rei“, der König. Es sei „noch schöner als die Weltmeisterschaften 1958 und 1962“ gewesen.

Kritik in Italien

Bis heute finden viele Experten, dass diese brasilianische Mannschaft 1970 den attraktivsten Fußball aller Zeiten gespielt hat. Zagallo formte aus Individualisten eine Einheit. Viele Fans waren skeptisch, ob Pelé und Tostão in der Spitze harmonieren würden. Der Trainer behielt Recht.

In Italien machte sich Depression breit. Mehr noch als die Niederlage tat die Chancenlosigkeit der Azzurri weh. „Das Spiel gegen Deutschland hat zu viel Kraft gekostet“, sagte Trainer Valcareggi. Die Anstrengungen in diesem epochalen Spiel hatten Spuren hinterlassen, doch blieb Valcareggi vor heftiger Kritik in der Heimat nicht verschont. Sowohl die Anhänger als auch die Journalisten hielten es für einen großen Fehler, auf Mazzola zu setzen. Dennoch musste Valcareggi seinen Platz auf der Bank nicht räumen. Er betreute das Team auch vier Jahre später bei der WM in Deutschland. Erst 1974, nach dem Aus in der Vorrunde, wurde er entlassen.

Stimmen zum Endspiel

Brasilien ist ein hochverdienter Weltmeister. Das darf man uneingeschränkt sagen. Italien nutzte die zeitweiligen Schwächen der Brasilianer nicht, oder konnte sie nicht nutzen, weil die Kraft fehlte.
Helmut Schön, Bundestrainer

Schade, dass es kein Finale Brasilien gegen Deutschland gegeben hat. Das wäre ein Festival geworden. Unsere Mannschaft hat hochverdient gewonnen. Ich bin froh darüber, dass ich schon zu meiner Zeit immer die Devise ausgegeben habe, dass Angriff die beste Waffe in einem Fußballspiel ist.
Aimore Moreira, ehemaliger Trainer Brasiliens

Wie wäre es wohl der deutschen Elf gegen Brasilien ergangen? Schlimm, fürchten wir! Es war besser, Uruguay Platz drei wegzuschnappen, als von den Brasilianern überrannt zu werden.
Süddeutsche Zeitung

Wie allgemein vorauszusehen war, hat Brasilien diesen Pokal zum dritten Mal heimgebracht, was einen historischen, aber nicht unsterblichen Rekord darstellt. Dieses Endspiel fand zu keinem Zeitpunkt seine Ausgewogenheit, seinen Rhythmus oder seine Farbe.
L'Équipe, Frankreich

Dieser brasilianische Sieg wird natürlich als ein großer Erfolg Südamerikas über Europa betrachtet. Aber man muss feststellen, dass die anderen südamerikanischen Mannschaften nicht diese Virtuosität und diesen Wert besaßen. Tatsächlich war auch nicht Italien die beste europäische Vertretung, sondern doch wohl Deutschland.
Le Parisien Libre, Frankreich

England hat zwar den Fußball erfunden, aber es waren diese Männer

9. Fußball Weltmeisterschaft in Mexiko 1970

Brasilianischer Fußballzauber als Dreingabe

Franz Beckenbauer überstrahlt alle

Für viel Geld geht Gerd Müller nach Italien

aus Südamerika, die dem Spiel einen weit über unser Vorstellungsvermögen hinausreichenden Zauber verliehen. Um zu gewinnen, mussten Brasiliens Stürmer mit dem Herzen und nicht mit dem Lehrbuch spielen.
Daily Sketch, England

Keine Mannschaft hat seit 1958 mehr für den Fußball getan als Brasilien.
Daily Mail, England

Es gibt keine Mannschaft, die den Titel mehr verdient hätte. Brasilien räumte mit dem Mythos vom Defensivfußball auf, mit dem Irrglauben, dass scharfe Manndeckung der Schlüssel zum Erfolg sei.
Dagens Nyheter, Schweden

Dennoch vielen Dank, ihr Tapferen. Die Azzurri wurden ehrenvoll geschlagen und verlassen das WM-Turnier erhobenen Hauptes.
Il Messagero, Italien

Mit sensationeller Ballkontrolle, perfekten und stets genialen Reaktionen und Rasanz haben die angreifenden Brasilianer die italienische Elf in der letzten halben Stunde im wahrsten Sinne untergepflügt.
Ansa, Italien

Dass wir kurz vor dem Ziel von einem so großen Gegner überwunden wurden, darüber braucht bei uns nicht die geringste Bitterkeit zu herrschen. Der jetzt errungene zweite Platz ist fast so viel wert wie die Weltmeisterschaften 1934 und 1938. Riva, Domenghini und Bertini vergaßen, in welcher Höhenlage sie spielten. Vor allem Riva versuchte sich in eigensinnigen Alleingängen, die scheitern mussten. Die drei haben sich tot gelaufen.
Gazzetta dello Sport, Italien

Brasilien groß, Italien selbstmörderisch. Trainer Valcareggi betrieb Selbstverstümmelung, weil er Gianni Rivera, der sich gegen die Deutschen so hervorragend geschlagen hatte, erst sechs Minuten vor Schluss einsetzte, als gar nichts mehr zu retten war.
Corriere dello Sport, Italien

Trainer Valcareggi muss sofort abgelöst werden, weil er Rivera nicht aufgestellt hat. Dennoch: Die italienische Mannschaft hat mehr geleistet, als von ihr erwartet worden war.
Corriere della Sera, Italien

Andere Mannschaften gewinnen Spiele, diese Brasilianer aber gewinnen Herzen. Selten fand eine Weltmeisterschaft einen würdigeren Sieger.
The Sun, England

Pelé hat Künstler wie Andy Warhol zu hymnischen Huldigungen animiert – mit seinem Fußball. Sein Gitarrenspiel soll eher zweitklassig sein.

Junge, du wirst spielen!

Abseits des Rasens macht er viele Fehler. Und bleibt doch König im Land der Träume.

Von Thomas Kistner

Ein Leben voller Siege: Liegt nicht alles vor über Pelé in Prosa und Versen, Gemälden, Skulpturen, Liedern und Filmen, Postkarten, Briefmarken? Künstler erlagen seiner Magie wie die Weltsportgemeinde, und zu den letzten Mysterien zählt die Frage, ob er Links- oder Rechtsfuß war. Im Zenit seiner Märchenkarriere hat Pelé auch dieses Rätsel auf seine Art gelöst und das Führungstor beim 4:1 der Seleção im WM Finale 1970 per Kopf erzielt; der Perfekteste hatte auch in der Luft keine Schwächen. Schon deshalb könnten ihm ein Maradona oder Cruyff, Puskás oder Beckenbauer das Feuerwerk an Ehrentiteln nicht streitig machen, das zum Ende des Millenniums über Pelé entzündet wurde und das in der sportiven Gesamtbilanz selbst ein Muhammad Ali nicht zu überstrahlen vermag. Edson Arantes do Nascimento hatte alles im Repertoire – „O Rei", der König, war Pfeil und Bogen zugleich.

Ermüdend wäre es, die Titel und Tore des Ausnahmeathleten runterzubeten. Pelé war ein Panthersprung: Instinkt, Reflex, Tempo, Kraft, artistische Präzision. „Wie deckt man einen, der nicht zu decken ist?" stöhnte sein Entdecker, der Nationalverteidiger Waldemar de Brito. Ball und Spieler, ein Künstler und sein Instrument. „Einer wie Pelé", befand Sándor Kocsis aus dem ungarischen Wunderteam, „wird erst in tausend Jahren wieder geboren – aufgepasst: Ich sage nicht hundert, ich sage tausend Jahre." Brasiliens großer Dichter Carlos Drummond de Andrade schwärmte: „Die Schwierigkeit ist nicht, tausend Tore zu schießen. Die Schwierigkeit ist, eines wie Pelé zu schießen."

95 Treffer schaffte Pelé in 114 Spielen für die Seleção, stramme 1282 standen am Karriereende zu Buche, nur einer traf öfter: Arthur Friedenreich, der es offiziell auf 1329 Tore brachte und in den zwanziger Jahren gleichfalls für die Seleção stürmte. In der Heimat aber relativiert noch einer Pelés Weltherrschaft, für viele dort gilt Garrincha immer noch als Brasiliens Bester. Pelé hat sich damit arrangiert. Und arrangiert hat er sich häufiger; mit zu vielem, meinen manche Kritiker im Lande, wo ihm unendliche Verehrung, nicht aber grenzenlose Liebe zuteil wird.

„Der König" trifft „Uns Uwe": Pelé an der Seite Seelers

Mexiko, Juni 1970. Plakate an den Hauswänden Guadalajaras zeugen von der glühenden Passion der Menschen hier: „Heute arbeiten wir nicht, weil wir Pelé sehen wollen!" Im Hotel Caribe hat die „cobra" – Pelé und einige weitere Führungsspieler, Kapitän und Teamkollege Carlos Alberto vom FC Santos, Tostão und Gérson – alles im Griff. Die Gruppe assistiert dem kurzfristig berufenen Nationalcoach Mario Zagallo dabei, das Ensemble zu perfektionieren, das Vorgänger João Saldanha hinterlassen hatte – im WM-Finale werden noch acht der Akteure stehen, die Saldanha gleich am ersten Arbeitstag im Februar 1969 als Stammelf benannt hatte. Im Triumphzug hatte der beliebte Sportjournalist die Seleção mit sechs Siegen in sechs Spielen durch die WM-Qualifikation geführt. Doch in Brasilia herrschte die Militärdiktatur, Ex-Kommunist Saldanha war kein Mann des Systems. Und als der neue Präsident, General Emilio Medici, über die Sportpresse lancierte, dass er bei der WM den Stürmer Dario sehen wollte, ließ ihn Saldanha abblitzen: „Der Präsident stellt die Regierung auf, ich die Seleção." Was nicht gut ankam in der Hochzeit von Folter, politischer Verfolgung und nächtlichen Todesschwadronen. Dass Saldanha ungeschoren blieb, lag daran, dass die Diktatur das Spiel zur Propaganda nutzte; der Fußball war zu sensibel für Repressionen. Andererseits wollten sich die Militärs auf der Weltbühne in Mexiko ungern hinter einem rebellischen Linken versammeln. Doch in Verbandschef João Havelange hatten sie einen getreuen Kettenhund, der Saldanhas nächste Entgleisung zum tödlichen Biss nutzte: Der Coach hatte Pelé als kurzsichtig bezeichnet, ausgerechnet Pelé, und gedroht, ihn nicht aufzustellen. Das überstand Saldanha nicht, berufen wurde der Trainer des FC Botafogo, Pelés alter WM-Mitstreiter Zagallo.

König und Kaiser: Pelé mit Franz Beckenbauer bei Cosmos New York im Jahre 1982.

Die Seleção und Pelé speziell wurden in Mexiko abgeschirmt wie ein Staatsgeheimnis, Bodyguards nahmen den Star in Manndeckung; noch Jahrzehnte später witzelte Pelé, wie er allzu anhängliche Presseleute mit dem Hinweis verschreckte, drüben stünden Medicis Schergen vom Geheimdienst SNI bereit. Damals nutzten die Spieler die ungewohnte Abschottung zur Gruppenarbeit an ihrem 1966 in England ramponierten Selbstbewusstsein, auf Pelés Anregung hin fand gar eine tägliche Gebetsrunde statt.

Die Seleção schnitt durchs Turnier wie durch Butter. Und Pelé feierte sein Traum-Comeback in der WM-Historie, die 1958 so beispiellos für den 17-Jährigen begonnen und ihm dann nur Schmerz und Seelenpein bereitet hatte: 1962 beim Titelgewinn in Chile war er im zweiten Gruppenspiel verletzt ausgeschieden und 1966 in England zum Freiwild für bulgarische und portugiesische Verteidiger geworden. In Mexiko wollte er den Ruf als Weltbester bestätigen, den er sich über 13 Jahre mit dem FC Santos erworben hatte. Der reife Pelé glänzte mit spektakulären Treffern und Einlagen wie einem 60-Meter-Schuss gegen die CSSR, der den Torwinkel haarscharf verfehlte.

Was die Zukunft bringt? Die Glaskugel hat nicht geholfen. Pelé hat abseits des Rasens oft die falschen Entscheidungen getroffen.

PANAIR
DO BRASIL

Der Held vom FC Santos: Pelé schoss für den Verein zwischen 1956 und 1974 in 1114 Spielen 1088 Tore, bevor er zu Cosmos New York wechselte.

Wenn es einmal hakte, wie im Halbfinale beim 0:1-Rückstand gegen den ewigen Rivalen Uruguay, erhob sich die „cobra“ auf dem Rasen: Gérson tauschte die Position mit Clodoaldo, Resultat 3:1. Der Finalsieg über Italien war Formsache.

Pelés Triumphzug durch die Hauptstadt Brasilia endete auf dem Platz der Drei Gewalten in Medicis Armen. Diese Siegerpose sollte ihm nicht gut tun, das Bild glühte nicht nur in intellektuellen Köpfen nach. Viele hatten erwartet, dass sich der Fußballkönig solche Verbrüderungsgesten mit der Obrigkeit verkneift. Indes widersetzte sich damals selbst ein Tostão nicht, Weißer und einziger Student im Team, was er später öffentlich bereute. Auch Pelé verweigerte vier Jahre später die Kollaboration mit dem Regime, als ihn Havelange drängte, noch einmal in die WM 1974 zu ziehen: „Ich wollte nur für mein Land spielen, nicht für diejenigen, die das Land regierten.“

Trotzdem halten Pelé im laut UN ungerechtesten Land der Welt manche für „eine kontroverse Person“, wie Ex-Nationalspieler Sócrates sagt: „Er nahm nie aktiv an politischen Prozessen teil und hat sehr geringe soziale Bedeutung.“ Pelé spielte seine Rolle in der zerrissenen Gesellschaft keineswegs so virtuos wie auf dem Rasen; der Schuhputzjunge aus dem Straßenstaub Baurus nutzte die soziologische Kraft des Massensports nicht, um die grotesken Gegensätze zu mildern. Er, wer sonst, hätte diese Macht ja besessen: Pelé, wegen dessen Gastspiel mit dem FC Santos in Nigeria 1968 sogar der Biafra-Krieg für einen Tag ruhte; Pelé, den Päpste empfingen und für den Könige und Präsidenten Protokolle Papier sein ließen. Doch den Umschmeichelten zog es ins Establishment und zu dessen Frauen. Rosemary Cholby gebar ihm drei Kinder, die Ehe ging 1976 auseinander. Zwei weitere Vaterschaften erkannte Pelé an, bis er 1993 die Psychologin Assiria Lemos wiedertraf, eine blonde Jugendliebe. Heirat 1994, 1996 bekam das Paar die Zwillinge Joshua und Celeste. Pelé bekennt offen, dass ihm der Fußball alles war: „Wenn ich könnte, würde ich mich Edson Arantes do Nascimento Bola nennen.“ Pelé Bola – Pelé Fußball, der auch die Worte, die ihn am meisten berührten in seiner Karriere, in der Umkleidekabine hörte. „Garoto, voce vai entrar“, raunte ihm einst Masseur Mário Américo zu: „Junge, du wirst spielen!“ Das war bei der WM 1958 in Schweden vor dem Spiel gegen die UdSSR. Der Junge ging raus und erwarb die Ansprüche auf den Thron, den er zwölf Jahre später bestieg.

Der dritte WM-Triumph in Mexiko aber hatte auch dem Unternehmer Pelé wieder frische Luft verschafft. Im Geschäftsleben gingen dem Spitzenverdiener des Dauermeisters FC Santos viele Dribblings daneben. Eine ungesunde Loyalität band Pelé an einen Partner, der ihm über Jahre hinweg Ärger bescherte: Pepe Gordo. Den dicken Pepe kannte er, seit er minderjährig (mit der stattlichen Monatsgage von 600 Dollar) noch in der Fußballpension des FC Santos

Pelés Trikot aus dem WM-Finale 1970 wird 2002 bei Christies in London versteigert. Preis: rund 260 000 Euro.

wohnte. Immobilienkäufe gingen schief, später ein Baustoffhandel, Molkereigeschäfte. Vor der WM '70 war eine weitere Firma in Schieflage geraten, und diese Turbulenzen, meint der Fußballhistoriker Roberto Assaf in Rio, hätte Coach Saldanha 1970 im Sinn gehabt, als er Pelé eine Sehschwäche attestierte: „Saldanha meinte das mit der Erblindung metaphorisch, er spielte darauf an, dass Pelé Finanzsorgen hatte."

„Ich kann mich nicht als guten Geschäftsmann bezeichnen", sagt Pelé selbst, „weil ich zu sehr an das Gute im Menschen geglaubt habe." Das Gute in falschen Menschen. Nach dem dicken Pepe trat der Hochstapler Bufarra heran und schwätzte ihm ein Pelé-Museum in Urca auf, am Fuß des Zuckerhuts. Auch die Nummer ging schief, Rios Gouverneur Brizola ließ Pelé das entstandene Defizit in Form von PR-Auftritten für die Stadt abarbeiten, wissen Vertraute zu berichten. Weil sich das Engagement über Jahre zog, residierte Pelé in Rio, zog mit TV-Sternchen Xuxa umher – und landete in den Fängen des nächsten Verführers. Helio Viana, aalglatter Unterstaatssekretär für kommunales Transportwesen, wurde alsbald neuer Rio-Statthalter der *Pelé Sports & Marketing* (PSM). 2001 trennte er sich von Viana – nachdem der PSM die Veruntreuung von 700 000 Dollar angelastet wurde für ein Unesco-Benefizspiel, das niemals stattfand. Wie derlei Verirrungen möglich waren bei einem, den die Topklubs aus Europa in Gold aufwiegen wollten und der bei den Showtouren seines FC Santos durch Europa, Asien, Afrika stets zusätzlich dicke Dollarbündel in den Koffer gesteckt bekam?

Keine Zeit für Clinton

Es genügt wohl eine ausgeprägte Talentlosigkeit in Erwerbsfragen abseits des Rasens. Pelés Sohn Edson Cholbi do Nascimento plagt dieses Problem in ganz anderem Ausmaß: Der Ex-Torwart des FC Santos, der ein zuweilen rebellisches Verhältnis zum Übervater pflegte, wanderte 2005 vorübergehendswegen angeblichen Drogenhandels ins Gefängnis.

Juca Kfouri, ein führender Sportjournalist im Land und über zehn Jahre enger Pelé-Vertrauter, meint, der Star habe selbst nie die wahre Dimension seines Ruhmes erkannt. „Ich war bei ihm", erzählt Kfouri, „als Bill Clinton anrief und um ein Treffen bat. Drei Termine bot Clinton an, Pelé lehnte alle ab, den letzten im Dezember, weil da Weihnachten war. Er sieht aufs Kleine und übersieht das Große." Kfouri hatte 1994 das Angebot von Staatspräsident Cardoso ausgeschlagen, als Sportminister den korrupten Fußball des Landes auszumisten, dafür aber Pelé vorgeschlagen. Der zog damals gerade mit Havelange und dessen unsäglichem Schwiegersohn Ricardo Teixeira vor Gericht. Teixeira hatte er mit massiven Korruptionsvorwürfen behelligt und Havelange Pelé dafür mit dem Bannfluch der Fifa belegt. Pelé aber blieb hart. Als Minister brachte er in den neunziger Jahren ein Fußballgesetz auf den Weg, zum Horror der korrupten Paten. Doch als 2001 zwei Regierungsausschüsse Teixeira endlich in die Knie gezwungen und ihm ein Dutzend Straftaten nachgewiesen hatten, als der vorbelastete Steuersünder auf dem Weg hinter Gitter war – da war es Pelé, der den Ganoven umarmte und rettete.

Pelé hatte mittlerweile mit seiner Firma selbst viel juristischen Ärger am Hals, und Teixeira galt als Top-Informant der Presse, die den Skandal ausschlachtete. Deshalb, mutmaßen enttäuschte Freunde, paktierte

Freunde und Feinde: Auf dem Fußballfeld hat Pelé immer die richtige Wahl getroffen, im Bild rechts umarmt er 1970 den Teamkollegen Ado. Zum umstrittenen Landsmann João Havelange (Bild links) hält er nicht immer Distanz.

Pelé mit einer Clique korrupter Vereinsfunktionäre, die als Abgeordnete im Parlament sitzen und dort „Bancada de Bola“ genannt werden, Fußball-Gang. „Ihm, der stets die Korruption beseitigen wollte, nehme ich nicht ab, dass er mit 63 Jahren so naiv ist, kommerzielle Arrangements mit Teixeira einzugehen“, schimpfte Sócrates. Auch Kfouri brach mit Pelé, dessen Biografie er hätte schreiben sollen. „Er hatte Havelange und Teixeira schon am Boden, aber er reichte ihnen die Hand und hat so mit der Mafia paktiert.“ Auch Álvaro Rebelo, der Ausschussvorsitzende in Brasilia, der 2001 gegen Teixeira ermittelte, teilte diese Eindrücke: „Wir haben zwei Figuren in einer Person. Hier Pelé, den alle lieben und respektieren. Es gibt aber auch Edson Arantes do Nascimento, der falsche Geschäfte machte und die Einigung mit der Regierung suchte, indem er über die Bancada de Bola ging.“

Erhebt sich der Blick wieder über die morastigen Niederungen des brasilianischen Fußball-Pandämoniums, fällt er auf den von allen gejagten Schmerzensmann Pelé. Den Wundermann von 1970, der die Vorstellungskraft von Millionen zu befeuern vermochte. Auf den Künstler, über den Andy Wahrhol sagte, er widerlege seine Theorie, „denn statt 15 Minuten Ruhm wird er 15 Jahrhunderte haben!“ Auf den Jungen, der in der Nacht „Gooool“ schreiend oder Spiele kommentierend durch die Gänge der Trainingscamps rannte; Schlafwandler, der er war. Pelé, der im Maracanã einst fast die gesamte Elf von Fluminense ausspielte und ein Tor erzielte, das auf einem Schild als Jahrhunderttreffer – gol de placa – für die Ewigkeit festgehalten ist. Auf Pelé, der seinen 1000. Treffer mit weichen Knien per Elfmeter markierte und den 150 000 Menschen, als er sich 1972 bei einem Freundschaftsspiel gegen Jugoslawien für immer von der Seleção verabschiedete, mit donnernden Sprechchören zum Bleiben aufforderten: „Fica! Fica! Fica!“

Pelé ist geblieben. Ein wahrer Held in einem Land voller Träume.

„O Rei“, der König, hat drei WM-Titel gewonnen. Er gilt als bester Fußballer aller Zeiten und ist von Niederlagen doch nicht verschont geblieben. Eine seiner größten: Sein Sohn wird 2005 wegen Drogenhandels festgenommen. Pelé weint im Bild rechts, als er öffentlich dazu Stellung nimmt.

Unfassbar, dieser Gerd Müller

Der deutsche Beitrag zur letzten WM des Spaßfußballs

Die WM-Analyse von Jupp Heynckes

Mit 25 war ich im WM-Jahr im besten Fußballalter. Dass ich diese wunderbare WM verpasst habe, hatte wieder einmal mit einer Verletzung zu tun. Es handelte sich um eine Oberschenkelverletzung, die sich später als Entzündung des Ischiasnervs herausstellte. Ich musste drei Monate lang pausieren, die gesamte Bundesliga-Sommerpause – ein Jammer, denn wer wäre nicht gerne dabei gewesen bei einer solch großartigen Weltmeisterschaft?

Trotz der Höhenlage und der Hitze stand sie auf höchstem Niveau. Erstmals gab es weltweite Fernsehübertragungen, weshalb viele Spiele um 12 Uhr angesetzt wurden, zur größten Mittagshitze. Das zeigt, dass die Vermarktung nun endgültig über den Sport gestellt wurde, dass man keinerlei Rücksicht mehr auf die Spieler nahm. Es herrschten Temperaturen von bis zu 40 Grad, und auf den Sonnenseiten der Plätze mögen es 50, 60 gewesen sein. Mörderische Bedingungen. Um so erstaunlicher war, dass viele Mannschaften damit zurechtkamen. Die Spieler waren so klug, ihr Spiel rationell und ökonomisch anzulegen, also das Tempo zu verlangsamen.

Erstaunlicherweise aber gab es doch ziemlich viele Spiele, in denen die Emotionen so hochkochten, dass das Hirn zwischenzeitlich abgeschaltet wurde. Dann kam die Inspiration der Spieler voll zum Tragen, ihre Freude am Spiel mit dem Ball. Sogar die Defensivkünstler aus Italien haben irgendwann die Kontrolle verloren. Die Vorrunde hatten sie mit einem Torverhältnis von 1:0 beendet, nach der Devise: alles, nur ja kein Gegentor. Aber im Halbfinale gegen unsere Mannschaft haben sie aufgrund der Entwicklung dieses Spiels ihre taktische Einstellung komplett über Bord geworfen, den alten Catenaccio vergessen und zu einem großartigen Offensivspektakel beigetragen. Wegen solcher Spiele wurde dieses Turnier zur letzten Weltmeisterschaft des Spaßfußballs.

Sehr zum Gelingen dieses Turniers hat die deutsche Mannschaft beigetragen. Ihr größtes Problem auf dem Weg zur WM hieß: Wie kann man zwei überragende Mittelstürmer wie Uwe Seeler und Gerd Müller in eine Mannschaft integrieren? Damals spielte man ja mit einem Dreier-Sturm – Mittelstürmer und zwei Außen. Der Emporkömmling Gerd Müller war als Torjäger unverzichtbar. Uwe Seeler als Kapitän, als Symbolfigur des deutschen Fußballs und als Publikumsliebling war kaum weniger wichtig. Die Lösung kam von Uwe selbst. Man kann das gar nicht hoch genug schätzen, dass Seeler seine Spielweise grundlegend änderte und sich dadurch doch seinen Platz im Team eroberte. Er gab nämlich nicht mehr diesen im Strafraum lauernden Kopfballspezialisten, sondern spielte eine Art Pendler zwischen Mittelfeld und Angriff.

Uwe Seelers Leistung war phänomenal, was das Laufpensum in dieser Hitze, seinen Einsatz, seine Opferbereitschaft betrifft. Und das mit damals bereits 33 Jahren! Uwe hat es nicht auf einen Machtkampf um den Mittelstürmer-Posten ankommen lassen, sondern sich den Verhältnissen untergeordnet – und im Tandem mit Gerd Müller

Auch Uwe Seeler war phänomenal: sein Einsatz, diese Opferbereitschaft.

Die Brasilianer: ein kaum zu überbietendes Kollektiv mit dem reifen Pelé.

alle Gegner in Angst und Schrecken versetzt.

Unser Mittelfeld lief also in der Besetzung Beckenbauer, Overath und Seeler auf. Drei Spieler, die von ihrem Charakter her den Angriff mehr liebten als die Verteidigung! Kein Trainer der Welt würde sich heute trauen, so offensiv anzutreten. Aber: Uwe Seeler arbeitete viel nach hinten, was er sein ganzes Leben lang noch nicht getan hatte. Über Franz Beckenbauers Abwehr-Qualitäten muss man nicht reden, als Libero war er der beste Abwehrspieler der Welt. Und Wolfgang Overath konnte durchaus auch verteidigen. Hinten standen überdies reine Abwehrspezialisten wie Höttges, Schnellinger, Fichtel oder Schulz. Der Willi Schulz hat die Mittelinie ja nie gesehen, als Stopper blieb der immer an der eigenen Sechzehnmeterlinie stehen. So war das Gleichgewicht zwischen Offensive und Defensive hergestellt.

Man kann nicht über die deutsche Mannschaft sprechen, ohne Gerd Müller zu erwähnen. Ich war ja nun auch Stürmer, zweimal hintereinander Torschützenkönig der Bundesliga, sein schärfster Rivale – aber der Gerd, der war einmalig. Ein genialer Strafraumspieler mit einem hoch entwickelten Instinkt, wohin der Ball prallen könnte. Es gibt ja Leute, die behaupten, er hätte nicht Fußball spielen können, weil er nicht wie Johan Cruyff Slalom laufen konnte und zwei, drei Leute hintereinander ausspielte. Und keiner war, der aus 30 Metern in den Torwinkel traf. Diese Kritiker tun ihm bitter Unrecht. Gerd war nicht nur ein unfassbarer Torschütze, sondern auch ein genialer Fußballspieler. Man muss sich nur die alten Filmaufnahmen von seinen Doppelpässen mit Franz Beckenbauer ansehen, diese Reaktionsschnelligkeit und Präzision im Anspiel. Das kann keiner, der den Ball nicht beherrscht. Er war nicht besonders schnell auf längere Distanz, aber im Strafraum war keiner wendiger, spritziger und reaktionsschneller. Und hungrig, so unglaublich hungrig auf jedes kleine Törchen! Gerd war trotz Franz Beckenbauer der wichtigste Spieler beim FC Bayern und in der Nationalmannschaft.

Unsere Mannschaft hatte am Ende nicht mehr die Kraft, ins Finale zu kommen. Die Verlängerung gegen England, nur drei Tage Pause und dann die erneute Verlängerung gegen Italien. Ob diese Begegnung das „Spiel des Jahrhunderts" war? Es war sicher das beste Spiel der WM '70. Aber 1986 Brasilien gegen Frankreich oder 1998 Brasilien gegen Holland, das waren auch großartige Begegnungen. Jedenfalls hat sich unsere Elf gegen die Italiener großartig verkauft; aber als es ganz eng wurde, fehlten Konzentration und Wachsamkeit.

Ins Finale kamen die Teams, die ihre Kräfte besser eingeteilt hatten und einen Tick besser waren. Nach dem Halbfinale hatten die Italiener den Brasilianern nichts mehr entgegenzusetzen. Die Brasilianer waren perfekt vorbereitet und hatten ein kaum zu überbietendes Kollektiv mit dem wunderbaren, reifen Pelé an der Spitze.

Die Mannschaft des Turniers

Das hätte Gerd Müller bestimmt Spaß gemacht: im Trio mit den Brasilianern Pelé und Jairzinho auf Torejagd gehen. Auch Franz Beckenbauer und Wolfgang Overath haben Aufnahme gefunden in die Mannschaft des Turniers, die Jupp Heynckes und die *SZ*-Sportredaktion zusammengestellt haben. Man spielte im 4-3-3-System, und wenn Brasiliens Trainer Mario Zagallo auch diese Elf trainiert hätte, hätte Gerd Müller ganz schön schuften müssen: Zagallo ließ seine ganze Mannschaft im Block verteidigen – auch den großen Pelé.

Mario Zagallo im Jahr 1970: ein junger Trainer von 38 Jahren. Er trainiert seit 1967 Botafogo, den Klub, für den er bis 1965 noch gespielt hat, als Nationalcoach João Saldanha vor der WM entlassen wird. Zagallo übernimmt das Amt zwei Monate vor der WM.

„Die 13 – eine verrückte Geschichte“

Wie viele Buchstaben hat der Begriff: Brasil Campeão? Gespräch über Taktik und Diktatur, Stars, Religion und Aberglaube.

Von Thomas Kistner

Senhor Zagallo, als Stammspieler und Trainer haben Sie hohen Anteil an den vier WM-Titelgewinnen Brasiliens 1958, 1962, 1970 und 1994. War die Seleção von 1970 mit Pelé und Jairzinho, Gérson und Tostão die beste Auswahl, die es je gab?

Das ist sehr schwer zu sagen. Ich meine, der Titelgewinn 1958 war etwas Besonderes, weil es der erste überhaupt war in der Geschichte unseres Fußballs. Und 1962 legten wir eine tolle Performance hin. Aber 1970 war vielleicht wirklich das Beste. Bei der Weltmeisterschaft in Mexiko waren mehr starke Mannschaften denn je am Start, es herrschte ein ausgeglichen hohes Niveau, und wir haben die Angelegenheit trotzdem klar dominiert. Hinzu kommt, dass diese Weltmeisterschaft erstmals überhaupt im Farbfernsehen übertragen wurde. Also war es in der Erinnerung der Fans schon deshalb die beste Seleção, die es je gab.

Und Sie hatten die beneidenswerte Aufgabe, mit einer Wundertruppe um Pelé zu gewinnen?

Halt, halt. So einfach war das nicht. Schließlich hatte ich nur zwei Monate Zeit, die Mannschaft zusammenzustellen. Der brasilianische Verband hatte nach dem Rauswurf João Saldanhas erst bei Dino Sani angefragt, aber der zögerte, und ich war sofort entschlossen, die Aufgabe zu übernehmen. Immerhin hatte ich als Vereinstrainer mit Botafogo zuvor ziemlich alles gewonnen. Also: Mein Vorgänger Saldanha hatte die Seleção im 4-2-4-System spielen lassen, im Mittelfeld nur mit Gérson und Piazza, Rivelino und Clodoaldo saßen nur auf der Bank. Mir war dieses Mittelfeld entschieden zu dünn besetzt. Ich zog Piazza in die Abwehr zurück, stellte auf 4-3-3 um und schuf im Mittelfeld eine taktische Revolution.

Indem Sie dort alle Stars mit der Nummer zehn versammelten?

Nein, indem ich erstmals mit einer Blockbildung arbeitete. Bei jedem Ballverlust mussten alle Spieler sofort zurück – und ich meine, wenn ich das sage, wirklich alle! Das habe ich schon damals eingeführt, 1970.

Wie kamen Sie darauf?

Ich war eben der Zeit in taktischer Hinsicht voraus. In Botafogo ließ ich immer auf Konter spielen: hinten sicher stehen, vorne schnelle

Vier WM-Titel

hat Mario Zagallo, geboren am 9. August 1931 in Maceió, mit Brasilien gewonnen: 1958 und 1962 als Spieler auf Linksaußen, 1970 als Cheftrainer, 1994 als Assistent von Carlos Alberto Parreira. In derselben Funktion sollte er an der Seite Parreiras 2006 auch zur WM nach Deutschland reisen. Als Brasiliens Chefcoach erreichte er 1998 auch das Finale gegen Gastgeber Frankreich und verlor 0:3. 1990 führte er die Vereinigten Arabischen Emirate zur ersten WM-Teilnahme – man entließ ihn vor dem Turnier.

Stürmer wie Jairzinho. Catenaccio. Das ging aber in der Seleção nicht, wegen der hohen Spielerqualität. Ich musste offensiv aufstellen. Vor dieser WM war mir klar, dass die europäischen Mannschaften sehr schnell und kraftvoll spielten. Und in unserer Gruppe waren ja nur europäische Gegner: England, Tschechoslowakei, Rumänien.

hoch. Aber wir wussten natürlich, dass Mexiko-City wieder in 2000 Metern Höhe liegt …

… und hatten fest geplant, dass Sie im Finale dorthin mussten.
Natürlich. Das war unser Ziel.

Gab es noch mehr neue wissenschaftliche Vorbereitungen?

Vereinstrainer abgeguckt habe, bei Fleitas Solich – er war der erste bei uns, der mit Knöpfen arbeitete. Damit stellte er die verschiedenen Spieler dar. Ich hatte keine Knöpfe, also nahm ich die Kronkorken von Limonadeflaschen, wickelte ein Stück Bandage drum herum und beschrieb diese Stücke mit Spielernamen.

„Ich habe schon als Spieler gespürt, dass ich zum Trainer berufen bin. Ich war immer ein guter Beobachter": Mario Zagallo, ganz links, mit seinem Team vor einem Testspiel gegen Bulgarien im Maracanã-Stadion 1974.

Also musste ich die Zonen zustellen, eine kompakte, zugleich sehr spielfertige Mannschaft dagegenstellen. Das würde ihnen Probleme bereiten – und so kam es auch.

Das heißt aber, Sie mussten der Seleção etwas ziemlich Neues einbimsen: Laufarbeit, Kraft, jede Menge Disziplin. Wie haben Sie das hingekriegt?
Indem wir uns absolut wissenschaftlich vorbereiteten. Das Wichtigste in Mexiko war, die Höhe der Spielorte zu berücksichtigen. Also sind wir drei Wochen lang ins Höhentrainingslager gegangen, auf 2300 Metern über dem Meer. Als wir an unseren Spielort nach Guadalajara kamen, waren wir topfit. Die Stadt liegt ja nur 1500 Meter

Eine neue, wichtige Idee hatte Carlos Alberto Parreira von einem Trainerlehrgang aus Deutschland mitgebracht. Parreira war damals technischer Assistent in der Seleção. Wir machten ihn in Mexiko zum Spion. Er hat jeden Gegner beobachtet und mit der Kamera jede Menge Bilder von Spielern und Spielsituationen geschossen, die wir in den Mannschaftssitzungen als Dias an die Wand werfen konnten. Sehr professionell. Dazu habe ich unseren Spielern am Strategietisch die einzelnen Zuordnungen und Bewegungsmuster erklärt.

Wie darf man sich den Strategietisch vorstellen?
Das war die einzige Sache, die ich mir bei einem meiner früheren

Als Trainer waren Sie trickreicher denn als Spieler?
Das muss man sein. Sehen Sie, ich habe schon als Spieler im Inneren gespürt, dass ich zum Trainer berufen bin. Ich war immer ein guter Beobachter. Als Spieler beispielsweise bin ich dauernd ins Stadion gegangen und habe mir vor jedem Einsatz die Partie des kommenden Gegners angeschaut – immer den rechten Verteidiger, das war ja mein nächster Bewacher. Ich habe beobachtet, wie er sich bewegt, ob er den Gegenspieler eng deckt, welche Stärken und Schwächen er hat. Ich habe aber auch mein eigenes Spiel sehr früh variiert, instinktiv, ich bin oft mit nach hinten gegangen und habe ausgeholfen, Bälle geholt …

Deshalb wurden Sie auch „formiginha“ gerufen, kleine Ameise, weil Sie ständig überall herumwuselten …
… und das war damals, in den fünfziger Jahren, keineswegs selbstverständlich. Also, für mich war sehr früh klar, dass ich Trainer werde. Ich wusste nur nicht, ob ich auch das Naturell des Anführers habe, das man für diesen Job braucht.

Also haben Sie zur Stärkung ihrer Position auf die Hilfsmittel zurückgegriffen?
Es ist wirklich so, man muss auf alles vorbereitet sein in diesem Beruf. Als Spieler war ich zweifacher Weltmeister – das verleiht einem natürlich sofort einen Riesenstatus, wenn man Trainer wird. Aber der kann sehr schnell verloren gehen. Fußballer sind Instinktmenschen, die fragen dich etwas, und wenn du nicht sofort eine überzeugende Antwort weißt, hast du schon verloren.

Bei der Weltmeisterschaft in Mexiko hatten Sie Pelé als genialen Anführer. Stimmt es, dass er und einige weitere Führungsspieler kräftig an der Taktik mitgebastelt haben?
Absolut nein! Natürlich musste ich mir, als ich ankam, in der Seleção erst eine Autorität aufbauen. Aber das war eine offene Autorität, es gab nie ein großes Problem. Und ich allein habe bestimmt, wie gespielt wird, nur ich habe diese Mannschaft aufgestellt.

Aber ehrlich: Konnte man einem wie Pelé als Trainer überhaupt noch etwas beibringen?
Natürlich nicht. Einen Pelé schickt man aufs Feld, und ich würde mir auch heute noch in jeder Mannschaft einen wie ihn wünschen. Er ist der perfekteste Spieler der Welt, niemand kam nur annähernd an ihn heran: linker Fuß, rechter Fuß, Kopfballspiel – alles war perfekt. Die Argentinier vergleichen ja gerne Diego Maradona mit ihm. Aber das ist ein Riesenunterschied: Maradona ist hier (hält die Hand auf Kniehöhe) – Pelé hier (hält die Hand über den Kopf).

Sehen Sie den Klassenunterschied so dramatisch?
Auf jeden Fall. Maradona war ein reiner Linksfuß, und Kopfballspiel hatte er gar keines. Aber Pelé konnte jede Position spielen, wirklich jede.

Sogar im Tor. Wenn es stimmt, hat er dort in vier offiziellen Spielen keinen einzigen Gegentreffer kassiert?
Das ist richtig. Und im Training ging er immer gern ins Tor. Schauen Sie sich meine Hand an, sehen Sie die Stiche? Bei der WM-Vorbereitung 1958 hat Pelé in einem Trainingsspiel wie üblich das eine Tor gehütet, ich das andere. Dabei hat mir unser Mannschaftskapitän Bellini fast den Zeigefinger weggeschossen, er hing nur noch an einem Stückchen Haut. 13 Stiche sind das übrigens, Sie können nachzählen.

Auf die 13 kommen wir zurück. Aber Pelé, hat er in Mexiko ein Eigenleben in der Mannschaft geführt?
Im Gegenteil. Er war immer ein vorbildlicher Mannschaftsspieler, auch im Trainingscamp.

Können Sie uns ein Beispiel erzählen?
Als ich die Seleção übernahm, kam Pelé sofort zu mir und sagte, schau her, Zagallo, du kannst mit mir machen was du willst, du kannst mich sogar in die Reservemannschaft stecken – aber: Du darfst mich niemals verschaukeln! Er spielte damit auf meinen Vorgänger Saldanha an, der öffentlich gesagt hatte, Pelé sei kurzsichtig, er überlege, ob er ihn im nächsten Spiel überhaupt noch spielen lasse. Schön, ich sagte zu Pelé: Creolinho – so haben wir ihn immer genannt – creolinho, es gibt in der Seleção nur dich, und dann gibt es die anderen zehn. Nach dem Sieg im Endspiel fiel er mir um den Hals und rief: Zagallo, wir beide müssen zusammen sein, damit Brasilien eine Weltmeisterschaft gewinnen kann!

In Jairzinho stieg einer Ihrer Botafogo-Spieler zum zweiten Star dieser WM in Mexiko auf.
Stimmt, und das hat alle über-

Man nennt ihn „Lobo“, Wolf, hier mit Beute: WM-Pokale neu (l.) und alt.

rascht. Denn Jairzinho spielte in Mexiko klar über seinen Fähigkeiten. Eigentlich war er mehr Konterspieler, in Botafogo spielten wir wie gesagt den Catenaccio. Deshalb nahm ich ihn in die WM-Formation erst rein, als sich der etatmäßige Stürmer Rogerio verletzt hatte. Aber keine Frage, Jairzinho war ein dynamischer, kräftiger und ziemlich ruhiger Kerl. Ein Typ wie Adriano.

Dem mussten Sie nicht viel sagen?
Nein. Aber als Trainer muss man oft auch ein guter Psychologe sein. Nehmen Sie zum Beispiel Tostão, der hatte in der WM-Qualifikation die meisten Tore für uns geschossen, aber in Mexiko hatte er ein großes mentales Problem. Er war

vorher am Auge operiert worden, wegen einer Netzhautablösung. Die Hornhaut des operierten Auges war tief blutrot gefärbt. Also hatte ich viele Aufbaugespräche mit ihm, und ich habe ihm dabei immer nur in das gesunde Auge geschaut, aus psychologischen Gründen. Denn ich wollte Tostão nicht verunsichern.

Herrscher über den Ball: „Ich war meiner Zeit taktisch voraus", sagt Zagallo. Schon 1970 lässt er sein Ensemble von Zauberern im Block verteidigen.

Der Arzt hatte keine Bedenken, dass Tostão spielte?
Naja, ich erkundigte mich schon, was passiert, wenn Tostão einen starken Flankenball köpfen müsste. Der Ball wiegt ungefähr 400 Gramm, und wenn einer wie Rivelino dagegen haut, wird daraus schnell ein Kilogramm und mehr. Die Frage an den Arzt war: Hält Tostãos Kopf das aus? Der Arzt war unsicher, er meinte aber, er glaube schon. Also übernahm ich die Verantwortung. Und Tostão spielte.

Wie groß war die Gefahr eines Lagerkollers in Mexiko?
Die gab es nicht. Weil ich mich viel um die Reservisten gekümmert habe, die brauchen bei einem WM-Turnier mehr Zuwendung als gesetzte Spieler. Es darf keine Unruhe entstehen – außerdem gilt ja für jeden: Von einer Minute auf die andere kann er drin sein im Team, diese Spannung muss man unbedingt erhalten. Es ist aber prinzipiell so, dass die Seleção schon immer gewohnt war, lange Zeit zusammen zu sein. Ich erinnere mich an den Tag, als wir Pelé 1958 zur Weltmeisterschaft nach Schweden mitnahmen. Er war ja bis dahin nur einmal in Rio aufgetreten. Er kam also bei der ersten Zusammenkunft der Nationalmannschaft an, und alle fragten, großer Gott, wer ist denn dieser Bub? Der muss wirklich verdammt gut sein, wenn er mitfahren darf. Wir nahmen ihn also sofort auf, und wenig später kannte ihn die ganze Welt.

Ist es nicht so, dass die Spieler der Seleção neben der Kameradschaft auch eine ausgeprägte Spiritualität verbindet?
Was meinen Sie?

Jetzt kokettieren Sie aber, Sie haben doch selbst damit angefangen: Stichwort 13, Sie haben die Zahl selbst genannt. Der Aberglaube spielt eine enorme Rolle im brasilianischen Fußball – ist es richtig, dass er eine alles bestimmende Rolle bei Mario Zagallo spielt?
Naja, das mit der Zahl 13 ist wirklich eine verrückte Sache. Sie zieht sich als roter Faden durch mein Leben.

Erklären Sie das?
Meine Frau Alcina hat den Schutzheiligen San Antonio, Beschützer aller Verheirateten – sein Tag ist der 13. Juni. Was ergibt die Quersumme meiner WM-Titelgewinne von '58 und '94? Dreizehn! Seit ich Trainer bin, trage ich ein Trikot mit der Nummer 13 – das tue ich immer, bis heute. Als ich mein Haus in Teresopolis baute, stellte ich fest, dass das Grundstück als Nummer 13 eingetragen war. Ich wähle im 13. Wahlbezirk, ich wohne heute im 13. Stockwerk, mein Auto hat die Nummer 0013. Wie viele Buchstaben hat der Begriff „Brasil campeão" (Brasilien Weltmeister)? Oder: „Argentina vize" (Argentinien ist Zweiter)? So geht das immer weiter.

Haben Sie Ihre Spieler 1970 damit nicht angesteckt? Oder pflegten die selbst ihre Rituale?
Ich kann mich an keine mehr erinnern. Aber als ich 2001 Trainer von Flamengo Rio de Janeiro war und wir im Meisterschaftsfinale standen, hielt ich während des ganzen Spiels auf der Bank ein Medaillon mit dem Heiligen Antonio in der Hand – und was passiert? Kurz vor Schluss trifft Petkovic zum Sieg. Da, schauen Sie: Ich kriege heute noch eine Gänsehaut, wenn ich das erzähle.

Inwieweit hat der Titelgewinn 1970 Sie spirituell beflügelt?
Seit 1970 geht meine Frau jedes Jahr in die Kirche des San Antonio und kauft geweihte kleine Brote. Die verteile ich dann an die Spieler der Seleção.

Die Nationalspieler sind alle religiös.
Ja, sehr. Aber es gibt heute nicht nur Katholiken, es gibt auch immer mehr Evangelikale. Als ich vor der WM 1994 meine brotinhos anbot, wiesen sie Spieler wie Jorginho, Muller und ein paar andere zurück. Dafür haben die Spieler bei jener WM eingeführt, sich an den Händen haltend ins Stadion zu laufen. Und nach dem Finalsieg kamen alle im Mittelkreis zusammen und beteten, das geschah ohne jede Absprache. Und 2002 auch.

Und wie wird sich das bei der WM 2006 verhalten?
Die Spieler fassen sich an den Händen, und Kapitän Cafú spricht kurz über das Spiel.

Zurück nach Mexiko 1970, wir sollten auch über die dunkle Seite dieses WM-Siegs sprechen. Es heißt, Ihr Vorgänger Saldanha, ein Kommunist, sei auf Betreiben des damals herrschenden Militärregimes unter General Medici abgesetzt worden?
Nein, absolut nicht. Er hat einfach ein paar falsche sportliche Entscheidungen getroffen. Er sagte aber zum Beispiel auch, der Präsident solle die Regierung aufstellen und er, Saldanha, stelle die Seleção auf.

Aber war das denn keine äußerst politische Äußerung – gegenüber einem Militärregime? Saldanha behauptete auch, er habe den Stürmer Dario nicht aufstellen wollen, den Medici sehr schätzte. Sie haben Dario aber für die WM nominiert.
Richtig. Ich wollte den Mann einfach sehen, wir hatten zu wenige echte Stürmer dabei. Aber wenn ich ihn nur auf Geheiß des Präsidenten mitgenommen hätte, hätte ich Dario auch spielen lassen müssen, oder? Das hat er nicht getan. Dario saß während der gesamten WM bei mir nicht einmal auf der Bank.

Saldanha war ein Liebling des brasilianischen Volkes, und zwar auch, weil er als politischer Rebell galt.
Wissen Sie was? Saldanha hat gesagt, dass Pelé blind sei. Was für ein Unsinn! Nach meiner Überzeugung legte Pelé im ersten WM-Spiel gegen die Tschechoslowakei alle Wut über Saldanhas Aussage in diesen einen Schuss aus über 50 Metern, der ganz knapp das Tor verfehlte. Er wollte damit beweisen, dass er keineswegs blind ist.

Ihr mexikanisches Trainingscamp war abgeschirmt, Medici selbst war da, und es wurde sogar ein Siegesmarsch komponiert.
Natürlich musste man mit den Militärs irgendwie klarkommen. Aber glauben Sie mir: Die Regierung hat in die Fußballbelange nicht eingegriffen.

Spieler wie Tostão und Pelé sahen das später anders. Sie haben sich distanziert von den Militärs.
Das ist mehr Spekulation als Wahrheit.

Tostão schrieb sogar in einem Buch, dass er sich schäme, damals für dieses Regime gespielt zu haben.
Aber wie wollen Sie das verhindern? Jede Regierung wird Teil des Sieges sein. Als wir mit dem WM-Pokal nach Brasilia zu den Militärs fuhren, taten wir nur, was wir immer taten, bei allen Titeln vorher und danach. Alle Regierungen wollen sich in diesem Glanz sonnen.

Der Herrscher hat seinen Meister gefunden: Zagallo überreicht das Allerheiligste im WM-Finale 1998 dem Franzosen Lizarazu. Endstand: 0:3.

Senhor Zagallo, Sie haben über knapp fünf Jahrzehnte die brasilianische WM-Erfolgschronik miterlebt …
… über mehr als fünf Jahrzehnte. 1950, bei der 1:2-Endspielniederlage gegen Uruguay, war ich als junger Soldat im Stadion Maracanã und hätte nie gedacht, dass ich acht Jahre später diese Schmach wettmachen und den ersten WM-Titel nach Brasilien holen würde.

Welchen Unterschied gibt es zwischen den Legenden von einst und den Stars von heute, zwischen Pelé, Tostão und Ronaldo, Ronaldinho?
Nur einen. Tostãos Spitzname bedeutete ja Kleingeld. Heute würde er Euro heißen.

1968 und Folgende

In Mexiko spielt man Fußball, in Deutschland spielt man mit der Revolution. Eine neue Generation hat sich auf den Weg gemacht, das Land zu verändern. Es geht um ein neues Lebensgefühl (im Bild Konzertpublikum), und es geht um Macht.

7. Dezember 1970.
Willy Brandts Kniefall vor
dem Ehrenmal des jüdischen
Ghettos von Warschau.

Endstation Dosenpfand

Keine Generation mag sich je so mächtig gefühlt haben: Die Achtundsechziger und ihr langer Marsch.

Von Willi Winkler

Achtundsechzig begann wenigstens neun Jahre vorher und ganz weit weg von den studentischen Brennpunkten Berlin, Frankfurt und München. In der Neujahrsnacht 1958/59 vertrieb eine Rebellenschar unter der Führung von Fidel Castro den Diktator Fulgencio Batista aus Kuba. Nach zweijährigem Untergrundkampf in der Provinz Oriente zog die Guerilla in Havanna ein, die Militärfestung Moncado in Santiago de Cuba wurde eingenommen, „ohne", wie sich sogar die *New York Times* verwunderte, „dass ein einziger Schuss fiel".

Diese fast unblutige Machtergreifung wurde zum Fanal für die Dritte Welt und blieb auch in der Ersten nicht ohne Folgen. Zwei Tage später fand in Berlin die erste Konfrontation zwischen der traditionellen, also karriereorientierten und der eher idealistischen Linken statt. Die SPD, die bei drei aufeinanderfolgenden Bundestagswahlen unterlegen war, hatte den Weg zum Godesberger Programm, zu Marktwirtschaft und Nato-Unterstützung, eingeschlagen und reagierte äußerst ungnädig, als ihr Jugendverband, der „Sozialistische Deutsche Studentenbund" (SDS), den Kurswechsel nicht mitmachen wollte. Tagelang wurde über Politik im Schatten der Bombe diskutiert, vor allem über eine neue Deutschlandpolitik. Willy Brandt, der Regierende Bürgermeister von Berlin und kommender Mann in der SPD, sagte wegen vermuteter kommunistischer Infiltration demonstrativ seine Teilnahme ab. Gestärkt durch Vitaminpräparate und mit eiserner Disziplin verhinderte die junge Journalistin Ulrike Meinhof jede antikommunistische Resolution und gewann die Kampfabstimmung gegen den vom ebenfalls noch jungen Helmut Schmidt empfohlenen antikommunistischen Kurs. Schmidt kann sich an den Kongress in Berlin heute nicht mehr erinnern, er sollte den 68ern diese Niederlage aber nie vergessen und schon gar nicht verzeihen. (Oskar Lafontaine weiß sein Lied davon bis heute zu singen.) Die SPD, die sich eben vom Sozialismus verabschiedete, hatte bei den Jungen verloren, gewonnen hatten die Studenten, die vorläufig noch gar nicht wussten wohin mit ihrem Sieg.

Vor allem waren sie fast mutterseelenallein. 1961 erschien die Untersuchung „Student und Politik", wonach sich 66 Prozent der Studenten als „apolitisch" verstanden, 16 Prozent sich als autoritätsgebunden erklärten und nur neun Prozent einem „demokratischen Potential" zuzurechnen waren. In der Einleitung zu dieser Studie sah der Soziologe Jürgen Habermas, der offenbar auf diese Minderheit baute, eine Möglichkeit zur politischen Beteiligung nur in „außerparlamentarischen Aktionen". Das klang nicht bloß für deutsche Universitätsverhältnisse aufmüpfig, sogar neomarxistisch.

68er Symbol: Rudi Dutschke mit Ehefrau Gretchen, aufgenommen 1970.

Der wenigstens wirtschaftliche Wiederaufstieg nach dem Krieg war nur möglich gewesen, weil er das Schweigen über so viele Verbrechen und die Elite des vorigen Regimes einschloss. „Statt einer politischen Durcharbeitung der Vergangenheit als dem geringsten Versuch der Wiedergutmachung vollzog sich die explosive Entwicklung der deutschen Industrie", klagte das Ehepaar Mitscherlich in seiner sprichwörtlich gewordenen Untersuchung über die deutsche „Unfähigkeit zu trauern". Und weil in der Bundesrepublik wie auf Verabredung geschwiegen wurde, konnte die moralische Empörung der wenigen um so lauter werden.

Als sich Ende 1966 in Bonn die CDU und die SPD zur Großen Koalition zusammenfanden und das ehemalige NSDAP-Mitglied Kurt Georg Kiesinger zum Bundeskanzler wählten, fand die Opposition nur mehr auf der Straße statt. In Vietnam wehrte sich ein kleines Volk gegen die mächtigste Armee der Welt, und die Bundesregierung hatte nichts Besseres zu tun, als die USA ihrer unverbrüchlichen Solidarität zu versichern. Castros Kampfgefährte Che Guevara entsagte in Kuba allen weltlichen Ämtern und zog mit dem Schlachtruf „Schafft zwei, drei, viele Vietnam!" in die bolivianische Wildnis, um den Guerillakrieg wieder aufzunehmen. Den Studenten in Deutschland blieb nur der Protest gegen eine Schutzmacht, die Berlin die Freiheit sicherte, aber in Asien Krieg gegen Frauen und Kinder führte. Über Nacht wurden Che Guevara, der nordvietnamesische Präsident Ho Chi-Minh und der chinesische Parteichef Mao Tse-tung zu Idolen, die wenigstens nichts mit den Sünden der Väter zu tun hatten. Mao hatte China in einem anderthalb Jahrzehnte währenden „Langen Marsch" erobert. Der Studentenanführer Rudi Dutschke propagierte für Deutschland den „langen Marsch durch die Institutionen". Dutschke selber kam nicht weit; er wurde 1968 von einem aufgehetzten Arbeiter niedergeschossen. Die Revolution von 1968 war damit auch schon fast vorbei.

Im Windschatten der revolutionären Studenten bereiteten die wahren 68er ihre Karriere in ebendem Staat vor, den die draußen auf der Straße so erbittert bekämpften: Eberhard Diepgen, Wolfgang Schäuble, Uwe Barschel, Günther Beckstein und genug andere. Wirtschaftsanwalt Otto Schily kam in Kontakt mit dem APO-Vertreter Horst Mahler und empörte sich wie seine Mandanten über Vietnam, Gerhard Schröder holte das Abitur nach und hatte deshalb keine Zeit für die Revolution, und der abgebrochene Foto-Lehrling Joschka Fischer sprengte Vorlesungen an der Frankfurter Uni, obwohl er nie das Zeugnis der allgemeinen Hochschulreife erworben hatte.

Endgültig erloschen war der rebellische Elan, als 1969 Gustav Heinemann zum ersten sozialdemokratischen Bundespräsidenten gewählt wurde. Als Minister hatte er die Justizreform eingeleitet. Seine Partei versprach eine Amnestierung von Demonstrationsvergehen. Ein großer Teil des kritischen Potenzials wurde in die weiten Arme der neuen sozialliberalen Regierung aufgenommen. Willy Brandt, bisher ein depressiver und eher konservativer Frontstadt-Politiker, wandelte sich innerhalb weniger Monate zum Weltstaatsmann. Er handelte die überfälligen Verträge mit Moskau und Warschau aus, traf sich mit DDR-Ministerpräsident Willi Stoph und tat durch seinen Kniefall im Warschauer Ghetto stellvertretend für alle Deutschen Buße, denen jedes Schuldbewusstsein für das Mittun und Mitlaufen im „Dritten Reich" gefehlt hatte.

Der „Machtwechsel" von 1969/70 war auch generationsbedingt. Dass unter den Talaren der Muff von tausend Jahren steckte, sprach sich allmählich sogar unter den Magnifizenzen herum; bereits 1964 hatte Georg Picht vor einer „Bildungskatastrophe" gewarnt. Das weltberühmte Wirtschaftswunder lief aus, das Land brauchte neue Ideen und neue Leute. Anderswo hatte längst der Umbau von der Arbeits- zur Verwaltungsgesellschaft begonnen. Und siehe da, die in mühseligen Marx-Arbeitskreisen und vor allem auf der Straße erworbenen agitatorischen und philologischen Fertigkeiten ließen sich auch im praktischen Leben anwenden, und das so hingebungsvoll bekämpfte Establishment riss sich um dieses scheinrevolutionäre Potenzial. Die da längst noch nicht so genannten 68er rannten in den Redaktionen, Universitäten und Behörden weit offen stehende Türen ein, die hinter ihnen krachend ins Schloss fielen. Die Antiautoritären waren es natürlich nur, solange sie selber machtlos waren; in den Institutionen angekommen, benahmen sie sich noch professoraler und dogmatischer als die Generation davor.

„Wir können stolz sein auf unser Land", verkündete eine modernisierte SPD, aber bei manchen war die revolutionäre Ungeduld doch stärker als das Bedürfnis, für dieses neue Deutschland zu arbeiten. Sie gingen in die Betriebe, arbeiteten am Fließband und versuchten die Arbeiter von den Segnungen eines kommunistischen Regimes zu überzeugen. Andere stiegen aus der Gesellschaft aus, drifteten weg in den Drogenhimmel

Willkommen in Deutschland 1970, wo Dieter-Thomas Heck (M.) mit seiner ZDF-Hitparade das deutsche Liedgut gegen moderne Zeiten verteidigt. Die Fußballer werden nach ihrer Heimkehr gefeiert (l.) – Sepp Maier (r.) von seiner Ehefrau.

oder griffen wie die „Rote Armee Fraktion“ den verhassten Staat mit Pistolen und Bomben an. Otto Schily verteidigte die bewaffneten Kämpfer vor Gericht, Joschka Fischer versuchte ihnen auf den Straßen Frankfurts nachzueifern, und Gerhard Schröder studierte auf Rechtsanwalt.

Den Jüngeren kamen die 68er gern mit ihrer Front-Erfahrung und merkten nicht einmal, dass sie von den Barrikaden auf dem Ku'damm und dem Sturm aufs Springer-Verlagsgebäude nicht anders erzählten als der Urgroßvater, wenn er davon schwadronierte, wie er das 1. kgl.

Merci Cherie! Udo Jürgens, stolzer Bambi-Preisträger 1970

bayr. Gebirgsschützenregiment gegen Metz geführt hatte oder der Großvater, der vor Verdun monatelang im Schützengraben darauf wartete, dass sich der Tommy zeigte. Keine andere Generation durfte sich je so mächtig fühlen wie die von 1968, dennoch erging es ihr wie noch jeder vor und nach ihr: der großzügige Staat mochte „faschistisch“ sein oder das „Schweinesystem“, in seiner Integrationsfähigkeit lässt er sich von niemandem übertreffen.

Der lange Marsch durch die Institutionen vollendete sich am 27. September 1998. Gerhard Schröder, Joschka Fischer und Otto Schily, drei 68er, die keine waren, bildeten die Regierung. Es blieben ihnen noch sieben Jahre, um im Schweinwerferlicht medialer Aufmerksamkeit zu beweisen, dass die Revolutionsbegeisterung in Deutschland nicht einmal fürs Dosenpfand reicht.

Das Jahr im Porträt

Januar

1.1. Für Angestellte in der Bundesrepublik tritt die Lohnfortzahlung im Krankheitsfall in Kraft.

22.1. Bundeskanzler Brandt schlägt der DDR-Regierung Verhandlungen über den Austausch von Gewaltverzichtserklärungen vor.

28.1. In der CSSR tritt der Ministerpräsident Oldrich Cernik zurück und verliert auch seinen Sitz im ZK der Kommunistischen Partei. Damit ist der letzte Reformpolitiker des Prager Frühlings entmachtet.

30.1.-18.2. Der Staatssekretär im Bundeskanzleramt, Egon Bahr, führt in Moskau mit Außenminister Andrei A. Gromyko die ersten Gespräche über einen Gewaltverzichtsvertrag zwischen der Sowjetunion und der Bundesrepublik.

Februar

1.2. Abschluss des deutsch-sowjetischen Vertrages über die Lieferung von Erdgas gegen Großröhren in Essen: Es handelt sich um das bisher größte Ost-West-Geschäft.

17.2. Vor dem Bundesgerichtshof in Karlsruhe verliert Anna Manahan-Anderson ihren Prozess um die Anerkennung als Zarentochter Anastasia, jüngste Tochter des letzten russischen Zaren.

18.2. US-Präsident Richard M. Nixon (Foto) legt dem Kongress seine so genannte Nixon-Doktrin vor. Danach rücken die USA von der Vorstellung ab, als „Weltpolizei“ für Ordnung zu sorgen.

22.2. Der israelische Außenminister Abba S. Eban trifft zu einem dreitägigen offiziellen Besuch in der Bundesrepublik ein. Er ist das erste israelische Regierungsmitglied, das die Bundesrepublik besucht.

März

21.3. Der Sozialistische Deutsche Studentenbund beschließt seine Selbstauflösung.

29.3. ARD und ZDF benutzen für die Wettervorhersage erstmals eine Karte Europas ohne Grenzen. Bisher zeigten die Sender die Grenzen des Deutschen Reiches von 1937.

April

10.4. In einer Pressekonferenz erklärt Paul McCartney (Foto) seine Trennung von den Beatles“. Im Juli

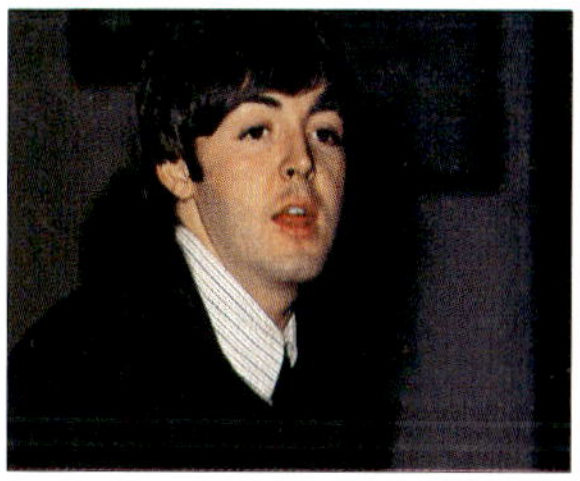

des Jahres löst sich die Band auf.

16.4. In Wien beginnen die amerikanisch-sowjetischen Verhandlungen über die Begrenzung strategischer Waffen.

30.4. Auf Befehl von Präsident Nixon marschieren US-Truppen aus Südvietnam in Kambodscha ein.

Mai

4.5. Borussia Mönchengladbach wird erstmals Deutscher Meister.

9.5. In Washington, London, Melbourne, West-Berlin und weiteren Städten finden Massendemonstrationen gegen die US-amerikanische Vietnampolitik statt.

14.5. Der wegen Brandstiftung verurteilte Andreas Baader wird befreit – Geburtsstunde der RAF.

15.5. Wegen rassistischer Politik wird Südafrika durch das IOC auf unbestimmte Zeit von den Olympischen Spielen ausgeschlossen.

Juni

18.6. Bei den Wahlen zum britischen Unterhaus siegen die Konservativen. Neuer Premierminister wird Edward Heath.

Juli

3.7. Bei einem Treffen mit Kanzler Brandt sichert der französische Präsident Pompidou die Unterstützung der Neuen Ostpolitik zu

31.7. In der Bundesrepublik wird das aktive Wahlalter auf 18 Jahre herabgesetzt.

August

11.–13.8. Bundeskanzler Brandt besucht die Sowjetunion und unterzeichnet in Moskau den „Moskauer Vertrag“ über Gewaltverzicht und Anerkennung der in Europa bestehenden Grenzen.

26.8. Das CDU-Präsidium bekräftigt die Bedenken der Partei gegen den Moskauer Vertrag und die Ostpolitik der Bundesregierung.

September

4.9. In Chile gewinnt der Sozialist Salvador Allende die Präsidentschaftswahlen. Damit steht erstmals in Lateinamerika ein frei gewählter Marxist an der Spitze eines Landes.

5.9. Beim Training zum Großen Preis von Italien in Monza verunglückt der in der WM-Wertung führende Formel-1-Rennfahrer Jochen Rindt tödlich. Rindt, der als Deutscher mit österreichischer Lizenz fuhr, wird im Oktober posthum zum Weltmeister erklärt.

18.9. Rockmusiker Jimi Hendrix stirbt mit 27 Jahren an den Folgen von Alkohol und Schlaftabletten.

Oktober

4.10. Die Rocksängerin Janis Joplin (Foto) stirbt an einer Überdosis Heroin.

9.10. Die FDP-Abgeordneten Mende, Starke und Zoglmann wechseln aus Protest gegen die sozial-liberale Koalition zur CDU/CSU über.

23.10. Mit der Premiere des als Aufklärungs-Film bezeichneten „Schulmädchen-Report“ von Ernst Hofbauer beginnt eine erfolgreiche Sexfilmserie.

November

27.11. Zwischen dem Staatssekretär im Bundeskanzleramt Egon Bahr und dem DDR-Staatssekretär Michael Kohl beginnen die Verhandlungen über Verkehrsfragen, ein Transitabkommen und den Grundlagenvertrag.

Dezember

7.12. Kanzler Brandt und der polnische Präsident Józef Cyrankiewicz unterzeichnen den „Warschauer Vertrag“ mit der Anerkennung der Oder-Neiße-Linie als Grenze.

Marke Sport: Angefangen mit dem ersten WM-Ball, dem Telstar 1970 (o.), entdeckt die Industrie den Markt. Kamerun spielt im „Einteiler-Trikot“ (2.v.o.), Firmen wie Puma oder Adidas verkaufen großflächig und werben mit Athleten wie Frankreichs Sprinter Pognon (u.) oder Kicker Vieira (großes Bild).

Der runde Star

Mit dem WM-Ball 1970 beginnt eine Ära: Fußballausrüstung wird Mode-Artikel.

Von Philipp Selldorf

Als Bastian Schweinsteiger am Treffpunkt der Nationalelf im Hotel ankam, lenkte er staunende Blicke auf sich. Schweinsteiger hatte sich eine Kappe auf den Kopf gesetzt, deren Vorderseite einen brüllenden Tiger zeigte, deren Rückseite rosa war und deren Schirm ein militarisches Tarnmuster prägte. Dazu trug er ein graues Sweatshirt mit grell hervorspringendem rosafarbenem Aufdruck sowie einen schwarz-weißen Schal. Mancher Hotelgast mag es in diesem Moment begrüßt haben, dass Fußballer ihrer Arbeit in Uniformen nachgehen, die sie sich nicht selbst aussuchen durfen.

Selbstredend besitzt ein Fußballer die Freiheit, sich nach Belieben zu kleiden, wenn er nicht gerade den Dienstanzug tragen muss. Das Problem ist nur, dass die bekannten Spieler aufgrund ihrer exponierten gesellschaftlichen Stellung auch modisch zu Vorbildern erhoben werden und sich auch selbst so einschätzen. Prompt hieß es über Schweinsteiger, er sei vor den Kollegen als „Trendsetter“ in Erscheinung getreten. Während sich die Stars in den siebziger Jahren noch anzogen wie ihre Fans, geben sie inzwischen ein Heidengeld für Kleidung aus. Geschmackssicherheit bleibt aber oft Glückssache. Viele halten ihre Klamotten für den Ausdruck von Fashion-Bewusstsein, solange sie nur ordentlich teuer waren, und dann ergeben sich Auftritte wie jener von Stefan Effenberg, der bei einem Europacupspiel des FC Bayern in Mailand, bei dem er wegen einer Verletzung zuschauen musste, in einem gefleckten Kuhfellmantel auf der Tribüne erschien. In Mailand, ausgerechnet.

Aber auch die Italiener sind nicht gefeit gegen gefährliche Extravaganzen, wie das Beispiel ihrer Schieds-

Dienstanzug der Siebziger: Wolfgang Overath und Günter Netzer.

Ein Pionier: Adolf Dassler, fränkischer Gründer von Adidas.

richter beweist, die gelegentlich in schreiend signalfarbener Arbeitskleidung Aufsicht bei den Ligaspielen führen. Weder dient es ihrer Würde noch ihrem Ansehen, wenn sie solcherart als Harlekine verkleidet werden; die öffentliche Gleichgültigkeit über die Degradierung lässt aber auf die geringe Achtung schließen, die den Schiedsrichtern in Italien zuteil wird. Als jedoch die Firma Puma das italienische Nationaltrikot für die WM 2006 präsentierte, regte sich im Land sofort eine große Kontroverse. Über Generationen trugen die Auswahlspieler einheitlich Blau oder – eher selten – einheitlich Weiß. Das neue Hemd verbindet Blau mit Weiß, und das Emblem mit den Nationalfarben rutscht vom Herzen mitten auf die Brust. Auf dem Herzen, dem wahren Mittelpunkt, hat nun das Markensymbol seinen Platz – was für ein Stilbruch. Man stelle sich vor, auf Dino Zoffs legendärem grauen Torwartpullover hätte eine springende Raubkatze die Trikolore verdrängt.

Seit vier Jahrzehnten hatte keiner der wechselnden Ausrüster eine solche Novität gewagt. *Gazzetta dello Sport* berichtete von einer „Revolution" und befragte altgediente Spieler und Trainer, die allesamt für den bewährten puren Azzurro-Look votierten und sich dabei auf die Tradition beriefen. Nur der Alt-Internationale Antonio Cabrini riet zur Gelassenheit und argumentierte mit den Gesetzen des Marktes.

Und der Markt war es, der Puma und den italienischen Verband zusammengebracht hat. Der Markt diktiert die Mode, welche die Fans zu sehen bekommen: Trikots, Hosen, Trainingsanzüge, Schuhe und Bälle sind jenem ästhetischen Wandel unterworfen, den die Sportkonzerne als Ausrüster der Teams zur Erfüllung ihrer kommerziellen Ziele bestimmen. Dass Adidas mit prominenten Designern wie Stella McCartney oder Yohji Yamamoto zusammenarbeitet, kommt den Fußballern aber noch nicht zugute.

Puma bezahlt für das Recht, die Squadra Azzurra ausstatten zu dürfen zehn Millionen Euro binnen vier Jahren. Italien ist das kostbarste Schmuckstück im Aufgebot des Unternehmens für die WM 2006, die nach offiziellen Angaben die größten Marketing-Aufwendungen in der Geschichte des Unternehmens hervorruft. Dass sich die Firma auf Vermarktungskampagnen versteht, belegte sie durch die Einführung der Aufsehen erregenden ärmellosen Trikots für Kameruns Nationalteam, was die Fifa als Akt der Rebellion wertete und mit drastischen Strafen ahndete. Gegen die bizarre Willkür des Weltverbands, der sich wohl weniger in seinem modischen Empfinden gestört fühlte als in seinen kommerziellen Interessen, zog Puma in den Rechtsstreit.

Der Tätigkeit im Fußballgeschäft tat das keinen Abbruch, bei der Deutschland-WM tritt Puma mit elf Teams an – mehr als der große Bruder Adidas aufbieten kann, der mit einigen in der Qualifikation gescheiterten Partnern Pech hatte. Es traf den Europameister Griechenland, die vermeintlichen Vormächte Südafrika und Nigeria sowie China. Strategisch mag die Abwesenheit dieser Länder, die allesamt interessante Märkte repräsentieren, ein Rückschlag sein, doch kann Adidas das ganz gut verschmerzen, weil genügend andere Hauptdarsteller

Na, schießen wir den ins Tor? Logisch! Uwe Seeler (l.) und Gerd Müller beraten vor der WM 1970 über das Spielgerät „Telstar", den ersten offiziellen WM-Ball.

des Turniers Präsenz garantieren. Lebende – unter anderem die deutschen Fußballer sowie sämtliche Schiedsrichter des Turniers – und unbelebte. Letztere sind beinahe sogar die wichtigsten Werbepartner, denn der markanteste Artikel des fränkischen Sport-Giganten befindet sich in jeder Minute jedes WM-Spiels im Zentrum der Aufmerksamkeit und ist vier Wochen lang der begehrteste Gegenstand der Welt.

Verbrennen und erdolchen

Seit der WM 1970 liefert Adidas dem Weltverband Fifa die Bälle fürs Spiel, und damit begann auch die Ära, in welcher der Ball zum Modeartikel befördert wurde. 1966 spielten die Teams noch mit dem braunen Lederball der Väter und Vorväter, in Mexiko kam nun erstmals ein Objekt zum Einsatz, das durch die Verwendung neuer, synthetischer Materialien in ein anderes Zeitalter des Fußballs führte. Zunächst blieb er zwar noch diskret schwarz-weiß gekleidet, was in etwa der Ordnung dunkler Anzug/weißes Hemd entsprach, doch setzten sich an der Seite des „Telstar", wie 1970 und 1974 der offizielle Mittelpunkt des Spiels hieß, auch kühnere Variationen durch. In England etwa führte die Liga einen asymmetrisch gemusterten Ball ein, der von allen Klubs eingesetzt werden sollte, doch weigerten sich viele Teams, die Seltsamkeit zu akzeptieren. Der Trainer Alan Clarke brachte das so zum Ausdruck: „Ich mag den Ball nicht. Die roten und weißen Flächen lenken die Spieler ab. Sie drehen sich wie Kinderkreisel. Wir werden die Bälle verbrennen oder kaputtschlagen oder sie verschenken." Ähnliche Gewalttaten gegen den Ball sind übrigens aus den zwanziger Jahren überliefert, als die Bälle noch nicht genormt waren, wie es heutzutage vorgeschrieben ist (Umfang: 68–70 Zentimeter; Gewicht: 410–450 Gramm; Druck: 0,6–1,1 Atmosphäre), sondern nach Größe und Gewicht von Kontinent zu Kontinent verschieden. Als beim Ausflug einer englischen Mannschaft nach Argentinien statt des heimischen Balls ein mitgebrachtes europäisches Exemplar zum Einsatz kam und der Ball das erste Mal ins Publikum flog, zogen einige Zuschauer sofort Messer hervor und erdolchten ihn wie einen Eindringling.

In Anbetracht der neuerdings rasenden Vielfalt in der Ballmode sind solche Überreaktionen durchaus wieder zu erwarten. Der optische Aufbruch bei den WM-Turnieren setzte 1978 ein. Der „Tango" bedeutete die Abkehr von den klassischen Fünfecken, seine Musterung war stilbildend bis 2002, ein wenig durchbrochen bloß durch die charismatisch dekorierten Modelle „Azteca" (1986) und „Etrusca" (1990). 2002 kam „Fevernova" heraus, und in seinem Gefolge färbten die Hersteller, ob Adidas oder Diadora, Nike oder Kappa, die Kugeln nach Belieben. Jeder macht es nun wie Schweinsteiger: sein eigenes Ding. Der Wandel bleibt aber nicht aufs Äußere beschränkt, was vor allem die Torhüter nervt, denn die Eigenschaften der zwar weiterhin runden, aber neu beschichteten Flugkörper ändern sich ständig. Das Motzen der Akteure hält der Adidas-Chef Herbert Hainer jedoch für unvermeidlich, wie er nach den Protesten gegen das silberne Modell „Roteiro" (laut Jürgen Kohler „eine fliegende Untertasse") erklärte: „Das war nicht nur beim Roteiro so, sondern schon 2002 und 1998. Und 2006 wird es wieder so sein." Zumal die Beschwerden oft von Spielern kämen, die bei der Konkurrenz unter Vertrag stünden. Schaden ist im Übrigen nicht entstanden. Im Jahr 2005 machte Adidas mit dem Fußballgeschäft mehr als eine Milliarde Euro Umsatz – Unternehmensrekord.

Sport auf dem Podest: ein Puma-Model

Auch bei der Dienstkleidung geben die Ausrüster stets vor, ihren Erfindergeist eingesetzt zu haben, damit die Schützen in ihren neuen Schuhen noch tückischer und härter schießen können (stimmt zum Teil sogar) und in ihren mit neuen Passformen versehenen Trikots noch mehr Bewegungsfreiheit erhalten (stimmt eher nicht). Die wahre Textil-Revolution liegt ohnehin 100 Jahre zurück, und sie war bitter nötig. Die Teilnehmer des ersten englischen Cupfinales 1872 betraten den Rasen in schweren Stiefeln, dicken wollenen Socken, über die Socken reichenden Hosen, langärmeligen Wollpullovern und Schirmmützen. Bastian Schweinsteigers neues Nationaltrikot ist aus 100 Prozent Polyester, wiegt so viel wie eine Wollsocke von 1872 und steht ihm gut, obwohl kein brüllender Tiger drauf ist.

Er konnte dribbeln, so atemberaubend leichtfüßig dribbeln. Und er hatte diese unwiderstehlichen blauen Augen. Er war gemacht, ein Star zu sein.

Doppelpass mit dem Tod

Der fünfte Beatle, Star seiner Zeit: Als die anderen WM spielen, trinkt er Wodka auf Mallorca. Er wird mit dem Leben bezahlen.

Von Ronald Reng

Ein Spiegel zerbrach in der Umkleidekabine für Gastmannschaften im Stadion des Lichts von Lissabon. Pat Crerand, ein Mittelfeldspieler wie menschgewordene Energie, war unbeabsichtigt dagegengestoßen, seine Mitspieler sahen die Scherben, und einige fingen an zu fluchen vor Angst: Das konnte nur Unglück bedeuten. George Best lachte. Als Matt Busby, der legendäre Trainer von Manchester United, die Taktik ausgab, vorsichtig angehen, erst einmal die Abwehr eng halten, ließ Best die Worte vorbeirauschen. Okay? fragte Busby. Okay, nickten die Spieler. Und so beginnt alles.

Eine Halbzeit später hörte man Gelächter aus der Umkleidekabine für Gastmannschaften. Einer der Spieler hatte gefragt, ob es nicht noch einen Spiegel gebe, den man zerbrechen könne. United führte 2:0 gegen Benfica Lissabon im Viertelfinale des Europapokals, gegen die beste Elf der Welt. Am Ende sollte United 5:1 gewonnen haben. „Ich wusste nicht, wie man eine Abwehr eng hält, ich wusste nur, wie man Gegner mit Angriffsspiel grün und blau schlägt", sagte George Best. Er hatte die beiden ersten Tore erzielt; in den ersten zwölf Spielminuten, das zweite mit einem jener unwiderstehlichen Dribblings, die sein Markenzeichen waren. Es war der 9. März 1966, er war 19, Flügelstürmer, ein dünner Junge mit einem schweren Belfaster Akzent. Zu Hause sangen ganz oben in der Hitparade die Beatles „She loves you, yeah, yeah, yeah", und am nächsten Tag lautete die Schlagzeile in Portugals Sportblatt *A Bola*: „Ein Beatle namens Best".

Von da an war er der fünfte Beatle; der erste Popstar des Fußballs. Der erste, der auch von Menschen – das heißt vor allem Mädchen – verehrt wurde, die sich gar nicht für Fußball interessierten. Es muss etwas mit der Konsistenz seiner Augen zu tun gehabt haben, schrieb der Doyen der britischen Sportreportage, Hugh McIlvanney, „lebhafte blaue Augen, die in der Dunkelheit eines Nachtklubs groß und weit erschienen, gerahmt vom überschwänglich üppigen schwarzen Haar".

Für alles mögliche hat George Best seinen Namen hergegeben, zu Werbezwecken und gegen Geld natürlich. Dieses Model trinkt Champagner aus einer nach George Best benannten Schuh-Linie. Das Bild stammt aus dem WM-Jahr 1970.

Als vier Jahre später die WM in Mexiko begann, wurde George Best weltweit gehuldigt – und er war gar nicht dabei. Dies war zum Teil einer Laune des Schicksals geschuldet, das ihm ausgerechnet Nordirland zur Heimat gegeben hatte; eine Provinz, so klein, dass sie schwerlich eine wettbewerbsfähige Nationalelf zusammenbekam. Sie war in der Qualifikation an der Sowjetunion gescheitert. Zum anderen allerdings erschien Bests Abwesenheit in Mexiko nur folgerichtig: Er, 1968 Europas Fußballer des Jahres nach dem Europacupsieg mit United, der jüngste bis dahin, war 1970 mit 24 ein Star seiner Zeit – und schon nicht mehr so sehr ein Star seines Sports.

1970 war das Jahr, als Massen junger Menschen zu leben begannen, was eine Minderheit 1968 als Revolution propagiert hatte. Die Liebe wurde freier, die Haare länger, die Kleidung greller, und überhaupt war es gerade schrecklich in Mode, sich gegen die bestehenden Normen und Konventionen aufzulehnen. Hedonismus war schick. Es würde noch zwei, drei Jahre dauern, bis die Welle den deutschen Fußball erreichte, dieses Bollwerk des Heimeligen; aber dann würde es auch aus der Bundesliga ungeahnte Bilder geben: Berti Vogts, der Inbegriff des geordneten Kleinstadtlebens, in hipper Schlaghose und Lederjacke posierend, den Ellenbogen lässig auf das Dach seines Porsches gelegt. Günter Netzer, das Hemd mit dem großen Kragen fast zum Bauchnabel geöffnet. Paul Breitner mit der Mao-Bibel unter dem Arm. Bis heute würden sich deutsche Fußballer solche Posen nicht mehr zutrauen. Aber damals: Das Leben wollte krass, schillernd, überbordend gelebt werden. Niemand stand besser, deutlicher – exzessiver – für diesen Lebensstil als George Best. Und so endet alles.

Am 25. November 2005 schalten die Ärzte die Herzkreislauf-Maschine ab, die ihn am Leben hielt. Seine Organe sind zerstört vom Alkohol. Am Ende ist es eine banale Lungenentzündung, die ihn dahinrafft. George Best stirbt mit 59, erst 59. Zurück bleibt der Schock, das Unverständnis: Wie konnte er so blind, so ungehindert aus jener Lissaboner Nacht im März '66 ins Verderben rennen? „Aber wie sollte ich denn einen klaren Kopf bewahren mit 20?“, fragte er einmal. „Wenn ich ins Kino ging, konnte der Film nicht starten, weil sich alle auf mich stürzten. Ich war der erste Fußballer, mit dem das passierte, ich hatte niemanden, von dem ich lernen konnte.“

Am Morgen nach der Nacht standen vor Uniteds Hotel in Lissabon Mädchen, die eine Locke seines Haars wollten, Männer, die nur um einen Handschlag baten. „Ich würde lügen, wenn ich sagte, mir hätte die Bewunderung nicht gefallen.“ Er kaufte – und trug ihn bis zur Rückkehr in Manchester – den größten Sombrero, den er in Lissabon finden konnte. Etwas verschob sich in diesem Augenblick. George Best aus

Leben mit Stil: unnachahmlich seine Ballführung, gekünstelt seine Pose für modernes Design. Seine Karriere lang lebte er zur Untermiete bei einer Witwe.

Belfast – der Vater Eisenbieger am Hafen, die Mutter kaufte ihm seine erste lange Hose mit 15, für die Reise über das Meer, um bei United in die Fußballlehre zu gehen –, er hatte immer nur eines gewollt: der Beste im Fußball zu sein. Nun wollte er der Beste im Fußball sein, und er wollte die kleinen, kreischenden Mädchen, wollte das Gefühl, König zu sein.

Er hat die Ruhe nie gemocht, er hasste das Alleinsein. Als er mit 15 ankam, quartierte ihn Manchester United mit einigen anderen Jugendspielern bei einer Witwe ein, Mrs. Fullaway. „George konnte nie ruhig sitzen und Fernsehen schauen. Wir mussten Karten spielen, und dann musste er immer raus in die Stadt", sagt David Sadler, der ihn auf seiner Karriere bis in Uniteds Europacupsiegerteam von 1968 begleitete. Zunächst genügten Best Billiardqueue und eine Cola im Kampf gegen die Rastlosigkeit. Die Nachtklubs und der Wodka kamen später. Mike Summerbee, drei Jahre älter als Best, Rechtsaußen im Team von Manchester City, wurde sein unzertrennlicher Begleiter durch die Nächte.

„Wir saßen da und starrten die Mädchen an. Um ehrlich zu sein, George war schüchtern und ich auch, weil ich wie ein Bauer redete. Wir wählten unseren Platz gut, direkt neben der Frauentoilette. So, dachten wir, bekämen wir mal eine ab. Aber die Mädchen interessierten sich nicht für uns. Und dann irgendwann war George ständig in der Zeitung, und plötzlich war alles anders. Die Mädchen standen Schlange, und ich sagte zu George: ‚Mach schnell – wenn du eine ausgewählt hast, bleiben noch 13 für mich!'"

Best eröffnete seine eigenen Modeboutiquen, er spielte Fotomodell, die blauen Augen leuchteten selbst auf Schwarz-Weiß-Bildern, er kaufte sich alle paar Monate ein neues Auto und hatte selten eine Freundin – sondern meistens mehrere. Er wurde 21 und war jede Nacht unterwegs. So vergingen die Sechziger. Die Freunde wie Summerbee heirateten, sie kamen nicht mehr mit durch die Nacht. Er ging deswegen um so länger aus.

Während seinesgleichen, Pelé und Beckenbauer, bei der WM 1970 die Welt bewegten, saß George Best im Urlaub auf Mallorca. Er konnte seinen Wodkadurst nicht mehr kontrollieren und hatte, mit 24, das Beste seiner Karriere hinter sich.

Er versuchte Entziehungskuren, man gab ihm Pillen, die die Lust auf Alkohol zerstören. Er nahm sie, versteckte sie hinter den Zähnen und spuckte sie aus, wenn niemand zusah. Er sprach darüber, kein Problem, und wenn die Stimmung gut war, erzählte er gerne auch in einem Ton davon wie andere von ihren besten Jugendstreichen. Er sagte, er bereue so vieles – und es ist schwer zu glauben, dass die Reue tief ging. „In den Pubs in England ist das eine beliebte Quizfrage: Mit wie vielen Miss Universe ging George Best?", sagte er. „Drei waren es", antwortete er selbst und lachte amüsiert. Im Januar 1974 gab Manchester United bekannt, zu oft habe Best unentschuldigt beim Training gefehlt; er sei entlassen. Er begann, was er bis zu seinem letzten Tag tat: tingeln, von seinem Ruhm zehren. War er wirklich einmalig?

Die Verklärung hat längst eingesetzt. Dass er nur vier Jahre, von 1965 bis 1969, strahlte und dann abstürzte, diese Tragik lässt ihn wohl in der Erinnerung nur noch besser, toller erscheinen. Doch wenn nur die Hälfte stimmt ... Im Training bei United spielten sie oft „two touches": Jeder Spieler musste den Ball mit zwei Berührungen weiterspielen – und für Minuten hatte trotzdem nur Best den Ball. Er legte ihn sich vor, eine Berührung – und schoss mit der zweiten den Gegner so an, dass der Ball zu ihm zurücksprang. So dribbelte er immer weiter nach vorne. „Niemand wird je wieder wie Best sein – niemand", sagt Sir Alex Ferguson, Englands erfolgreichster Trainer: „Er war der Beste."

Ein Detail, das im Kopf bleibt: Er hat, mit kurzen Unterbrechungen, seine ganze große Fußballzeit lang in einem kleinen Zimmer bei Mrs. Fullaway zur Untermiete gewohnt, von 15 bis zu seinem Rauswurf bei United mit 27. Die Ikone des Hedonismus, der Welt extravaganteste Fußballer – glücklich und zufrieden im Haus einer alten Witwe.

Der späte George Best, gezeichnet von einem exzessiven Leben.
Er starb am 25. November 2005 mit 59 Jahren.

Bésame mucho!

Von Liebe, Schnaps und der Rache des Aztekenherrschers: Was der deutsche Tourist von einer WM in Mexiko lernen kann.

Von Peter Burghardt

Richtige Mexikaner haben riesengroße Hüte auf und tragen beschlagene Cowboystiefel. Über ihren Mundwinkeln baumeln gekrümmte Schnurrbärte, wie die Revolutionäre Emiliano Zapata und Pancho Villa welche hatten. Stets ist mit Bewaffnung zu rechnen, klassischerweise Revolver und Patronengurt. Wenn gerade keine Kugeln durch die flimmernde Luft fliegen, dann wird gesungen, von Liebe und Tod. Fässerweise fließt der Tequila die verätzte Gurgel hinab, danach wird im Schatten eines Kaktus Siesta gehalten. Zum Feuerwasser gibt es glühende Maisfladen mit brandroter Chilisoße, von der empfindliche Nordeuropäer fürchterlichen Durchfall bekommen. Damit rächen die Ureinwohner bis in ewige Zeiten das Unrecht der Vergangenheit. Sagt man.

Aha, denkt sich der unvoreingenommene Besucher, fliegt über den mit

Herzschmerzorchester, prächtig uniformiert: Mariachis in Aktion.

Abermillionen Häusern gefüllten Talkessel von Mexiko-City und landet auf dem Flughafen Benito Juarez. Macht sich der neugierige Gast dann eines Abends auf Richtung Plaza Garibaldi, einem Besucherzentrum erster Güte, so begegnen ihm schon an der Hauptstraße Gestalten mit fahrradgroßen Sombreros und spitzen Lederschuhen. Ihre Zahnreihen verschleiern Schnauzer, so breit wie Adlerflügel, und sie stemmen dickbauchige Gitarren und schmale Geigen, geformt wie Frauenkörper. Sie singen, von Liebe und Tod, von Alkohol und Untergang. Bésame, bésame mucho. Küss' mich, als ob es die letzte Nacht wäre!

Chilischote mit Sombrero: ein mexikanisches Klischee – und WM-Maskottchen '86.

Es sind die Mariachis, prächtig uniformierte Herzschmerzorchester, die man für Trauungen und andere Festlichkeiten mieten kann. Der Preis ist Verhandlungssache und hängt ab von Gruppengröße und Repertoire. Heutzutage kann das Geschäft außer in freier Wildbahn selbstverständlich auch im Internet abgeschlossen werden – Stammkunden kriegen Bonuspunkte und bei der nächsten Buchung zwei Lieder gratis. Der Name Mariachi kommt nach Meinung von Eurozentristen vom französischen Wort Mariage, Hochzeit, nach einer etwas weitsichtigeren Theorie geht ihr Titel auf einen indianischen Begriff für Baum zurück. Zu den nationalen Stars zählen Klassiker mit so klingenden Titeln wie „Machete" und eben „Bigotes", Schnurrbärte.

Tausende Mariachis sollen zur Abschlussfeier 1970 im Azteken-Stadion von Las Golondrinas gesungen haben, den Schwalben. Ein altgedienter Reporter erinnert sich mit feuchten Augen an seine WM-Romanze mit der Tochter des Großgrundbesitzers, die Ehe hätte ihn steinreich gemacht. Ach, all die verpassten Chancen.

An den Theken der besagten Plaza Garibaldi (und fast überall sonst auch) helfen Hunderte von Flaschen aller möglichen Marken über das Leid hinweg. Ihr mehr oder weniger feiner Inhalt stammt aus den Agavenplantagen um die Stadt Guadalajara, wo auch der Ort Tequila liegt. Die Azteken brauten aus der knapp werdenden Wunderpflanze einen Zaubertrank namens Pulque, eine Art Bier, das in der Provinz immer noch berauschend zum Einsatz kommt. In der Gegenwart entsteht aus dem Fleisch der stacheligen Kreaturen auch das Allheilmittel Aloe Vera, wie es feine Damen und Herren verwenden. Aber Männer trinken den Götterschnaps Tequila, „das Gleitmittel des Machismo", wie der Schriftsteller Carlos Monsiváis schrieb, sie halten sich auch nicht mit Bier und Zitronenscheiben auf. In Notfällen sei hinterher dickflüssiger Agavensaft empfohlen, hilft angeblich ausgezeichnet gegen Kopfschmerzen.

Mit leerem Magen ist das alles ganz schwer zu ertragen, also bestellt der Feinschmecker Quesadillas, Guacamole oder Tacos, kleine Fladen aus Maismehl, garniert mit Chilis, deren Pulver gerne auch auf Fruchtsalat gestreut und in Schokoladensoße zum Huhn gereicht wird. Statistisch isst jeder Mexikaner zwölf Tortillas am Tag, und das seit ungefähr 5000 Jahren, vermehrte Dickleibigkeit ist die Folge. Bei Gourmets beliebt sind außerdem geröstete Grillen. Manchmal dauert es nach der Nahrungsaufnahme ein wenig, dann kriechen die bösen Geister von einst in die Gedärme und jagen einen auf die Toilette. Dahinter steckt Moctezumas Rache.

Der Aztekenherrscher, in Deutschland eher als Montezuma bekannt, war nach der Landung der Spanier vor 500 Jahren entführt und getötet worden. Seine Getreuen ließen die Eindringlinge auch deshalb gewähren, weil sie den Eroberer Hernán Cortés für eine Wiederkehr ihres Gottes Quatzalcoatl hielten. Den entscheidenden Verrat beging laut Legende eine gewisse Malinche, deren Name bis heute für schlangenhafte Gemeinheit steht. Das zahlt Moctezuma den Nachgeborenen mit überfallartigen Angriffen auf das Verdauungssystem heim und trifft dabei oft schuldlose Touristen ohne jegliche Verwandtschaft zu Cortés. Als Gegenmittel gilt unter anderem Limonensaft. Wen der Anschlag in Lebensgefahr bringt, der sei damit getröstet, dass die Mexikaner Tote besonders verehren und zu jedem Novemberbeginn mit Skeletten aus Zuckerguss feiern.

Ansonsten droht ein Biss, weniger von Schlangen als von Menschen, man nennt dies die „Mordida". Da bitten bewaffnete Polizisten um ein schönes Trinkgeld, und nur Lebensmüde trauen sich, es ihnen zu verwehren.

Fussballpillen

Hasta la vista!

Noch ein mexikanisches Klischee, und es stimmt auch noch: Gastfreundschaft. Während der WM 1970 gibt man in León sogar eine deutsche Zeitung heraus. Die Deutschen kommen gerne wieder – 1986 zur zweiten WM in Mexiko. Hasta la vista!

Europa

Die Gruppenersten qualifizierten sich.

Gruppe 1

Schweiz – Griechenland	1:0
Portugal – Rumänien	3:0
Rumänien – Schweiz	2:0
Griechenland – Portugal	4:2
Griechenland – Rumänien	2:2
Portugal – Schweiz	0:2
Portugal – Griechenland	2:2
Schweiz – Rumänien	0:1
Rumänien – Portugal	1:0
Griechenland – Schweiz	4:1
Schweiz – Portugal	1:1
Rumänien – Griechenland	1:1

1. **Rumänien**	6	3	2	1	7:6	8:4
2. Griechenland	6	2	3	1	13:9	7:5
3. Schweiz	6	2	1	3	5:8	5:7
4. Portugal	6	1	2	3	8:10	4:8

Gruppe 2

Dänemark – Tschechoslowakei	0:3
Tschechoslowakei – Dänemark	1:0
Irland – Tschechoslowakei	1:2
Ungarn – Tschechoslowakei	2:0
Dänemark – Irland	2:0
Irland – Ungarn	1:2
Dänemark – Ungarn	3:2
Tschechoslowakei – Ungarn	3:3
Tschechoslowakei – Irland	3:0
Irland – Dänemark	1:1
Ungarn – Dänemark	3:0
Ungarn – Irland	4:0

Spiel um Platz 1 in Marseille:
Tschechoslowakei – Ungarn 4:1

1. **Tschechosl.**	6	4	1	1	12:6	9:3
2. Ungarn	6	4	1	1	16:7	9:3
3. Dänemark	6	2	1	3	6:10	5:7
4. Irland	6	0	1	5	3:14	1:11

Gruppe 3

Wales – Italien 0:1

DDR – Italien 2:2
DDR: Croy, Fräßdorf, Urbanczyk, Seehaus, Bransch, Körner, Nöldner (76. Stein), Löwe, Frenzel, Kreische, Vogel
Italien: Zoff, Burgnich, Salvadore, Castano, Facchetti, Bertini, Rivera, de Sisti, Prati, Mazzola, Riva
Tore: 1:0 Vogel (27.), 1:1 Riva (55.), 2:1 Kreische (70.), 2:2 Riva (83.). **Zuschauer** (in Berlin): 60 000

DDR – Wales 2:1
DDR: Croy, Fräßdorf, Urbanczyk, Seehaus, Bransch, Körner, Stein, Löwe (77. Rock), Frenzel, Kreische, Vogel
Wales: Millington, Rodrigues, Hennessey, England, Burton, Jones, Durban, Hole, Rees, Toshack, Mahoney
Tore: 1:0 Löwe (31.), 1:1 England (57.), 2:1 Rock (90.). **Zuschauer** (in Dresden): 45 000

Wales – DDR 1:3
Wales: Sprake, Rodrigues, Hennessey, England, Thomas, Powell, Durban, Krzywicki, Davies, Toshack, Rees
DDR: Croy, Fräßdorf, Urbanczyk, Bransch, Seehaus, Körner, Stein, Irmscher, Löwe, Frenzel, Vogel
Tore: 0:1 Vogel (54.), 0:2 Löwe (60.), 0:3 Frenzel (62.), 1:3 Powell (83.). **Zuschauer** (in Cardiff): 22 500

Italien – Wales 4:1

Italien – DDR 3:0
Italien: Zoff, Burgnich, Puja, Salvadore, Facchetti, Ceresa (52. Juliano), de Sisti, Mazzola, Domenghini, Riva, Chiarugi
DDR: Croy, Fräßdorf (75. Rock), Urbanczyk, Seehaus, Bransch, Stein, Irmscher, Körner, Löwe (46. P. Ducke), Frenzel, Vogel
Tore: 1:0 Mazzola (7.), 2:0 Domenghini (26.), 3:0 Riva (37.). **Zuschauer** (in Neapel): 90 000

1. **Italien**	4	3	1	0	10:3	7:1
2. DDR	4	2	1	1	7:7	5:3
3. Wales	4	0	0	4	3:10	0:8

Gruppe 4

Sowjetunion – Türkei	3:0
Nordirland – Türkei	4:1
Sowjetunion – Nordirland	2:0
Türkei – Sowjetunion	1:3
Türkei – Nordirland	0:3
Nordirland – Sowjetunion	0:0

1. **Sowjetunion**	4	3	1	0	8:1	7:1
2. Nordirland	4	2	1	1	7:3	5:3
3. Türkei	4	0	0	4	2:13	0:8

Gruppe 5

Schweden – Frankreich	2:0
Norwegen – Schweden	2:5
Schweden – Norwegen	5:0
Frankreich – Norwegen	0:1
Norwegen – Frankreich	1:3
Frankreich – Schweden	3:0

1. **Schweden**	4	3	0	1	12:5	6:2
2. Frankreich	4	2	0	2	6:4	4:4
3. Norwegen	4	1	0	3	4:13	2:6

Der Fußballkrieg

Die Sprache im Sport bedient sich mitunter gerne aus dem Kriegsvokabular. Doch im „Fußballkrieg“ 1969 zwischen den mittelamerikanischen Staaten El Salvador und Honduras schossen die Kontrahenten tatsächlich mit Gewehrkugeln und Granaten statt mit einer Lederkugel. Die Bezeichnung „Fußballkrieg“ gründet sich aus drei Spielen der Länder in der Qualifikation zur WM 1970. Ausschreitungen in und vor den Stadien lösten letztlich die militärische Auseinandersetzung mit aus – und die Medien hatten einen einprägsamen Namen gefunden. Weder die Partien noch die Ergebnisse allerdings waren Grund für den Krieg. Der lag in politischen Spannungen und einem eskalierenden Grenzstreit. Die Länder stritten sich einerseits um 440 Quadratkilometer Land im Golf von Fonseca sowie um eine Inselgruppe im Pazifik. Dazu waren in den sechziger Jahren bis zu 300 000 Salvadorianer aus wirtschaftlichen Gründen in das Nachbarland geflüchtet und hatten dort Brachland in Besitz genommen. Um innere Probleme zu überdecken, schürte die honduranische Militärregierung bald die Stimmung gegen die Einwanderer. Im Zuge einer Agrarreform kündigte sie schließlich den Migrationsvertrag mit El Salvador und forderte am 30. April 1969 die Salvadorianer auf, das Land binnen 30 Tagen zu verlassen. In dieser Stimmung trafen die Nationalteams im Qualifikations-Halbfinale des Verbands Nord-/Mittelamerika aufeinander. Zuerst am 8. Juni in Tegucigalpa (Honduras), wo die Anhänger aus El Salvador tätlich angegriffen wurden. Auch im Rückspiel am 15. Juni in San Salvador gab es blutige Kämpfe. Da jeweils der Gastgeber gewann, folgte am 28. Juni ein Entscheidungsspiel in Mexiko-City, wo 2000 Polizisten die Lager trennten (El Salvador gewann 3:2 nach Verlängerung). Zwei Wochen nach diesen aufgeheizten Partien marschierte die Armee El Salvadors in Honduras ein. Die Bevölkerung Honduras' flüchtete (Bild oben) und die schlecht ausgerüsteten Truppen konnten das Vorrücken der salvadorianischen Streitkräfte nur mit bedeutender Hilfe der Zivilbevölkerung (Bild links) stoppen. In den ersten 100 Stunden starben etwa 3000 Menschen. Auf Druck der Vereinten Nationen kam nach sechs Tagen ein Waffenstillstand zustande. Letztlich mussten sich salvadorianische Soldaten und Migranten zurückziehen. In dem kleinen Land wuchsen daraufhin die sozialen Spannungen, die sich 1981 in einem elf Jahre langen Bürgerkrieg entluden. Der Streit um das Land am Golf von Fonseca wurde erst 1992 vom Internationalen Gerichtshof in Den Haag beigelegt – weitgehend zugunsten von Honduras. Schon zwei Jahre später gab es neue Spannungen, weil honduranisches Militär salvadorianische Siedler aus dem Gebiet vertrieb. Der Fußball zumindest hatte 1969 den Salvadorianern ein (wenngleich zweitrangiges) freudiges Ereignis verschafft: Ihre Mannschaft besiegte im Qualifikations-Finale Haiti und fuhr erstmals zu einer WM.

Gruppe 6

Finnland – Spanien	2:0
Jugoslawien – Finnland	9:1
Belgien – Finnland	6:1
Belgien – Jugoslawien	3:0
Finnland – Jugoslawien	1:5
Finnland – Belgien	1:2
Spanien – Belgien	1:1
Spanien – Jugoslawien	2:1
Belgien – Spanien	2:1
Jugoslawien – Spanien	0:0
Spanien – Finnland	6:0
Jugoslawien – Belgien	4:0

1. **Belgien**	6	4	1	1	14:8	9:3
2. Jugoslawien	6	3	1	2	19:7	7:5
3. Spanien	6	2	2	2	10:6	6:6
4. Finnland	6	1	0	5	6:28	2:10

Gruppe 7

Österreich – Zypern 7:1

Österreich – Deutschland 0:2
Österreich: Harreither, Pumm, Sturmberger, Eigenstiller, Fak, Hasil, Starek, Ettmayer, Fritsch, Köglberger, Metzler
Deutschland: Maier, Vogts, Höttges, Beckenbauer, Schulz, Weber, Dörfel, Ulsaß, Müller, Netzer, Held
Tore: 0:1 Müller (16.), 0:2 Eigenstiller (49. Eigentor). **Zuschauer** (in Wien): 71 000

Schottland – Österreich 2:1

Zypern – Deutschland 0:1
Zypern: Alkiviadis, Iakouvou, Kureas, Panajotou, Kythreotis, Markou, Konstandinidis, Konides, Asprou, Christodoulou, Stylianou
Deutschland: Wolter, Vogts, Höttges (67. Gerwien), Weber, Schulz (46. Patzke), Lorenz, Wimmer, Dörfel, Müller, Overath, Held
Tor: 0:1 Müller (90.). **Zuschauer** (in Nikosia): 6000

Zypern – Schottland 0:5

Schottland – Deutschland 1:1
Schottland: Lawrence, Gemmell, McKinnon, Greig, McCreadie, Bremner, Murdoch, Johnstone, Gilzean, Law, Lennox (63. Cooke)
Deutschland: Wolter (46. Maier), Patzke, Vogts, Beckenbauer, Schulz, Schnellinger, Dörfel, Haller, Müller, Overath (79. Lorenz), Held
Tore: 0:1 Müller (38.), 1:1 Murdoch (85.). **Zuschauer** (in Glasgow): 110 000

Zypern– Österreich 1:2

Deutschland – Österreich 1:0
Deutschland: Maier, Höttges, Vogts, Beckenbauer, Schulz, Patzke, Dörfel, Overath, Müller, Held (77. Heynckes), Brenninger (66. Volkert)
Österreich: Fraydl, Pumm, Sturmberger, Eigenstiller, Fak, Starek, Hof, Siber, Köglberger (Kreuz), Ettmayer, Redl
Tor: 1:0 Müller (88.). **Zuschauer** (in Nürnberg): 70 000

Schottland – Zypern 8:0

Deutschland – Zypern 12:0
Deutschland: Maier, Vogts, Höttges (84. L. Müller), Beckenbauer, Schulz, Lorenz (75. Patzke), Libuda, Haller, G. Müller, Overath, Held
Zypern: Alkiviadis, Mertakas, Sarakis (Kawazis), Koureas, Sotirakis, Stephanis, Kettenis (Vasiliadis), Fokis, Krystallis, Melis, Stylianou
Tore: 1:0 G. Müller (3.), 2:0, 3:0 Overath (5., 12.), 4:0 Haller (17.), 5:0 Lorenz (39.), 6:0 Held (42.), 7:0 G. Müller (44.), 8:0 Haller (46.), 9:0 G. Müller (48.), 10:0 Höttges (50.), 11:0 Overath (63.), 12:0 G. Müller (85.). **Zuschauer** (in Essen): 38 000

Deutschland – Schottland 3:2
Deutschland: Maier, Höttges, Vogts, Beckenbauer, Schulz, Fichtel, Libuda, Seeler, Müller, Overath, Haller
Schottland: Herriot, Greig, McKinnon, McNeill, Gemmell, Bremner, Cormack, Johnstone, Stein, Gilzean, Gray
Tore: 0:1 Johnstone (3.), 1:1 Fichtel (38.), 2:1 Müller (60.), 2:2 Gilzean (62.), 3:2 Libuda (79.). **Zuschauer** (in Hamburg): 72 000

Österreich – Schottland 2:0

1. **Deutschland**	6	5	1	0	20:3	11:1
2. Schottland	6	3	1	2	18:7	7:5
3. Österreich	6	3	0	3	12:7	6:6
4. Zypern	6	0	0	6	2:35	0:12

Gruppe 8

Luxemburg – Niederlande	0:2
Bulgarien – Niederlande	2:0
Niederlande – Luxemburg	4:0
Polen – Luxemburg	8:1
Bulgarien – Luxemburg	2:1
Niederlande – Polen	1:0
Bulgarien– Polen	4:1
Polen – Niederlande	2:1
Luxemburg – Polen	1:5
Niederlande – Bulgarien	1:1
Polen – Bulgarien	3:0
Luxemburg – Bulgarien	1:3

1. **Bulgarien**	6	4	1	1	12:7	9:3
2. Polen	6	4	0	2	19:8	8:4
3. Niederlande	6	3	1	2	9:5	7:5
4. Luxemburg	6	0	0	6	4:24	0:12

Südamerika

Die Gruppensieger qualifizierten sich

Gruppe 1

Bolivien – Argentinien	3:1
Peru – Argentinien	1:0
Bolivien – Peru	2:1
Peru – Bolivien	3:0
Argentinien – Bolivien	1:0
Argentinien – Peru	2:2

1. **Peru**	4	2	1	1	7:4	5:3
2. Bolivien	4	2	0	2	5:6	4:4
3. Argentinien	4	1	1	2	4:6	3:5

Gruppe 2

Kolumbien – Venezuela	3:0
Venezuela – Kolumbien	1:1
Kolumbien – Brasilien	0:2
Venezuela – Paraguay	0:2
Kolumbien – Paraguay	0:1
Venezuela – Brasilien	0:5
Paraguay – Brasilien	0:3
Brasilien – Kolumbien	6:2
Paraguay – Venezuela	1:0
Brasilien– Venezuela	6:0
Paraguay – Kolumbien	2:1
Brasilien – Paraguay	1:0

1. **Brasilien**	6	6	0	0	23:2	12:0
2. Paraguay	6	4	0	2	6:5	8:4
3. Kolumbien	6	1	1	4	7:12	3:9
4. Venezuela	6	0	1	5	1:18	1:11

Gruppe 3

Ecuador – Uruguay	0:2
Chile – Uruguay	0:0
Uruguay – Ecuador	1:0
Chile – Ecuador	4:1
Ecuador – Chile	1:1
Uruguay – Chile	2:0

1. **Uruguay**	4	3	1	0	5:0	7:1
2. Chile	4	1	2	1	5:4	4:4
3. Ecuador	4	0	1	3	2:8	1:7

Nord- und Mittelamerika

Der Sieger des Endrunden-Finals qualifizierte sich.

Vorrunde

Gruppe 1

Honduras – Jamaika	3:1
Jamaika – Honduras	0:2
Jamaika – Costa Rica	1:3
Costa Rica – Jamaika	3:0
Costa Rica – Honduras	1:1
Honduras – Costa Rica	1:0

1. Honduras	4	3	1	0	7:2	7:1
2. Costa Rica	4	2	1	1	7:3	5:3
3. Jamaika	4	0	0	4	2:11	0:8

Gruppe 2

Haiti – Guatemala	2:0
Guatemala – Haiti	1:1
Trinidad/Tobago – Haiti	0:4
Haiti – Trinidad/Tobago	2:4
Trinidad/Tobago – Guatemala	0:0
Guatemala – Trinidad/Tobago	4:0

1. Haiti	4	2	1	1	9:5	5:3
2. Guatemala	4	1	2	1	5:3	4:4
3. Trinidad/T.	4	1	1	2	4:10	3:5

Gruppe 3

Niederländ. Antillen – El Salvador	1:2
Surinam – El Salvador	4:1
Niederländ. Antillen – Surinam	2:0
El Salvador – Niederländ. Antillen	1:0
El Salvador – Surinam	6:0
Surinam – Niederländ. Antillen	6:0

1. El Salvador	4	3	0	1	10:5	6:2
2. Surinam	4	2	0	2	10:9	4:4
3. Niederl. Antillen	4	1	0	3	3:9	2:6

Gruppe 4

Kanada – Bermuda	4:0
USA – Bermuda	6:2
Bermuda – Kanada	0:0
Kanada – USA	4:2
Bermuda – USA	0:2
USA – Kanada	1:0

1. USA	4	3	0	1	11:6	6:2
2. Kanada	4	2	1	1	8:3	5:3
3. Bermuda	4	0	1	3	2:12	1:7

Endrunde

Halbfinale (Hin- und Rückspiele)

USA – Haiti	0:1/0:2
El Salvador – Honduras	3:0/0:1
Entscheidungsspiel	
Honduras – El Salvador	2:3 n.V.

Finale (Hin- und Rückspiel)

El Salvador – Haiti	0:3/2:1
Entscheidungsspiel	
Haiti – **El Salvador**	0:1 n.V.

Afrika

Sieger der Endrunde qualifizierte sich.

Vorrunde (Hin- und Rückspiele)

Runde 1

Ghana spielfrei weiter	
Nigeria – Kamerun	1:1/3:2
Sambia – Sudan	4:2/2:4 n.V.
*Sudan Sieger, da es im zweiten Spiel mehr Tore erzielte	
Äthiopien – Libyen	5:1/0:2
Tunesien – Algerien	0:0/2:1
Marokko – Senegal	1:0/*1:2
*der Schiedsrichter vergaß, eine Verlängerung spielen zu lassen, daher gab es ein Entscheidungsspiel	
Entscheidungsspiel	
Marokko – Senegal	2:0

Runde 2

Nigeria – Ghana	2:1/1:1
Sudan – Äthiopien	3:1/1:1
Tunesien – Marokko	0:0/0:0
Entscheidungsspiel	
Tunesien – Marokko	2:2 n.V.
Marokko Sieger durch Losentscheid	

Endrunde

Nigeria – Sudan	2:2
Marokko – Nigeria	2:1
Marokko – Sudan	3:0
Nigeria – Marokko	2:0
Sudan – Marokko	0:0
Sudan – Nigeria	3:3

1. **Marokko**	4	2	1	1	5:3	5:3
2. Nigeria	4	1	2	1	8:7	4:4
3. Sudan	4	0	3	1	5:8	3:5

Asien-Ozeanien

Sieger der Endrunde qualifizierte sich.

Vorrunde

Gruppe 1

1. Runde:

Südkorea – Japan	2:2
Japan – Südkorea	0:2
Japan – Australien	1:3
Australien – Japan	1:1
Australien – Südkorea	2:1
Südkorea – Australien	1:1

1. Australien	4	2	2	0	7:4	6:2
2. Südkorea	4	1	2	1	6:5	4:4
3. Japan	4	0	2	2	4:8	2:6

2. Runde (in Mosambik):
Australien – Rhodesien 1:1/0:0

Entscheidungsspiel:
Australien – Rhodesien 3:1

Gruppe 2 (Hin- und Rückspiel)

Neuseeland – Israel 0:2/0:4

Endrunde (Hin- und Rückspiel)

Israel – Australien 1:0/1:1

Position
Spielername *Geburtsjahr Verein WM-Einsätze/Tore
(Angaben soweit verfügbar)

Gruppe 1

Sowjetunion

Spieler	*Geburtsjahr	Verein	WM-Einsätze/Tore
Tor:			
Anzor Kawatsaschwili	*1940	Spartak Moskau	4/0
Leonid Schmuts	*1948	ZSKA Moskau	–/–
Lew Jaschin	*1929	Dynamo Moskau	–/–
Abwehr:			
Valentin Afonin	*1939	ZSKA Moskau	3/0
Revaz Dsodsuaschwili	*1945	Dynamo Tiflis	3/0
Wladimir Kaplitschni	*1944	ZSKA Moskau	3/0
Gennadi Logofet	*1942	Spartak Moskau	2/0
Jewgeni Lowtschew	*1949	Spartak Moskau	2/0
Albert Schesternjew	*1941	ZSKA Moskau	4/0
Mittelfeld:			
Katschi Asatiani	*1947	Dynamo Tiflis	4/1
Murtaz Churtsilawa	*1943	Dynamo Tiflis	3/0
Nikolai Kiselew	*1946	Spartak Moskau	3/0
Wladimir Muntjan	*1946	Dynamo Kiew	4/0
Valeri Zikow	*1944	Dynamo Moskau	–/–
Sturm:			
Anatoli Bischowets	*1946	Dynamo Kiew	4/4
Vitali Chmelnitski	*1943	Dynamo Kiew	4/1
Giwi Nodija	*1948	Dynamo Tiflis	1/0
Anatoli Pusatsch	*1941	Dynamo Kiew	2/0
Viktor Serebrjannikow	*1940	Dynamo Kiew	2/0
Genn. Jewrjuschichin	*1944	Dynamo Moskau	4/0
Slawa Metreweli	*1936	Dynamo Tiflis	–/–
Valeri Porkujan	*1944	Tschern. Odessa	–/–

Trainer: Gawril Katschalin

Mexiko

Spieler	*Geburtsjahr	Verein	WM-Einsätze/Tore
Tor:			
Ignacio Calderón	*1943	Deportivo Guadalajara	4/0
Francisco Castrejón		UNAM Pumas México	–/–
Antonio Mota		Necaxa México	–/–
Abwehr:			
José Luis González	*1942	UNAM Pumas México	3/1
Javier Guzmán	*1945	Cruz Azul México	4/0
Gustavo Peña	*1941	Cruz Azul México	4/1
Mario Pérez	*1946	FC América México	4/0
José Vantolrá	*1943	Deportivo Toluca	4/0
Francisco Montes		Veracruz	–/–
Mittelfeld:			
Enrique Borja	*1945	FC América México	2/0
Isidoro Díaz	*1940	FC América México	1/0
Guillermo Hernández	*1942	FC América México	4/0
Horacio López	*1948	FC América México	2/0
Antonio Munguía	*1942	Cruz Azul México	4/0
Héctor Pulido	*1942	Cruz Azul México	3/0
Mario Velárde	*1940	UNAM Pumas México	1/0
Marcos Rivas		FC Atlante México	–/–
Juan Alejandres		Cruz Azul México	–/–
Sturm:			
Juan Basaguren	*1944	FC Atlante México	1/1
Javier Fragoso	*1942	FC América México	4/1
Aarón Padilla	*1942	UNAM Pumas México	3/0
Javier Valdivia	*1941	Huerta Dep. Guadalajara	4/2

Trainer: Raúl Cárdenas

Belgien

Spieler	*Geburtsjahr	Verein	WM-Einsätze/Tore
Tor:			
Christian Piot	*1947	Standard Lüttich	3/0
Jacques Duquesne	*1940	Olympique Charleroi	–/–
Jean-M. Trappeniers	*1942	RSC Anderlecht	–/–
Abwehr:			
Nicolas Dewalque	*1945	Standard Lüttich	3/0
Georges Heylens	*1941	RSC Anderlecht	3/0
Léon Jeck	*1947	Standard Lüttich	2/0
Jean Thissen	*1946	Standard Lüttich	3/0
Maurice Martens	*1947	RSC Anderlecht	–/–
Alfons Peeters	*1943		–/–
Jacques Beurlet	*1944	Standard Lüttich	–/–
Mittelfeld:			
Léon Semmeling	*1940	Standard Lüttich	3/0
Wilfried van Moer	*1945	Standard Lüttich	3/2
Erwin van den Daele	*1945	FC Brügge	–/–
Jan Verheyen	*1944	KV Beerschot Antwerpen	–/–
Sturm:			
Johan Devrindt	*1944	RSC Anderlecht	2/0
Jean Dockx	*1941	Racing White Brüssel	3/0
Raoul Lambert	*1944	FC Brügge	2/2
Odilon Polleunis	*1943	VV St. Truiden	2/0
Wilfried Puis	*1943	RSC Anderlecht	3/0
Paul van Himst	*1943	RSC Anderlecht	3/0
Franciscus Janssens	*1945	Lierse SK	–/–
Pierre Carteus	*1943	FC Brügge	–/–

Trainer: Raymond Goethals

El Salvador

Spieler	*Geburtsjahr	Verein	WM-Einsätze/Tore
Tor:			
Raúl Magaña	*1940	Atlético Marte	3/0
Juan Alberto Fernández		FC Atlante Mexiko	–/–
Abwehr:			
Santiago Cortés	*1945	Atlético Marte	2/0
Mauricio Manzano	*1943	FAS Santa Ana	1/0
Salvador Mariona	*1943	Alianza Lima	3/0
Saturnino Osorio	*1945	Aguila San Miguel	3/0
Roberto Rivas	*1941	Alianza Lima	3/0
Guillermo Castro			1/0
Mittelfeld:			
Salvador Cabezas	*1947	FC San Nicolas	3/0
Mario Monge	*1938	FAS Santa Ana	2/0
José Quintanilla	*1947	Atlético Marte	2/0
Mauricio Rodríguez	*1945	Universidad Nacional	3/0
Genaro Sermeño	*1948	FAS Santa Ana	2/0
Jorge Vásquez	*1945	Universidad Nacional	3/0
Alberto Villalta		Atlético Marte	–/–
David Cabrera		FAS Santa Ana	–/–
Tomas Pineda			–/–
Sturm:			
Ernesto Hugo Aparicio	*1948	Atlético Marte	3/0
Juan Ramón Martínez	*1948	Aguila San Miguel	2/0
Sergio Mendez	*1942	Atlético Marte	2/0
Jaime Portillo	*1947	Alianza Lima	1/0
Elmer Acevedo		FAS Santa Ana	–/–

Trainer: Hernán Carrasco

Gruppe 2

Italien

Spieler	*Geburtsjahr	Verein	WM-Einsätze/Tore
Tor:			
Enrico Albertosi	*1939	US Cagliari	6/0
Lido Vieri	*1939	Inter Mailand	–/–
Dino Zoff	*1942	SSC Neapel	–/–
Abwehr:			
Giacinto Facchetti	*1942	Inter Mailand	6/0
Comunardo Niccolai	*1946	US Cagliari	1/0
Fabrizio Poletti	*1943	AC Turin	1/0
Roberto Rosato	*1943	AC Mailand	6/0
Pierluigi Cera	*1941	US Cagliari	6/0
Tarcisio Burgnich	*1939	Inter Mailand	6/1
Ugo Ferrante	*1945	AC Florenz	–/–
Giorgio Puia	*1938	AC Turin	–/–
Mittelfeld:			
Mario Bertini	*1944	Inter Mailand	6/0
Giancarlo de Sisti	*1943	AC Florenz	6/0
Guiseppe Furino	*1946	Juventus Turin	1/0
Antonio Juliano	*1943	SSC Neapel	1/0
Gianni Rivera	*1943	AC Mailand	4/2
Sturm:			
Roberto Boninsegna	*1943	Inter Mailand	6/2
Angelo Domenghini	*1941	US Cagliari	6/2
Sergio Gori	*1946	US Cagliari	1/0
Alessandro Mazzola	*1942	Inter Mailand	6/0
Luigi Riva	*1944	US Cagliari	6/3
Pierino Prati	*1946	AC Mailand	–/–

Trainer: Ferruccio Valcareggi

Traditionell, mit blauem Trikot und der Tricolore auf dem Herzen: die italienische Endspiel-Mann-

Uruguay

Spieler	*Geburtsjahr	Verein	WM-Einsätze/Tore
Tor:			
Ladislao Mazurkiewicz	*1945	Peñarol Montevideo	6/0
Héctor Santos	*1944	Bella Vista	–/–
Walter Corbo		Peñarol Montevideo	–/–
Abwehr:			
Atilio Genaro Ancheta	*1948	Nacional Montevideo	5/0
Roberto Matosas	*1940	River Plate Buenos Aires	6/0
Julio Montero Castillo	*1944	Nacional Montevideo	6/0
Francisco Camera		Bella Vista	–/–
Mittelfeld:			
Julio Cortés	*1941	Peñarol Montevideo	6/0
Luis Alberto Cubilla	*1940	Nacional Montevideo	5/1
Víctor Espárrago	*1944	Nacional Montevideo	6/1
Ildo Maneiro	*1947	Nacional Montevideo	6/1
Juan Mújica	*1944	Nacional Montevideo	5/1
Pedro Virgilio Rocha	*1942	Peñarol Montevideo	1/0
Rodolfo Sandoval	*1948	Peñarol Montevideo	1/0
Luis Ubiñas	*1940	Nacional Montevideo	6/0
Omar Caetano	*1938	Peñarol Montevideo	–/–
Sturm:			
Ruben Bareño	*1944	Nacional Montevideo	1/0
Dagoberto Fontes	*1943	Defensor Sporting	4/0
Alberto Gómez	*1944	FC Liverpool	1/0
Julio Losada	*1950	Peñarol Montevideo	2/0
Julio César Morales	*1945	Nacional Montevideo	3/0
Oscar Zubía	*1946	River Plate Buenos Aires	2/0

Trainer: Juan Eduardo Hohberg

schaft, von links: Mario Bertini, Roberto Boninsegna, Pierlugi Cera, Giancarlo de Sisti, Tarcisio Burgnich, Alessandro Mazzola, Angelo Domenghini, Luigi Riva, Enrico Albertosi, Roberto Rosato, Giacinto Facchetti.

Schweden

Tor:			
Ronnie Hellström	*1949	Hammarby IF	1/0
Sven Larsson	*1940	Örebro SK	2/0
Ronney Pettersson	*1940	Djurgardens IF	–/–
Abwehr:			
Kurt Axelsson	*1941	FC Brügge	3/0
Roland Grip	*1941	AIK Solna	3/0
Björn Nordqvist	*1942	IFK Norrköping	2/0
Jan Olsson	*1944	VfB Stuttgart	2/0
Hans Selander	*1945	Upsala IF	2/0
Krister Kristersson	*1942	Malmö FF	–/–
Leif Malberg	*1945	IF Elfsborg	–/–
Mittelfeld:			
Inge Ejderstedt	*1946	Östers IF	1/0
Leif Eriksson	*1942	Örebro SK	2/0
Ove Kindvall	*1943	Feyenoord Rotterdam	3/0
Göran Nicklasson	*1942	IFK Göteborg	2/0
Thomas Nordahl	*1946	RSC Anderlecht	1/0
Örjan Persson	*1942	Glasgow Rangers	2/0
Tommy Svensson	*1945	Österс IF	3/0
Sturm:			
Claes Cronqvist	*1944	Djurgardens IF	1/0
Ove Grahn	*1943	Grasshoppers Zürich	2/1
Bo Larsson	*1944	Malmö FF	3/0
Sten Palsson	*1945	GAIS Göteborg	1/0
Tom Turesson	*1942	FC Brügge	2/1

Trainer: Orvar Bergmark

Israel

Tor:			
Yitzhak Vissoker	*1944	Hapoel Petach-Tikva	3/0
Yechiel Hamieri		Hapoel Haifa	–/–
Iair Nossovski		Hapoel Kfar Sava	–/–
Abwehr:			
Menachem Bello	*1947	Maccabi Tel Aviv	1/0
David Primo	*1946	Hapoel Tel Aviv	3/0
Zvi Rosen	*1947	Maccabi Tel Aviv	3/0
Shmuel Rosenthal	*1947	Hapoel Petach-Tikva	3/0
Yeshayahu Schwager	*1946	Maccabi Haifa	3/0
David Karako		Maccabi Tel Aviv	–/–
Mittelfeld:			
Yitzhak Shum	*1948	Hapoel Kfar Sava	3/0
Giora Spiegel	*1947	Maccabi Tel Aviv	3/0
Mordechai Spiegler	*1944	Maccabi Netanya	3/1
Yochanan Vallach	*1945	Hapoel Haifa	2/0
Sturm:			
Shraga Bar	*1948	Maccabi Netanya	3/0
Yehishua Faygenbaum	*1947	Hapoel Tel Aviv	3/0
Daniel Rom	*1940	Maccabi Haifa	2/0
Aaron Shuruk	*1946	Hakoach Ramat Gan	1/0
Rohamin Talbi	*1943	Maccabi Tel Aviv	1/0
Eliahu Ben-Rimoz		Hapoel Jaffa	–/–
George Borba		Hapoel Tel Aviv	–/–
Yechezkel Chazom		Hapoel Tel Aviv	–/–
Moshe Romano		Shimshon Tel Aviv	–/–

Trainer: Emanuell Scheffer

Gruppe 3

Brasilien

Tor:			
Félix	*1937	Fluminense Rio de J.	6/0
Ado	*1944	Corinthians São Paolo	–/–
Leão	*1949	Palmeiras São Paolo	–/–
Abwehr:			
Brito	*1939	Flamengo Rio de Janeiro	6/0
Carlos Alberto	*1945	FC Santos	6/1
Everaldo	*1944	Gremio Porto Alegre	5/0
Fontana	*1940	Cruzeiro Belo Horizonte	2/0
Marco Antonio	*1951	Fluminense Rio de J.	2/0
Piazza	*1943	Cruzeiro Belo Horizonte	6/0
Baldocchi	*1946	Palmeiras São Paolo	–/–
Zé Maria	*1949	Portuguesa São Paulo	–/–
Mittelfeld:			
Clodoaldo	*1949	FC Santos	6/1
Gérson	*1941	Botafogo Rio de Janeiro	4/1
Paulo César	*1949	Botafogo Rio de Janeiro	4/0
Pelé	*1940	FC Santos	6/4
Rivelino	*1946	Corinthians São Paolo	5/3
Roberto L.M.	*1944	Botafogo Rio de Janeiro	2/0
Joel	*1946	FC Santos	–/–
Sturm:			
Edu	*1949	FC Santos	1/0
Jairzinho	*1944	Botafogo Rio de Janeiro	6/7
Tostão	*1947	Cruzeiro Belo Horizonte	6/2
José Santos	*1946	Atlético Mineiro	–/–

Trainer: Mario Zagallo

England

Tor:			
Gordon Banks	*1937	Stoke City	3/0
Peter Bonetti	*1941	FC Chelsea London	1/0
Alex Stepney	*1942	Manchester United	–/–
Abwehr:			
Jack Charlton	*1935	Leeds United	1/0
Terry Cooper	*1944	Leeds United	3/0
Brian Labone	*1940	FC Everton	3/0
Bobby Moore	*1941	West Ham United	4/0
Keith Newton	*1941	FC Everton	3/0
Thomas Wright	*1944	FC Everton	2/0
Emlyn Hughes	*1947	FC Liverpool	–/–
Mittelfeld:			
Alan Ball	*1945	FC Everton	4/0
Colin Bell	*1946	Manchester City	3/0
Bobby Charlton	*1937	Manchester United	4/0
Norman Hunter	*1943	Leeds United	1/0
Alan Mullery	*1941	Tottenham Hotspur	4/1
Martin Peters	*1943	Tottenham Hotspur	4/1
Nobby Stiles	*1942	Manchester United	–/–
Sturm:			
Jeffrey Astle	*1942	West Bromwich Albion	2/0
Allan Clarke	*1946	Leeds United	1/1
Geoff Hurst	*1941	West Ham United	3/1
Francis Lee	*1944	Manchester City	3/0
Peter Osgood	*1947	FC Chelsea London	2/0

Trainer: Alf Ramsey

Rumänien

Tor:			
Stere Adamache	*1941	FC Brasov	3/0
Gheorghe Gornea	*1944	UT Arad	–/–
Necula Raducanu	*1946	Rapid Bukarest	–/–
Abwehr:			
Cornel Dinu	*1948	Dinamo Bukarest	3/0
Nicolae Lupescu	*1940	Rapid Bukarest	3/0
Mihai Mocanu	*1942	Metalul Plopeni	3/0
Ludovic Satmareanu	*1944	Steaua Bukarest	3/0
Nicolae Pescaru	*1943	FC Brasov	–/–
Mihai Ivancescu	*1942	FC Brasov	–/–
Dan Coe	*1941	Rapid Bukarest	–/–

Mittelfeld:
Emerich Dembrovski *1945 FCM Bacau 3/1
Ion Dumitru *1950 Rapid Bukarest 3/0
Vasile Ghergheli *1941 Dinamo Bukarest 1/0
Mircea Lucescu *1945 Dinamo Bukarest 3/0
Radu Nunweiler *1944 Dinamo Bukarest 3/0
Nicolae Dobrin *1947 Dinamo Bukarest –/–
Sturm:
Florea Dumitrache *1948 Dinamo Bukarest 3/2
Alexandru Neagu *1948 Rapid Bukarest 3/1
Gheorghe Tataru *1948 Steaua Bukarest 3/0
Marin Tufan *1942 Farul Constanta –/–
Agustin Deleanu Dinamo Bukarest –/–
Falvin Domide UT Arad –/–
Trainer: Angelo Niculescu

Tschechoslowakei

Tor:
Aleksander Vencel *1944 SK Slovan Bratislava 1/0
Ivo Viktor *1942 Dukla Prag 2/0
Antonin Flesar FC Kosice –/–
Abwehr:
Karol Dobias *1947 Spartak Trnava 3/0
Vladimir Hagara *1943 Spartak Trnava 2/0
Alexander Horvath *1938 Slovan Bratislava 2/0
Vladimir Hrivnak *1945 Slovan Bratislava 1/0
Vaclav Migas *1944 Sparta Prag 3/0
Jan Zlocha *1942 Slovan Bratislava 1/0
Jan Pivarnik *1947 VSS Kosice –/–
Mittelfeld:
Ivan Hrdlicka *1943 Slovan Bratislava 1/0
Ladislav Kuna *1947 Spartak Trnava 3/0
Andrej Kvasnak *1936 KV Mechelen 2/0
Jaroslav Pollak *1947 VSS Kosice 1/0
Bohumil Vesely *1945 Sparta Prag 2/0
Frantisek Vesely *1943 Slavia Prag 3/0
Sturm:
Jozef Adamec *1942 Spartak Trnava 3/0
Jan Capkovic *1948 Slovan Bratislava 1/0
Karol Jokl *1945 Slovan Bratislava 3/0
Josef Jurkanin *1949 Sparta Prag 1/0
Ladislav Petras *1946 Inter Bratislava 3/2
Milan Albrecht AS Trencín –/–
Trainer: Josef Marko

Gruppe 4

Deutschland

Tor:
Sepp Maier *1944 Bayern München 5/0
Horst Wolter *1942 Eintracht Braunschweig 1/0
Manfred Manglitz *1940 1. FC Köln –/–
Abwehr:
Klaus Fichtel *1944 FC Schalke 04 5/0
Horst-Dieter Höttges *1943 Werder Bremen 4/0
Bernd Patzke *1943 Hertha BSC 3/0
Karl-H. Schnellinger *1939 AC Mailand 5/1
Willi Schulz *1938 Hamburger SV 3/0
Berti Vogts *1946 Bor. Mönchengladbach 6/0
Wolfgang Weber *1944 1. FC Köln 2/0
Klaus-Dieter Sieloff *1942 Bor. Mönchengladbach –/–
Mittelfeld:
Franz Beckenbauer *1945 Bayern München 5/1
Helmut Haller *1939 Juventus Turin 1/0
Max Lorenz *1939 Eintracht Braunschweig 1/0
Wolfgang Overath *1943 1. FC Köln 6/1
Peter Dietrich *1944 Bor. Mönchengladbach –/–
Sturm:
Jürgen Grabowski *1944 Eintracht Frankfurt 5/0
Siegfried Held *1942 Borussia Dortmund 3/0
Reinhard Libuda *1943 FC Schalke 04 5/1
Hannes Löhr *1942 1. FC Köln 6/0
Gerd Müller *1945 Bayern München 6/10
Uwe Seeler *1936 Hamburger SV 6/3
Trainer: Helmut Schön

Peru

Tor:
Luis Rubiños *1940 Sporting Cristal 4/0
Rubén Correa Universitario Lima –/–
Jesús Goyzueta Universitario Lima –/–
Abwehr:
Eloy Campos *1942 Sporting Cristal 2/0
Héctor Chumpitáz *1944 Universitario Lima 4/1
Orlando de la Torre *1943 Sporting Cristal Lima 3/0
José Fernández *1939 Universitario Lima 1/0
Nicolas Fuentes *1941 Universitario Lima 4/0
Javier González *1939 Alianza Lima 1/0
Pedro González *1943 Universitario Lima 2/0
Felix Salinas Universitario Lima –/–
Mittelfeld:
Roberto Challe *1946 Universitario Lima 4/1
Luis Cruzado *1941 Universitario Lima 2/0
Teófilo Cubillas *1949 Alianza Lima 4/5
Ramón Mifflin *1947 Sporting Cristal 4/0
Hugo Sotil *1949 Municipal Lima 4/0
Sturm:
Julio Baylón *1950 Alianza Lima 2/0
Alberto Gallardo *1940 Sporting Cristal 4/2
Pedro León *1943 Alianza Lima 4/0
Oswaldo Ramírez *1947 Sport Boys 2/0
Eladio Reyes *1948 J.A. Chiclayo 1/0
José del Castillo Sporting Cristal –/–
Trainer: Didí

Bulgarien

Tor:
Stoyan Iordanov *1944 CSKA Sofia 1/0
Simeon Simeonov *1946 Slavia Sofia 2/0
Iordan Filipov CSKA Sofia –/–
Abwehr:
Stefan Aladjov *1947 Levski Sofia 1/0
Ivan Dimitrov *1935 Akademica Sofia 2/0
Boris Gaganelov *1941 CSKA Sofia 1/0
Milko Gaidarski *1946 Levski Sofia 2/0
Asparuch Nikodimov *1945 CSKA Sofia 2/1
Dimitar Penev *1945 CSKA Sofia 3/0
Aleksandr Shalamanov *1941 Slavia Prag 3/0
Dobromir Jetchev *1942 Spartak Sofia 2/1
Mittelfeld:
Hristo Bonev *1947 CSKA Sofia 3/1
Ivan Davidov *1943 Slavia Sofia 1/0
Dinko Dermendjiev *1941 Botev Plovdiv 2/1
Dimitar Jakimov *1941 CSKA Sofia 2/0
Todor Kolev *1942 Slavia Sofia 2/1
Sturm:
Georgi Asparuchov *1943 Levski Sofia 3/0
Petar Jekov *1944 CSKA Sofia 1/0
Dimitar Marachliev *1947 CSKA Sofia 2/0
Vassil Mitkov *1943 Levski Sofia 2/0
Georgi Popov *1944 Spartak Plovdiv 2/0
Bojidar Grigorov *1945 Slavia Sofia –/–
Trainer: Stefan Boskov

Marokko

Tor:
Mohammed Hazzaz *1945 MAS Fes 1/0
Allal Ben Kassou *1941 FAR Rabat 2/0
Ahmed Abdel Ouriaghly Wydad Casablanca –/–
Abwehr:
Boujemaa Benkhrif *1947 KAC Kenitra 3/0
Mohammed El-Filali *1940 MC Oujda 3/0
Said Ghandi *1947 Raja Casablanca 3/0
Moulay Khanoussi *1939 MAS Fes 3/0
Abdallah Lamrani *1946 FAR Rabat 2/0
Kacem Slimani *1948 RS Settat 3/0
Hamid Dahan US Sidi Kacem –/–
Mittelfeld:
Driss Bamous *1942 FAR Rabat 3/0
Moustapha Choukri Raja Casablanca 1/0
Abdelkader El-Khiati *1945 FAR Rabat 1/0
Jilali Fadili *1940 FAR Rabat 2/0
Ahmed Faras *1946 Chabab Mohammedia 2/0
Mohammed Maaroufi *1947 3/0
Sturm:
Ahmed Alaoui RS Settat 2/0
Mouhoub Ghazouani *1948 FAR Rabat 3/1
Houmane Jarir *1945 Raja Casablanca 2/1
Trainer: Blagoje Vidinic

Das treffsichere Kind aus Lima

Dass hier der beste Fußballspieler des Landes heranwuchs, ahnten die Peruaner bereits 1966. Teófilo Cubillas war 16 Jahre alt, spielte seine erste Saison beim Traditionsklub Alianza Lima – und wurde Torschützenkönig. Er bekam den Beinamen „El Nene", das Kind. Die Welt sah dieses Kind zum ersten Mal bei der WM in Mexiko (Bild), es war inzwischen 21 und kaum zu bändigen. Cubillas war schnell, führte den Ball auffällig eng am Fuß und hatte eine bemerkenswerte Schusstechnik. Gegen Bulgarien erzielte er den Siegtreffer zum 3:2, gegen Marokko zwei weitere Tore (3:0), auch gegen Deutschland traf er per Freistoß (1:3). Im Viertelfinale gegen Brasilien schoss Cubillas sein fünftes WM-Tor, dennoch schied Peru aus. 1972 zu Südamerikas Fußballer des Jahres gewählt, wechselte er im Jahr darauf zum FC Basel in die Schweiz. Seine Leistungen erregten großes Aufsehen, der FC Porto holte ihn schon ein halbes Jahr später für den doppelten Preis. 1974 verpasste Peru die WM, doch 1978 in Argentinien staunte die Welt wieder über „El Nene". Noch einmal schoss er fünf Tore, darunter ein raffinierter Freistoß aus 20 Metern gegen Schottland: mit dem Außenrist in den Winkel der kurzen Ecke. Auch 1982 waren Peru und Cubillas noch einmal dabei. Doch der dann 33-Jährige, inzwischen schon drei Jahre in der nordamerikanischen Profiliga bei den Fort Lauderdale Strikers aktiv, hatte seine kindliche Unbekümmertheit verloren. Cubillas gelang kein Tor, Peru schied in der Vorrunde aus.

Gruppe 1

Mexiko – Sowjetunion 0:0
Mexiko: Calderón, Peña, Pérez, Hernández, López, Vantolrá, Guzmán, Pulido, Velárde (67. Munguía), Valdivia, Fragoso
Sowjetunion: Kawatsaschwili Kaplitschni, Lowtschew, Logofet, Schesternjew, Asatiani, Muntjan, Serebrjannikow (46. Pusatsch), Bischowets, Jewrjuschichin, Nodija (67. Chmelnitski)
Gelb: Peña; Asatiani, Lowtschew, Logofet, Nodija. **Schiedsrichter:** Tschenscher (Deutschland). **Zuschauer:** 107 160

Belgien – El Salvador 3:0 (1:0)
Belgien: Piot, Heylens, Thissen, Dewalque, Dockx, Semmeling (79. Polleunis), van Moer, Devrindt, van Himst, Puis, Lambert
El Salvador: Magaña, Rivas, Mariona, Osorio, Quintanilla, Rodríguez, Vásquez, Martínez, Cabezas, Aparicio, Manzano (67. Cortes)
Tore: 1:0, 2:0 van Moer (12., 54.), 3:0 Lambert (79. Elfmeter). **Schiedsrichter:** Radulescu (Rumänien). **Zuschauer:** 92 205

Sowjetunion – Belgien 4:1 (1:0)
Sowjetunion: Kawatsaschwili, Afonin, Dsodsuaschwili (73. Kiselew), Kaplitschni (35. Lowtschew), Churtsilawa, Schesternjew, Asatiani, Muntjan, Bischowets, Jewrjuschichin, Chmelnitski
Belgien: Piot, Heylens, Thissen, Dewalque, Jeck, Dockx, Semmeling, van Moer, van Himst, Puis, Lambert
Tore: 1:0 Bischowets (15.), 2:0 Asatiani (56.), 3:0 Bischowets (63.), 4:0 Chmelnitski (76.), 4:1 Lambert (86.). **Schiedsrichter:** Scheurer (Schweiz). **Zuschauer:** 95 261

Mexiko – El Salvador 4:0 (1:0)
Mexiko: Calderón, Vantolrá, Peña, Guzmán, Pérez, González, Munguía, Valdivia, Fragoso, Borja (46. López, 77. Basaguren), Padilla
El Salvador: Magaña, Rivas, Mariona, Cortés (67. Monge), Osorio, Quintanilla, Cabezas, Vásquez, Rodríguez, Martínez, Aparicio (59. Mendez)
Tore: 1:0, 2:0 Valdivia (45., 46.), 3:0 Fargoso (58.), 4:0 Basaguren (83.). **Gelb:** Mariona, Cabezas, Mendez, Magaña. **Schiedsrichter:** Kandil (Ägypten). **Zuschauer:** 103 058

Sowjetunion – El Salvador 2:0 (0:0)
Sowjetunion: Kawatsaschwili, Afonin, Churtsilawa, Schesternjew, Dsodsuaschwili, Kiselew (80. Asatiani), Muntjan, Pusatsch (46. Jewrjuschichin), Serebrjannikow, Bischowets, Chmelnitski
El Salvador: Magaña, Rivas, Mariona, Osorio, Rodríguez (85. Sermeño), Vásquez, Cabezas (81. Aparicio), Monge, Portillo, Castro, Mendez
Tore: 1:0, 2:0 Bischowets (51., 74.). **Gelb:** Chmelnitski. **Schiedsrichter:** Hormazábal Díaz (Chile). **Zuschauer:** 89 979

Mexiko – Belgien 1:0 (1:0)
Mexiko: Calderón, Vantolrá, Peña, Guzmán, Pérez, Pulido, González, Munguía, Valdivia (46. Basaguren), Fragoso, Padilla
Belgien: Piot, Heylens, Dewalque, Jeck, Thissen, van Moer, Dockx, Puis, Semmeling, Polleunis (64. Devrindt), van Himst
Tor: 1:0 Peña (15. Elfmeter). **Gelb:** Peña, Valdivia; Thissen, van Himst. **Schiedsrichter:** Coerezza (Argentinien). **Zuschauer:** 108 192

1. **Sowjetunion**	3	2	1	0	6:1	5:1
2. **Mexiko**	3	2	1	0	5:0	5:1
3. Belgien	3	1	0	2	4:5	2:4
4. El Salvador	3	0	0	3	0:9	0:6

Gezielter Schuss: Das Medieninteresse an der WM nahm weiter zu, rund 2000 Journalisten waren akkreditiert. Die Presse-Fotografen drängten sich dabei am Spielfeld und genossen heute kaum vorstellbare Freiheiten: Noch kurz vor Anpfiff liefen sie quer über den Rasen, auch nach Toren verfolgten sie die Spieler für ein schönes Bild auf dem Platz.

Gruppe 2

Uruguay – Israel 2:0 (1:0)
Uruguay: Mazurkiewicz, Ubiñas, Ancheta, Matosas, Mújica, Montero Castillo, Rocha (12. Cortés), Maneiro, Cubilla, Espárrago, Losada
Israel: Vissoker, Schwager, Rosen, Rosenthal, Primo, Spiegel, Shum, Rom (57. Vallach), Spiegler, Talbi (46. Bar), Faygenbaum
Tore: 1:0 Maneiro (23.), 2:0 Mújica (51.). **Schiedsrichter:** Davidson (Schottland). **Zuschauer:** 20 654

Italien – Schweden 1:0 (1:0)
Italien: Albertosi, Burgnich, Facchetti, Bertini, Niccolai (37. Rosato), Cera, Domenghini, Mazzola, de Sisti, Riva, Boninsegna
Schweden: Hellström, Axelsson, Nordqvist, Grip, Svensson, B. Larsson (80. Nicklasson), Eriksson (57. Ejderstedt), Kindvall, Grahn, Cronqvist, Olsson
Tor: 1:0 Domenghini (10.). **Gelb:** Cronqvist. **Schiedsrichter:** Taylor (England). **Zuschauer:** 13 433

Uruguay – Italien 0:0
Uruguay: Mazurkiewicz, Ancheta, Matosas, Ubiñas, Montero Castillo, Mújica, Cubilla, Espárrago, Maneiro, Bareno (73. Zubía), Cortés
Italien: Albertosi, Burgnich, Facchetti, Cera, Rosato, Bertini, Riva, Domenghini (46. Furino), Mazzola, de Sisti, Boninsegna
Schiedsrichter: Glöckner (DDR). **Zuschauer:** 29 968

Schweden – Israel 1:1 (0:0)
Schweden: S.-G. Larsson, Selander, Axelsson, Olsson, Grip, B. Larsson, Nordahl, Svensson, Turesson, Kindvall, Persson (75. Palsson)
Israel: Vissoker, Schwager, Rosen, Vallach (48. Shuruk), Primo, Rosenthal, Spiegel, Spiegler, Shum, Faygenbaum, Bar
Tore: 1:0 Turesson (53.), 1:1 Spiegler (56.). **Gelb:** Persson; Bar, Primo. **Schiedsrichter:** Tarekegn (Äthiopien). **Zuschauer:** 9624

Schweden – Uruguay 1:0 (0:0)
Schweden: S.-G. Larsson, Selander, Axelsson, Nordqvist, Svensson, Grip, B. Larsson, Eriksson, Kindvall (60. Turesson), Nicklasson (84. Grahn), Persson
Uruguay: Mazurkiewicz, Ancheta, Matosas, Ubiñas, Montero Castillo, Mújica, Zubía, Espárrago (62. Fontes), Maneiro, Cortés, Losada
Tor: 1:0 Grahn (90.). **Schiedsrichter:** Landauer (USA). **Zuschauer:** 18 163

Italien – Israel 0:0
Italien: Albertosi, Burgnich, Cera, Rosato, Facchetti, de Sisti, Domenghini (46. Rivera), Mazzola, Bertini, Boninsegna, Riva
Israel: Vissoker, Schwager, Rosen, Rosenthal, Primo, Bello, Spiegel, Spiegler, Shum, Faygenbaum (46. Rom), Bar
Schiedsrichter: de Moraes (Brasilien). **Zuschauer:** 9890

1. **Italien**	3	1	2	0	1:0	4:2
2. **Uruguay**	3	1	1	1	2:1	3:3
3. Schweden	3	1	1	1	2:2	3:3
4. Israel	3	0	2	1	1:3	2:4

Gruppe 3

England – Rumänien 1:0 (0:0)
England: Banks, Newton (51. Wright), Labone, Moore, Cooper, Mullery, Ball, B. Charlton, Peters, Lee (77. Osgood), Hurst
Rumänien: Adamache, Satmareanu, Lupescu, Dinu, Mocanu, Dumitru, Nunweiler, Dembrowski, Dumitrache, Tataru (74. Neagu), Lucescu
Tor: 1:0 Hurst (65.). **Schiedsrichter:** Loraux (Belgien). **Zuschauer:** 50 560

Brasilien – Tschechoslowakei 4:1 (1:1)
Brasilien: Félix, Carlos Alberto, Brito, Piazza, Everaldo, Clodoalo, Gérson (74. Paulo César), Rivelino, Jairzinho, Tostão, Pelé
Tschechoslowakei: Viktor, Dobias, Horvath, Migas, Hagara, Hrdlicka (46. Kvasnak), Kuna, F. Vesely (75. B. Vesely), Petras, Adamec, Jokl
Tore: 0:1 Petras (11.), 1:1 Rivelino (24.), 2:1 Pelé (59.), 3:1, 4:1 Jairzinho (61., 81.). **Gelb:** Gérson, Tostão; Horvath. **Schiedsrichter:** Barreto Ruiz (Uruguay). **Zuschauer:** 52 897

Rumänien – Tschechoslowakei 2:1 (0:1)
Rumänien: Adamache, Satmareanu, Dinu, Lupescu, Mocanu, Dumitru (81. Ghergeli), Nunweiler, Dembrowski, Neagu, Dumitrache, Lucescu (69. Tataru)
Tschechoslowakei: Vencel, Dobias, Migas, Horvath, Zlocha, Kuna, Kvasnak, B. Vesely, Jurkanin (46. Adamec), Petras, Jokl (67. F. Vesely)
Tore: 0:1 Petras (4.), 1:1 Neagu (52.), 2:1 Dumitrache (78. Elfmeter). **Gelb:** Nunweiler; Kvasnak. **Schiedsrichter:** de Leo (Mexiko). **Zuschauer:** 56 818

Brasilien – England 1:0 (0:0)
Brasilien: Félix, Carlos Alberto, Brito, Piazza, Everaldo, Paulo César, Rivelino, Clodoaldo, Jairzinho, Tostão (68. Roberto), Pelé
England: Banks, Wright, Labone, Moore, Cooper, Mullery, Ball, B. Charlton (64. Astle), Peters, Lee (64. Bell), Hurst
Tor: 1:0 Jairzinho (59.). **Gelb:** Lee. **Schiedsrichter:** Klein (Israel). **Zuschauer:** 66 843

Brasilien – Rumänien 3:2 (2:1)
Brasilien: Félix, Carlos Alberto, Brito, Fontana, Everaldo (56. Marco Antonio), Clodoaldo (74. Edu), Piazza, Paulo César, Jairzinho, Tostão, Pelé
Rumänien: Adamache (28. Raducanu), Satmareanu, Lupescu, Dinu, Mocanu, Dumitru, Nunweiler, Dembrowski, Neagu, Dumitrache (71. Tataru), Lucescu
Tore: 1:0 Pelé (19.), 2:0 Jairzinho (22.), 2:1 Dumitrache (34.), 3:1 Pelé (67.), 3:2 Dembrowski (83.). **Gelb:** Mocanu, Dumitru. **Schiedsrichter:** Marschall (Österreich). **Zuschauer:** 50 804

England – Tschechoslowakei 1:0 (0:0)
England: Banks, Newton, J. Charlton, Moore, Cooper, Mullery, Bell, B. Charlton (66. Ball), Peters, Clarke, Astle (60. Osgood)
Tschechoslowakei: Viktor, Dobias, Migas, Hrivnak, Hagara, Pollak, Kuna, F. Vesely, Petras, Adamec, Capkovic (70. Jokl)
Tor: 1:0 Clarke (49. Elfmeter). **Gelb:** Dobias. **Schiedsrichter:** Machin (Frankreich). **Zuschauer:** 49 292

1. **Brasilien**	3	3	0	0	8:3	6:0
2. **England**	3	2	0	1	2:1	4:2
3. Rumänien	3	1	0	2	4:5	2:4
4. Tschechosl.	3	0	0	3	2:7	0:6

Gruppe 4

Peru – Bulgarien 3:2 (0:1)
Peru: Rubiños, Campos (28. J. González), de la Torre, Chumpitáz, Fuentes, Mifflin, Challe, Baylón (50. Sotil), León, Cubillas, Gallardo
Bulgarien: Simeonov, Shalamanov, Dimitrov, Davidov, Aladjov, Penev, Bonev (73. Asparuchov), Popov (59. Marachliev), Jekov, Jakimov, Dermendjiev
Tore: 0:1 Dermendjiev (13.), 0:2 Bonev (49.), 1:2 Gallardo (50.), 2:2 Chumpitáz (55.), 3:2 Cubillas (73.). **Schiedsrichter:** Sbardella (Italien). **Zuschauer:** 13 765

Deutschland – Marokko 2:1 (0:1)
Deutschland: Maier, Vogts, Höttges (74. Löhr), Schulz, Fichtel, Beckenbauer, Haller (46. Grabowski), Seeler, Müller, Overath, Held
Marokko: Kassou, Lamrani, Benkhrif, Slimani, Khanoussi, El-Filali, Maaroufi, Bamous (71. Faras), Ghandi, Jarir, Ghazouani (55. El-Khiati)
Tore: 0:1 Jarir (21.), 1:1 Seeler (56.), 2:1 Müller (80.). **Schiedsrichter:** van Ravens (Niederlande). **Zuschauer:** 12 942

Peru – Marokko 3:0 (0:0)
Peru: Rubiños, P. González, de la Torre, Chumpitáz, Fuentes, Mifflin (55. Cruzado), Challe, Sotil, León, Cubillas, Gallardo (76. Ramírez)
Marokko: Kassou, Lamrani, Slimani, Khanoussi, Benkhrif (65. Fadili), Maaroufi, El-Filali, Ghandi (81. Alaoui), Jarir, Bamous, Ghazouani
Tore: 1:0 Cubillas (65.), 2:0 Challe (68.), 3:0 Cubillas (75.). **Schiedsrichter:** Bachramow (Sowjetunion). **Zuschauer:** 13 537

Deutschland – Bulgarien 5:2 (2:1)
Deutschland: Maier, Vogts, Höttges, Schnellinger, Fichtel, Beckenbauer (72. Weber), Libuda, Seeler, Müller, Overath, Löhr (59. Grabowski)
Bulgarien: Simeonov, Gaidarski, Jetchev, Nikodimov, Gaganelov (58. Shalamanov), Bonev, Penev, Kolev, Marachliev, Asparuchov, Dermendjiev (46. Mitkov)
Tore: 0:1 Nikodimov (12.), 1:1 Libuda (19.), 2:1, 3:1 Müller (27., 52. Elfmeter), 4:1 Seeler (69.), 5:1 Müller (88.), 5:2 Kolev (89.). **Schiedsrichter:** Ortiz de Mendibil (Spanien). **Zuschauer:** 12 710

Deutschland – Peru 3:1 (3:1)
Deutschland: Maier, Vogts, Höttges (46. Patzke), Schnellinger, Fichtel, Beckenbauer, Libuda (74. Grabowski), Seeler, Müller, Overath, Löhr
Peru: Rubiños, P. González, de la Torre, Chumpitáz, Fuentes, Mifflin, Challe (71. Cruzado), Sotil, León (55. Ramírez), Cubillas, Gallardo
Tore: 1:0, 2:0, 3:0 Müller (20., 26., 39.), 3:1 Cubillas (43.). **Schiedsrichter:** Aguilar Elizalde (Mexiko). **Zuschauer:** 17 875

Bulgarien – Marokko 1:1 (0:0)
Bulgarien: Iordanov, Shalamanov, Nikodimov, Jetchev, Gaidarski, Jakimov (60. Bonev), Kolev, Penev (42. Dimitrov), Popov, Asparuchov, Mitkov
Marokko: Hazzaz, Fadili, Khanoussi, Slimani, Benkhrif, Maaroufi, Bamous (46. Choukri), El-Filali, Ghandi, Alaoui (73. Faras), Ghazouani
Tore: 1:0 Jetchev (40.), 1:1 Ghanzouani (61.). **Schiedsrichter:** Saldanha Ribeiro (Portugal). **Zuschauer:** 12 299

1. **Deutschland**	3	3	0	0	10:4	6:0
2. **Peru**	3	2	0	1	7:5	4:2
3. Bulgarien	3	0	1	2	5:9	1:5
4. Marokko	3	0	1	2	2:6	1:5

Viertelfinale

Deutschland – England 3:2 (2:2, 0:1) n.V.
Deutschland: Maier, Vogts, Schnellinger, Fichtel, Höttges (46. Schulz), Seeler, Beckenbauer, Overath, Libuda (57. Grabowski), Müller, Löhr
England: Bonetti, Newton, Labone, Moore, Cooper, Mullery, Ball, B. Charlton (71. Bell), Peters (81. Hunter), Lee, Hurst
Tore: 0:1 Mullery (32.), 0:2 Peters (50.), 1:2 Beckenbauer (68.), 2:2 Seeler (82.), 3:2 Müller (108.). **Gelb:** Müller; Lee. **Schiedsrichter:** Coerezza (Argentinien). **Zuschauer:** 23 357

Uruguay – Sowjetunion 1:0 (0:0) n.V.
Uruguay: Mazurkiewicz, Ubiñas, Matosas, Ancheta, Mújica, Cortés, Montero Castillo, Maneiro, Cubilla, Morales (95. Goméz), Fontes (115. Espárrago)
Sowjetunion: Kawatsaschwili, Dsodsuaschwili, Schesternjew, Kaplitschni, Afonin, Muntjan, Churtsilawa (85. Logofet), Asatiani (73. Kiselew), Jewrjuschichin, Bischowets, Chmelnitski
Tor: 1:0 Espárrago (117.). **Gelb:** Matosas, Ubiñas; Bischowets. **Schiedsrichter:** van Ravens (Niederlande). **Zuschauer:** 96 085

Italien – Mexiko 4:1 (1:1)
Italien: Albertosi, Burgnich, Cera, Rosato, Facchetti, Domenghini (84. Gori), de Sisti, Mazzola (46. Rivera), Bertini, Boninsegna, Riva
Mexiko: Calderón, Vantolrá, Peña, Guzmán, Pérez, Munguía (60. Díaz), Pulido, González (68. Borja), Valdivia, Fragoso, Padilla
Tore: 0:1 González (13.), 1:1 Peña (25. Eigentor), 2:1 Riva (64.), 3:1 Rivera (69.), 4:1 Riva (76.). **Gelb:** Rivera. **Schiedsrichter:** Scheurer (Schweiz). **Zuschauer:** 26 851

Brasilien – Peru 4:2 (2:1)
Brasilien: Félix, Carlos Alberto, Brito, Piazza, Marco Antonio, Gérson (67. Paulo César), Clodoaldo, Rivelino, Jairzinho (80. Roberto), Tostão, Pelé
Peru: Rubiños, Campos, Fernandez, Chumpitáz, Fuentes, Mifflin, Challe, Cubillas, Baylón (54. Sotil), León (61. Reyes), Gallardo
Tore: 1:0 Rivelino (11.), 2:0 Tostão (15.), 2:1 Gallardo (28.), 3:1 Tostão (52.), 3:2 Cubillas (69.), 4:2 Jairzinho (75.). **Schiedsrichter:** Loraux (Belgien). **Zuschauer:** 54 233

Halbfinale

Deutschland – Italien 3:4 (1:1, 0:1) n.V.
Deutschland: Maier, Vogts, Schnellinger, Schulz, Patzke (66. Held), Seeler, Beckenbauer, Overath, Grabowski, Müller, Löhr (52. Libuda)
Italien: Albertosi, Burgnich, Cera, Rosato (91. Poletti), Facchetti, Domenghini, Mazzola (46. Rivera), Bertini, de Sisti, Boninsegna, Riva
Tore: 0:1 Boninsegna (7.), 1:1 Schnellinger (90.), 2:1 Müller (95.), 2:2 Burgnich (99.), 2:3 Riva (104.), 3:3 Müller (110.), 3:4 Rivera (111.). **Gelb:** Overath, Müller; Albertosi, Rosato, de Sisti, Domenghini. **Schiedsrichter:** Yamasaki (Peru). **Zuschauer:** 102 444

Brasilien – Uruguay 3:1 (1:1)
Brasilien: Félix, Carlos Alberto, Brito, Piazza, Everaldo, Gérson, Clodoaldo, Rivelino, Jairzinho, Tostão, Pelé
Uruguay: Mazurkiewicz, Ancheta, Matosas, Ubiñas, Mújica, Montero Castillo, Cortés, Maneiro (73. Espárrago), Cubilla, Fontes, Morales
Tore: 0:1 Cubilla (19.), 1:1 Clodoaldo (44.), 2:1 Jairzinho (76.), 3:1 Rivelino (89.). **Gelb:** Carlos Alberto; Fontes, Mújica, Maneiro. **Schiedsrichter:** Ortiz de Mendibil (Spanien). **Zuschauer:** 51 261

Spiel um Platz 3

Deutschland – Uruguay 1:0 (1:0)
Deutschland: Wolter, Patzke, Vogts, Weber, Schnellinger (46. Lorenz), Fichtel, Libuda (75. Löhr), Seeler, Müller, Overath, Held
Uruguay: Mazurkiewicz, Ubiñas, Ancheta, Matosas, Mújica, Maneiro (69. Sandoval), Montero Castillo, Cubilla, Cortés, Fontes (46. Espárrago), Morales
Tor: 1:0 Overath (27.). **Gelb:** Lorenz, Löhr; Ubiñas, Montero Castillo, Fontes. **Schiedsrichter:** Sbardella (Italien). **Zuschauer:** 104 403

Finale

Brasilien – Italien 4:1 (1:1)
Brasilien: Félix, Carlos Alberto, Brito, Piazza, Everaldo, Clodoaldo, Gérson, Rivelino, Jairzinho, Tostão, Pelé
Italien: Albertosi, Burgnich, Cera, Rosato, Facchetti, Domenghini, Bertini (74. Juliano), de Sisti, Mazzola, Boninsegna (84. Rivera), Riva
Tore: 1:0 Pelé (18.), 1:1 Boninsegna (37.), 2:1 Gérson (66.), 3:1 Jairzinho (71.), 4:1 Carlos Alberto (87.). **Gelb:** Rivelino; Burgnich. **Schiedsrichter:** Glöckner (DDR). **Zuschauer:** 107 412

Deutsche Final-Teilnahme: Rudi Glöckner (Mitte) aus Markranstädt bei Leipzig (DDR) leitete 1970 als bisher einziger deutscher Schiedsrichter ein WM-Finale. 28 Jahre später sagte er: „Damals konnte man mit den Spielern noch anders reden, was manche Herbheiten entkrampfte." Wie er sich wohl mit Italienern und Brasilianern unterhielt?

Turnier in Zahlen

Turnierdauer:
31. Mai 1970 bis 21. Juni 1970

Spielorte: 5
Mexiko-City, León, Guadalajara, Puebla, Toluca

Mannschaften: 16
Europa: 9; Südamerika: 3; Nord-/Mittelamerika: 2; Asien: 1; Afrika: 1

WM-Neulinge:
El Salvador, Israel, Marokko

Spiele: 32

Tore: 95 (2,97 pro Spiel)

Torjäger:
10 Tore: Müller (Deutschland)
7 Tore: Jairzinho (Brasilien)
5 Tore: Cubillas (Peru)
4 Tore: Pelé (Brasilien), Bischowets (Sowjetunion)
3 Tore: Seeler (Deutschland), Rivelino (Brasilien), Riva (Italien)
2 Tore: van Moer, Lambert (beide Belgien), Valdivia (Mexiko), Tostão (Brasilien), Rivera, Boninsegna (alle Italien), Petras (Tschechoslowakei), Dumitrache (Rumänien), Gallardo (Peru)

Eigentore: 1
Peña (Mexiko, gegen Italien)

Elfmeter: 5 (alle verwandelt)

Das schnellste Tor:
nach 4 Minuten: Petras (Tschechoslowakei, gegen Rumänien)

Treffsicherste Mannschaft:
Brasilien (19)

Torärmste Mannschaft:
El Salvador (0)

Eingesetzte Spieler: 275

Mannschaft mit den meisten eingesetzten Spielern:
Bulgarien (20)

Mannschaft mit den wenigsten eingesetzten Spielern:
Belgien (13)

Ältester Spieler:
Lew Jaschin (40, Sowjetunion)

Jüngster Spieler:
Marco Antonio (19, Brasilien)

Rote Karten: keine

Gelbe Karten: 45

Mannschaft mit den meisten Gelben Karten:
Uruguay (8)

Mannschaften mit den wenigsten Gelben Karten:
Bulgarien, Israel, Marokko, Peru (alle 0)

Zuschauer:
Zahlen der Fifa:
1,674 Millionen (52312 pro Spiel)
Zahlen des Veranstalters:
1,673 Millionen (52275 pro Spiel)

Einnahmen:
Da noch ein paar Zehntausend Eintrittskarten mehr als 1966 in England verkauft wurden (v.a. für das enorme Azteken-Stadion), war diese WM ein einträgliches Geschäft. 5,9 Millionen US-Dollar verbuchten der Weltverband Fifa und Gastgeber Mexiko als Gewinn. Auch die Spieler profitierten zunehmend. So soll der brasilianische Verband seinen Siegern neben einer üppigen Prämie eine lebenslange Steuerbefreiung versprochen haben.

Torschützenkönig

Gerd Müller

Sein Geheimnis? „Man muss ohne hinzuschauen wissen, wo das Tor steht." Keiner wusste besser, wo das Tor steht, als Gerd Müller. Aus Nördlingen kam er 1964 18-jährig zum zweitklassigen FC Bayern – und begründete eine Ära. Müller gewann in Verein und Nationalmannschaft alle Titel. Als Stürmer schüchterte er durch seinen Instinkt, seine Kraft, Wendigkeit und Gedankenschnelle die Verteidiger ein. Wenn es ums Toreschießen geht, hält Müller alle Rekorde: in der Bundesliga (365), im Europapokal (66), bei Weltmeisterschaften (14). In Mexiko 1970 machte er zehn Tore in fünf Spielen, nur im Spiel um Platz drei ging er leer aus. Auf die Frage, ob er auch heute so viele Tore schießen würde, sagte er an seinem 60. Geburtstag: „Mehr würd' ich schießen, viel mehr."

Top

Superlativ

Jahrhundert-Spiel, Jahrhundert-Parade, der beste Weltmeister aller Zeiten, die nettesten Gastgeber, der erfolgreichste WM-Spieler aller Zeiten (Pelé mit seinem dritten Titel), das schönste Final-Tor (das 4:1 von Carlos Alberto) – mit der WM 1970 in Mexiko verbindet die Öffentlichkeit Begriffe, Superlative, die nur auf eines schließen lassen: Es war eine Jahrhundert-WM. Wunderbarer, offensiver Fußball verbunden mit vielen Fehlern wegen Hitze und Höhenluft verbanden sich zu einem Spektakel. Und die Welt außerhalb der Stadien durfte zum ersten Mal in Farbe dabei sein. Dafür einen superlativen Dank an die Technik.

Flop

Kritiker

Wer bei dieser WM noch eine Steigerung fordert, ist selbst schon ein Flop. Einen noch besseren Weltmeister? Noch nettere Gastgeber? Ein Jahrtausend-Spiel? Kaum vorstellbar. Gut, manche Kritiker monierten den Spielbeginn um 12 Uhr mittags. Heutige Taktikfüchse stören sich vermutlich am fehlenden Pressing, ungenügenden Verschieben der Abwehrketten und mittelmäßigen Verteidigen in Ballnähe. Doch die WM 1970 lebte eben vom Spektakel, von Einzelkönnern wie Pelé, Jairzinho, Riva, Müller etc. Es war die schönste WM aller Zeiten. Mindestens. Eine Steigerung wird es nicht geben.

Das Sportjahr 1970

Deutscher Fußball-Meister	Borussia Mönchengladbach
Deutscher Pokalsieger	Offenbacher Kickers
Europapokalsieger der Meister	Feyenoord Rotterdam (Holland)
Europacupsieger der Pokalsieger	Manchester City (England)
Messepokal-Sieger	Arsenal London (England)
Formel-1-Weltmeister	Jochen Rindt (Österreich)
Wimbledon-Sieger	Margaret Smith Court (Austr.) John Newcombe (Australien)
Tour-de-France-Sieger	Eddy Merckx (Belgien)
Vierschanzen-Tournee-Sieger	Horst Queck (DDR)
Weltrekorde:	
100 Meter Hürden, Frauen	Karin Balzer (DDR, 12,7)
Stabhochsprung, Männer	Wolfgang Nordwig (DDR, 5,46)
Weitsprung, Frauen	Heide Rosendahl (BRD, 6,84)

Hitliste

Die schönsten Hutträger

1 Günter, behütet. Der verletzte Netzer (r.) besucht mit Box-Star Max Schmeling das deutsche Quartier. Auch für den nächsten Karnevalsauftritt sorgten die beiden damit vor.

2 Gestatten, Manfred Manglitz, Torwart und Draufgänger aus dem wilden Westen (Köln). Er suchte sich, weil er in Mexiko nicht zum Einsatz kam, andere Einsatzfelder. Zum Beispiel: Traktor fahren.

3 Juanito, hier lebendiges WM-Maskottchen, zeigt Uwe Seeler die ortsübliche Kopfbedeckung. Gerade für das lichte Haupt von „Uns Uwe" war der Hut in Mexiko unverzichtbar.

4 Das Geschäft läuft gut. Neben gebräunter Haut ist der Sombrero das wohl bekannteste Souvenir aus Mexiko. Das wissen auch die Mexikaner selbst und verkaufen sie stapelweise.

5 Na sowas. Auch Ulbricht (l.) und Honecker im WM-Fieber? Die DDR-Führer besuchten 1968 Olympia in Mexiko-City. Trotzdem: absolut WM-reif. Ihre Fußballer waren das erst 1974.

Auf Wiedersehen in Deutschland!

Ein Empfang, wie er für Weltmeister nicht imposanter ausfallen könnte: Die deutsche Mannschaft wird nach ihrer Heimkehr aus Mexiko in Frankfurt/Main stürmisch gefeiert. Die Vorfreude wächst: Vier Jahre später wird die Fußballwelt zu Gast im eigenen Lande sein. Auf Wiedersehen in Deutschland!

KULSHEIM grüsst DEUTSCHE
JUNGS IHR WARD KLASSE ELF
BUMM
BUMM!!

Impressum

Verantwortlich:
Art Direction: Eberhard Wolf
Text: Ludger Schulze, Josef Kelnberger
Redaktion: Markus Schäflein, Thomas Hummel
Bildredaktion: Barbara Renner, Eberhard Wolf
Bildrecherche: Bettina Theisinger, Roland Albinger
Grafik: Dennis Schmidt
Projektmanagement: Gabriella Hoffmann
Projektleitung: Klaus Füreder, Dirk Rumberg

Autoren: Peter Burghardt, Andreas Burkert, Nando dalla Chiesa, Hans Eiberle, Jupp Heynckes, Thomas Hummel, Ulrich Kaiser, Thomas Kistner, Stefan Mayr, Pelé, Ronald Reng, Kurt Röttgen, Markus Schäflein, Willi Schulz, Philipp Selldorf, Willi Winkler

Litho: JournalMedia GmbH, München

Herstellung: vmi, H. Weixler / H. Schiffers
Druck und Bindung: MOHN Media – Mohndruck GmbH, Gütersloh

Printed in Germany

ISBN 10: 3-86615-158-6
ISBN 13: 978-3-86615-158-1

Bildnachweis

adidas: 140 o. Bilderberg/Popperfoto: 12/13, 16o., 16u., 31, 557 u.r. 65 r., 69, 110, 111, 112/113, 114o, 116/117, 119. Picture Alliance: 8/9, 10/11, 15, 17, 20 o., 20 u., 23 (Bild 8-11, 13-16), 24/25, 26/27, 27 r., 28, 29, 30, 32, 33, 34, 35, 37 o.l., 38/39, 39 o.m., 39 o.r., 39 u., 40, 42, 43, 44, 45, 47 o., 47 u., 53, 62 m., 63, 66, 67 o., 71 3v.l., 72 l., 72/73, 74, 75, 76/77, 80, 82 l.o., 82/83, 83 r.o., 84 l.o., 86, 87, 88, 89 o., 90, 91, 92/93, 94, 95, 98/99, 99 r., 100, 101, 103 r., 117 r., 118 l., 120/121, 121 r., 122 l., 123 r., 123, 126, 127, 128, 130, 134, 136 r., 137 2v.l., 137 r., 138/139, 138 m.2v.l., 138 m.u., 142, 147, 148/149, 150 o.r., 150 u.l. Getty Images: 52, 54/55, 58/59, 60 (AFP), 78/79, 96/97, 102/103 (AFP), 124, 129 (AFP), 131 (Bongarts), 143, 144 o. Ullstein: 6 u., 14, 19 r., 36, 37 o.r., 61, 62 u., 70, 71 o., 71 2v.o., 78 l., 81 o., 84 l.u., 132/133, 135, 136 l., 137 ev.l., 139 r., 157 o.r., 158/159. Imago: 6/7, 21u., 22, 23 (Bild 1-7, 12), 37 u., 41, 48/49, 49 r., 50, 51, 67 u., 71 u., 81 u., 104/105, 105 o., 105 (1 Reihe l.), 105 (1 Reihe m.), 105 (1 Reihe r.), 105 (2 Reihe l.), 105 (2 Reihe m.), 105 (2 Reihe r.), 105 u., 106/107, 108/109, 138 m.o., 140 u. 144 u., 145, 152/153, 154, 155, 156, 157 o.l., 157 1.v.o.r., 157 2.v.o.r., 157 3.v.o.r., 157 4.v.o.r. Keystone: 1036 m., 137 l. Süddeutsche Zeitung München: 24, 87 u., 114 u., 115, 125. SV-Bilderdienst: 18/19, 57 o.l., 57 m.l., 62 o., 64/65, 68, 82 l.u., 84/85. Magnum: 56/57, 146. Puma: 138 m.3 v.o., 141.